国际日本研究中心"知识共同体"系列

# 日本大众文化研究

## 第三辑

主编 杨玲

执行主编 张晓明 彭雨新

北京·旅游教育出版社

图书在版编目（CIP）数据

日本大众文化研究．第三辑 / 杨玲主编． -- 北京：旅游教育出版社，2024.1
（国际日本研究中心"知识共同体"系列）
ISBN 978-7-5637-4651-4

Ⅰ．①日… Ⅱ．①杨… Ⅲ．①群众文化－研究－日本－现代 Ⅳ．①G249.313

中国国家版本馆CIP数据核字（2024）第025297号

国际日本研究中心"知识共同体"系列
**日本大众文化研究：第三辑**
杨 玲 主编
张晓明 彭雨新 执行主编

| | |
|---|---|
| 责任编辑 | 郭燕春 |
| 出版单位 | 旅游教育出版社 |
| 地　　址 | 北京市朝阳区定福庄南里1号 |
| 邮　　编 | 100024 |
| 发行电话 | （010）65778403　65728372　65767462（传真） |
| 本社网址 | www.tepcb.com |
| E - mail | tepfx@163.com |
| 排版单位 | 北京旅教文化传播有限公司 |
| 印刷单位 | 北京虎彩文化传播有限公司 |
| 经销单位 | 新华书店 |
| 开　　本 | 787毫米×1092毫米　1/16 |
| 印　　张 | 14.75 |
| 字　　数 | 244千字 |
| 版　　次 | 2024年1月第1版 |
| 印　　次 | 2024年1月第1次印刷 |
| 定　　价 | 68.00元 |

（图书如有装订差错请与发行部联系）

# 序　言

2017年12月，习近平总书记首次提出"百年未有之大变局"的重要概念。随着近年来世界形势的深刻变化，我们每个人对"大变局"都有了更深入、更清晰的体会。在这样的时代背景下，高等教育的发展和创新显得尤为重要。2023年11月18日，在党的二十大精神指引下北京第二外国语学院召开了第九次党员代表大会，进一步明确了办学定位和发展目标，建设以"新时代中外人文交流"为特色的高水平外国语大学，为服务教育强国建设、服务首都发展做出新的更大贡献。

日语语言文学学科涉及日本的语言、文学、文化、社会、历史、政治、经济、外交等多个研究领域，中日两国一衣带水的地缘优势使得"中日人文交流"成为本学科和日本学研究最现实的使命担当。北京第二外国语学院国际日本研究中心自2020年12月成立以来，即在这样的学科使命下推进日语人才的培养与学术研究的发展。我们不仅与国内日本（学）研究领域组建学术共同体，还同步与国际的日本（学）研究机构、专家建立合作关系，开展多层次、多形式的学术交流和项目合作，希望进一步扩大国内、国际日本学研究界的"朋友圈"，凝聚共识、追求卓越，切实提升日语和日语人的核心价值在中外人文交流、中华文明阐释与国际传播中的学术影响力。

2024年是北京第二外国语学院建校60周年。在这个重要历史节点，北京第二外国语学院国际日本研究中心"知识共同体"系列《日本大众文化研究：第三辑》作为国际日本研究中心最新的学术成果，旨在立足于"新时代中日人文交流"，打造开放、前沿的学术交流平台，推动日本（学）研究与日本语教育的深化发展。本辑由"日语教育教学现场""日本文学的时空""中日思想史的边界""翻译、语言与话语的交错"四个领域共18篇文章组成。"日语教育教学现场"探讨了技术革命背景下数字化教学的理论与实践，分析了日语教育的现状与问题，提出了日语教育的改革与创新的建议。"日本文学的时空"关注了2023年去世的日语知名作家大江健三郎，同时还跨域探讨了文学与城市、社会、心理等的关系。"中日思想史的边界"从区域国别的角度对日本的兰学与敦煌学进行了研究，探讨了中日思想史的交流与影响，揭示了中日文化的共性与差异。"翻译、语言与话语的交错"从学术角度研究了日语的语法、语用等方面的内容，探讨了翻译、语言与话语的交错互动。

在此，特别感谢北京第二外国语学院教务处、科研处、研究生院（学科规划与建设办公室）等职能部门对国际日本研究中心"知识共同体"系列图书出版的支持和资助，感谢旅游教育出版社编辑团队的细心编审，感谢本辑作者和学生科研助理团队的辛勤付出。希望《日本大众文化研究：第三辑》能继续为读者提供有价值的信息和启示，也期待学界、读者的批评和建议，以便我们持续不断地改进和完善。

杨 玲

北京第二外国语学院日语学院院长

2023 年 12 月

# 目 录

## 日语教育教学现场

信息化时代移动教学在大学日语教学中的应用研究 …………… 张文颖 / 3
从二语习得视角看阅读与背景音的互动机制的研究综述 ………… 王 鹏 王 健 / 14
日本历史课程教学实践的问题与创新举措
　　——引入古籍、图像以及实物教学 ………………………… 张晓明 / 24

## 日本文学的时空

大江健三郎《人生的亲戚》中的宗教意识研究 ………… 王丽华 曾 静 / 39
阿部知二的北京书写与"主知主义"文学观 …………… 彭雨新 黄 腾 / 48
论佐藤春夫《都会的忧郁》中"社会小说"的创作倾向 ………… 方杭敏 / 59
星新一文学作品中的科幻要素赏析 ……………………… 晏菁菁 陈钟玲 / 77
从阿德勒个体心理学视角看《人间失格》
　　——围绕主人公大庭叶藏进行分析 ………………………… 郭宏福 / 86
上田秋成作品中道家思想分析
　　——以《雨月物语》《春雨物语》为中心 …………………… 张文欣 / 96
大江健三郎《治疗塔》中的根据地思想 ……………………………… 易馨源 / 105

## 中日思想史的边界

日本"村八分"刍议
　　——试论日本集体惩罚制度的社会文化根源 ………………… 范晓雅 / 117
关于净土宗练供养的考察 ……………………………………………… 张 潇 / 126
日本江户时代"兰学"的特征和影响探析 …………… 秦燕苹 杨梦琪 / 137
关于山鹿素行思想的文献综述研究 …………………………………… 赖梦瑶 / 146
关于伊藤仁斋对"四书"诠释的研究综述 ………………………… 刘笑言 / 155
东亚文化交涉学视域下日本所藏敦煌文献研究的考察
　　……………………………… 安 琪 王凌岳 付亮朝 陈若婕 / 165

## 翻译、语言与话语的交错

旅游景点公示语汉日翻译研究 ························· 林　翌　佘晨晞 / 201
含有性别意义的指人后缀的汉日对比研究
　　——以新词为中心 ································· 胡文骄　李　莉 / 216

# 参考文献 ····················································· 226

日语教育教学现场

# 信息化时代移动教学在大学日语教学中的应用研究[①]

北京第二外国语学院日语学院　张文颖[②]

[摘要] 1949年至今历经半个多世纪，日语教学作为中国外语教育的一个重要组成部分，见证了传统外语教学、多媒体外语教学和数字化外语教学等几个阶段的发展。如今，外语学习随着移动智能终端的成熟和完备，已经步入移动学习阶段。而面对移动学习时代的到来，移动教学的探究还相对落后，亟待改善。本论文正是在这个时代背景下对大学日语教育中移动教学如何导入的问题进行了尝试性研究。重点研究了移动教学在当下日语教学中的必要性，并通过具体课程案例来分析和介绍移动教学的实际运用。

[关键词] 移动教学，日语教学，课件研发与制作

## 引言

信息化的到来和不断深入发展给教学带来了巨大变化。传统教学受到了极大的冲击。传统教学是以粉笔、黑板、教科书为代表的，以教师讲授为中心的教学模式。形式比较单一，一般都是教师站在讲台上讲，学生在下面被动地接受，这种教学方式对于教师而言自由度较大，而学生则容易置于被动听讲的处境。因此，传统教学法也常常与填鸭式教学联系在一起。传统教学最大的弊端就是学生的参与度低，不能充分调动学生的学习积极性。

20世纪90年代不受时空限制的远程教学曾经作为课堂教学、学历教育的补充发挥了重要的作用。远程教学有多种不同的形式，函授教学、电视教学、广播教学都属于远程教学的范畴，这些教学方式有很多优点，比如能充分利用教育资源让更多的人受教

---

[①] 本文系北京市教育规划项目"信息化时代移动智能终端在大学日语教育中的应用模式研究"（CHDB19395）的阶段性成果。

[②] 张文颖：北京第二外国语学院日语学院教授，研究方向为日本近现代文学、中日比较文学。

育；但是在教学中也存在很大的局限性，尤其是缺乏教学互动，这一致命的弱点使远程教学受限于特定的专业和场合。随着互联网技术的发展，这一短板得到了根本的改善。

课堂教学的硬件近年来也发生了翻天覆地的变化。从多媒体投影仪到交互式电子白板再到移动智能终端在教学中的广泛使用，越来越多的现代化教具和平台已经走进课堂，逐渐融入教学过程中，成为教育事业日新月异的见证。教科书、收音机、录音机、复读机、随身听等曾是学习外语和外语教学的利器，如今被以智能手机、平板电脑为代表的移动智能终端所取代，多媒体教学也渐渐步入到数字化教学阶段。

曾几何时多媒体教学一统天下，成为国内教学模式的主流。PPT加音视频课件成了当时课堂上课件的标配。那么，什么是多媒体教学？多媒体教学是指在教学过程中，根据教学目标和学习主体的需要，通过教学设计，科学运用现代教育设备和技术（以计算机为主体的多媒体系统），并结合教师丰富的实践经验和传统教学中的有效表达方式的教育最优化，使学习者在最佳学习的物质条件下主动积极进取的学习过程[1]。可见多媒体教学依靠的是以计算机技术为核心的多媒体媒介的辅助。但多媒体教学在信息利用与资源共享方面还存在着某些短板，比如主要学习资源依然被教师占据，学生在教学过程中仍然处于被动地位。

数字化教学是指教师和学习者在数字化的教学环境中，遵循现代教育理论和规律，运用数字化的教学资源，以数字化教学模式进行培养适应新世纪需要的具有创新意识和创新能力的复合型人才的教学活动。数字化教学是以数字化信息和网络平台为基础，在新兴互联网和计算机技术上建立起来的对教学、科研等信息的收集、处理、整合、存储、传输和应用，使数字资源得到充分优化利用的一种虚拟教育环境[2]。

数字化教学不仅包含多媒体教学的主要元素，还具备多媒体教学不具备的优势，主要体现在教学资源更加丰富、教学资源分享速度快、教学模式更加多样化。教学资源丰富主要体现在互联网大平台背景下教师和学生可以利用的教学资源十分丰富，能解决传统教学方式中（包括多媒体教学）以教师为教学核心资源占有者的局面，还极大地改善了教学资源质量良莠不齐、资源匮乏等问题，从而实现了教学资源的平等化。教学资源分享速度快主要体现在数字化教学依附高速发展的互联网平台，教学资源更新速度加快，资源分享平台多样化，分享速度更快。这也成为解决地域性教学差异的重要途径。教学模式多样化体现在围绕课堂教学可以搭建更加全天候立体化的教学时空体系。例如，翻转课堂、混合式教学模式就是实现这一体系的重要措施。

数字化学习的兴起要先于数字化教学，其具有以下主要特色：①学习是以学生为中

---

[1] 朱施南．多媒体教学与课件创意［M］．武汉：武汉理工大学出版社，2003：13．
[2] 尹小路．大学英语数字化教学探索——基于多重任务的翻转课堂教学模式研究［J］．海外英语，2022（1）：98-99．

心的，学习是个性化、能满足个体需要的；②学习是以问题或主题为中心的；③学习过程是进行通信交流的，学习者之间是协商、合作的；④学习是具有创造性和再生性的；⑤学习是可以随时随地的、终身的。

以数字化学习为核心的信息技术与课程的整合，不同于传统的学习方式。

学习由过去受时空限制到现在的不受时空限制；由过去的教师主导到现在的学生自主学习模式，整个学习模式有了很大的变化。

2020年2月8日，美国在线学习联盟（Online Learning Consortium，是一个由高等教育实践者、研究者和管理者组成的共同体，致力于构建在线和数字学习全球标准）、"处处皆学"平台（Every Learner Everywhere，2017年5月成立，是一个由12个合作组织组成的网络平台，致力于帮助高等教育机构使用自适应数字技术改进教学与学习）联合美国国家远程教育和技术进步研究中心（National Research Center for Distance Education and Technological Advancement，2014年由美国教育部高等教育改进基金资助成立，致力于通过基于证据的在线学习实践和学习技术来促进学生机会和成功）发布《数字化学习创新趋势》（Digital Learning Innovation Trends）报告，对全球数字化学习的七种主要趋势进行了解释。

自适应学习（Adaptive Learning）

开放教育资源（Open Education Resources）

游戏化和基于游戏的学习（Gamification and Game-based Learning）

慕课（MOOCs，Massive Open Online Courses）

学习管理系统与互通性（Learning Management Systems and Interoperability）

移动性和移动设备（Mobility and Mobile Devices）

设计（Design）

（引自《美国2020研究报告：数字化学习创新的10个趋势》[①]）

从中可以看出数字化学习中移动性是其重要特征之一，数字化学习包含移动学习（Mobile Learning）。移动学习是一种在移动设备帮助下能够在任何时间、任何地点发生的学习活动。移动学习所使用的移动设备必须能够有效地呈现学习内容，并且提供教师与学习者之间的双向互动与交流。

## 一、移动学习和移动教学时代已经到来

移动学习除了具备数字化、多媒体化、网络化、智能化的特征外，还有其独特优

---

① 知乎.「数字化学习」是什么？有什么发展趋势？［EB/OL］.［2022–02–14］.https://zhuanlan.zhihu.com/p/274361340?utm_source=qq.

势：学习者不再局限于电脑前、课堂上，可以随时、随地、随心所欲地进行学习。移动教学与移动学习是两个不同概念，一个核心在"教"，另一个核心在"学"。移动学习也是先于移动教学而诞生。基于移动学习特点而展开的教学活动是移动教学。移动教学是移动设备辅助教学的一种全新教学模式，其主动权在教师手中，如黑板、磁带、录像机、投影仪、PPT等传统的辅助教学的介质，现在换成了移动智能终端设备。因此教师首先应是移动学习的体验者和熟练使用者，然后才能成为移动教学的积极探索者。

随着移动学习的普及，移动教学活动的研究和实践势在必行。研究移动教学不是为了放弃传统教学，而是为了丰富教学手段和模式。

## （一）移动智能终端是移动学习和教学的百宝箱

大学日语教育正式开始于中华人民共和国成立后，到今天已经走过了半个多世纪，和全球整体教学发展脉络一致，由传统教学发展到了今天的数字化教学。信息化时代要求教师成为知识资源占有、储备以及运用的强者，只有这样才能引导学生进行更好的教学和学习活动，才能更好地达到教学效果。通过移动智能终端教师可以成为"超人"。要想成为"超人"，教师必须拥有哆啦A梦的百宝袋，以大学日语教学为例，汇总了如下备课神器：

·移动图书馆类：超星移动图书馆、kindle、ibooks、纪伊國屋（日本主要电子书店）、移动青空文库

·移动期刊平台：优阅（中国主流期刊阅读平台）、ビューン（日本主流期刊阅读平台）

·移动电子新闻杂志平台：newspicks，smartnews

·移动电子词典、移动百科全书类：大辞林、新明解、日本语口语表现辞典、百科事典等

·移动音视频库：播客、百度云、NHKラジオらじるらじる（日本NHK广播电台直播节目和往期节目收听平台）、NHK for school（NHK中小学学习资源平台）、NHK高校讲座、NHKオンデマンド（NHK电视台已播节目回看平台）等。另外，日本各大民营电视台都开设了自己的互联网主网页，主网页上有24小时新闻直播平台，也是非常好的新闻听力学习和训练资源库。

拥有以上这些神器，教师的教学准备工作内容将会变得更加丰富，工作效率也将得到显著提升。以上内容几乎囊括了大学日语教学中的所有内容，实用且有深度，极大地提升了课堂质量和学生的知识素养水平。其中移动图书馆和移动期刊平台解决了资料检索和收集问题，移动图书馆可以足不出户地拥有大量电子图书便于备课和课上使用；移动电子词典解决了授课过程中单词和语法解释问题；移动音视频库解决了上课用辅助教

材音视频资源的问题。总之，课堂教学过程较之过去可挖掘、利用和储备的资源更加丰富，教学质量有了很大提高。

**（二）自主学习和深度学习倒逼移动教学**

网络技术的提高以及网络资源的丰富使得自主学习变得越发容易，这同时也推动了移动教学的探索和发展。自主学习需要教师的引导和提供相关的课前资源，而这些资源借助网络社交平台可以便捷地传递给学生，供他们通过移动设备提前学习。自主学习同时需要有固定的学习资源平台，例如以日本文学史课程为例，本人在中国大学慕课网上开设的日本文学史就是一个固定学习资源平台。慕课学习过程中有问题解答、课后作业等板块内容，学生通过慕课可以达到自主学习的目标。

自主学习的形式多种多样，但前提是教师的引导。除了慕课以外，微课也是学生自主学习的主要方式之一。教师提前制作微课课件，发给学生供学生学习和思考。微课课件里既包括讲解内容又包括思考问题，起到了和慕课同样的效果。无论是慕课平台，还是微课，都可以通过移动智能终端来进行分享，从而实现不受时空限制的移动式学习。当下流行的混合教学模式其实就是移动教学的具体模式之一，是在移动网络社交及教学平台成熟的基础上诞生的全新教学模式，即将在线教学和传统教学的优势结合起来的一种"线上＋线下"的教学。通过两种教学组织形式的有机结合，可以把学习者的学习由浅入深地引向深度学习。这里的"浅"主要指的是课前自主学习，课前自主学习主要通过启发和引导来接触全新的知识内容。"深"指的是线下课堂教学及课后线上延展学习等。结合线上自主学习的线下教学更有针对性，更能深挖教学内容，让学生对所学知识有更深层次的理解和掌握。课后线上延展学习主要针对学生对知识的掌握情况以及对教学评价情况而展开的延展学习，包括答疑和难点解析等。总之，通过混合教学模式最终能够实现深度学习。移动智能终端的开放性、便捷性、快速性正在倒逼教师思考和实践移动教学。

**（三）课上互动以及充分利用授课资源需要移动教学**

移动设备投屏技术是近年来移动智能终端必备的技术之一，现在已经十分成熟。其在教学方面的应用前景非常广阔。移动智能终端与教室电脑的连接方式方法有很多，可以通过数据线连接课堂电脑，也可以无线投屏。无线投屏能充分发挥移动智能终端的移动和互动性特征，例如，教师可以在课堂里自由走动，和学生实现更加充分的互动；学生的移动智能终端也可以自如投屏到教师大屏幕上，以便随时了解学生对所学知识的掌握情况。另外，投屏可以将移动智能终端设备上的教学资源投到教室电脑屏幕上，以此极大丰富了课堂教学内容，提升了教学质量。移动教学所需硬件非常简单，只需有平板电脑或智能手机即可。

### （四）课后学生反馈与教师陪伴学生成长需要移动教学

移动智能终端为师生间顺畅沟通架起了十分便捷的桥梁。微信群、QQ 群等可以 24 小时全天候无障碍联动。学生可以课后通过微信群等方式与教师保持联系，向教师请教课上没有听懂或没有吃透的问题。另外，教师也可以通过这些社交媒介来确认学生课上内容的掌握情况，巩固课上学习成果。例如通过小测验和小微课的形式来确认学习成效和陪伴学生成长。终身学习理念近年来深入人心，慕课等资源已经成为终身学习的重要平台和资源。个体化的终身学习仅靠慕课是不够的，还需要更加贴心的陪伴。教师的无私陪伴就显得尤为重要。教师在社交媒体与学生的互动、点拨以及课件资源的推送都是贴心陪伴的重要形式和手段。移动智能终端则为教师的陪伴提供了时间和空间保障。

### （五）移动智能终端与在线教学平台的联手将更好地推进移动教学和学习的开展

疫情点燃在线教学平台主战场，移动智能终端作为高端介质为在线教学和学习保驾护航（在线教学是移动教学的另一个主战场）。"移动＋在线"是教学的一个理想模式。移动意味着不受时空的限制，在线意味着与外界的连接以及资源的共享。在线教学平台与移动智能终端以及移动教学的联姻不是暂时性的而应是持久性的。即便恢复线下教学在线教学平台的使用和探究仍不应停止，还需要长期打磨，因为它是丰富教学模式的重要方式和手段。移动教学、陪伴教育、移动学习需要在线教学平台的强大功能。终身学习也需要在线教学平台的鼎力相助。

## 二、移动教学在日语教学中的应用

### （一）教学过程演示——以日本文学作品赏析课大江健三郎《饲育》为例

文学赏析课比较容易呈现移动教学的特点，因为文学赏析课对于课前准备、课中讲解、课后复习要求高，对信息共享和互动要求也高，这就要充分发挥教师的教学引领作用。本研究展示的是日本诺贝尔奖作家大江健三郎早期的代表作《饲育》。该作品通过儿童视角以第二次世界大战为背景呈现出了儿童眼中的战争以及儿童与成人世界之间的对立和冲突。文学赏析课的中心在于赏析，而赏析是个循序渐进的过程，不可一蹴而就。因此需要课前、课中、课后以及线上和线下配合进行，非常适合采用混合教学模式。混合式教学中的"线上"的教学不是整个教学活动的辅助或者锦上添花，而是教学的必备活动；"线下"的教学不是传统课堂教学活动的照搬，而是基于"线上"的前期学习成果而开展得更加深入的教学活动。基于以上两点我设计了这门课。

### （二）课程导入

在进入课堂教学前，教师应提前把作品的原文和中文翻译发给学生，供他们提前阅读。并向学生提出一些问题，让他们带着问题去阅读。主要的问题是：其一，了解作家大江健三郎的生平及其文学特点；其二，研读作品的内容梗概；其三，成长小说的叙事特点。另外让学生提前在慕课里观看我的视频讲解。通过这些方式可以让学生对文本有一个更加深入的了解。在过去传统教学阶段，很难做到将如此丰富的资源提前分享给学生，学生对于文本内容理解的深度和广度也会受到一定的限制。

### （三）课堂文本赏析

课堂上，教师首先应把讲解 PPT 和《饲育》作品原文通过 iPad 投影到屏幕上，一边对照原文一边讲解。当赏析到重点段落时，老师手拿 iPad 走到学生中让学生起来大声朗读或回答老师提问。这样的方式可以加深学生对作品的理解和印象。另外研读过程中可以将重要文献通过 iPad 呈现出来，与学生共同探讨这些文献的重要性以及局限性，进而让学生掌握文献整理和梳理的过程和方法。《饲育》这部作品可以从战争文学、儿童文学、成长文学等多个视角展开分析。分别选出较为重要的文献一同分析和讨论。

### （四）合作探究

提前分组布置课题并安排学生展开研究。例如，第一，《饲育》中的兄弟组合有何作用和意义；第二，该作品中的战争描写特点是什么；第三，关于作品结尾兄弟二人的归宿有何感想？学生可以通过小组的形式借助 iPad 投屏发表自己的观点和见解并与同学们一同讨论。通过小组协同研究，我们可以培养学生们的研究能力和协同工作能力，为将来踏入社会打下扎实的基础。另外，通过研讨我们可以发现自身研究中的问题，进而通过修正这些问题来深入推进自己的研究。

### （五）布置作业

课堂教学的最后一个环节是布置作业。为了给本堂课的学习画上一个圆满的句号，教师可通过给学生布置与所学内容相关的作业，让课堂教学具有一定的延展性。作业内容是结合成长物语思考自己所读过的成长物语文本的叙事特点。布置这样的作业的目的是结合课上所学文本并跳出文本让学生接触更加宽广的世界。

## 三、移动教学课件的研发与使用

### （一）课件制作——万彩课件制作软件

线下课堂教学也好，翻转课堂也好，微课也罢，都是围绕着课件展开的教学活动。如何制作出质量高又便捷的课件是一直困扰教师的难题。当下有一些软件开发公司开发出了简捷易上手的课件制作软件，极大方便了教师的课件制作。例如，万彩公司在这方面表现突出。他们将教师从复杂的课件制作中解放出来。万彩软件主要分为动画制作软件；自媒体视频制作软件、PPT 制作、录课软件；电子书电子期刊软件等。所有制作成果完后可以迅速分享给其他人，具有很强的实用性。

万彩微影软件可以非常便捷地制作图文动画视频、文字视频、手绘视频以及照片视频等。图文动画视频工具适合日语新闻听力、中日对译课上使用；文字视频软件适合日语精读、概况等课程的展示；手绘视频软件适合日语阅读课、文学赏析课等。

该软件配有许多现成的模板，只要将模板中的内容替换成自己所需内容即可，省去了很多麻烦。

万彩动画大师是一款免费的 MG 动画视频制作软件，易上手，比 AE、FLASH 更简单！它适用于制作企业宣传动画、动画广告、营销动画、多媒体课件、微课等。在日语教学方面可以应用于日本概况、日本社会文化等课程。

万彩办公大师拥有包含 60 多个无任何广告及插件的办公小工具，所有的小工具无须安装，直接加载启动，从而省去到处寻找工具、安装及卸载的麻烦。这些办公小工具包括 PDF 小工具、格式转换小工具（包括音频、视频、图片等转换工具）。另外还有图片编辑和文字识别工具等。它极大地方便了课件制作。

万彩录课大师可以边录边改、实时预览、虚拟人解说、同步语音字幕等操作，为高质量微课及慕课制作与录制、小课件录制提供了极大的方便。

万彩录屏大师软件可以录制 PPT、录制屏幕、给已有的视频添加字幕，便于日语视听课或者翻译课上使用。

万彩易绘大师里面有种类丰富的图片，可以用于初级日语的教学。例如动物类、建筑类、医疗类、节日类等图片十分齐全，在图片里可以附上中日文，便于展开互动教学。

名编辑软件是专门制作电子书和电子杂志的软件，适合制作日文电子教材和日文电子杂志。该软件不仅适用于文字版还可以放入多媒体内容，所以应用范围很广。

以上软件操作简单，易上手，而且制作完成后马上可以生成可分享的文件，实现课件的快速分享与传播。课件制作的目的除了满足上课需要以外，还应该具有分享和传播价值，不然课件只能是死的东西，没有发挥出其最大的价值，而课件制作软件的简易化正迎合了时代的需求。

### （二）iPad 和 Mac 电脑强强联手

鉴于两者均为苹果产品，所以 iPad 投屏到苹果电脑非常方便。投屏后在电脑屏幕上会自动出现一个录制按钮，按下按钮就可以轻松实现将 iPad 内容录制为课件了。而且录制过程中可以加入语音，看到页面翻动，十分方便和高能。做好的课件可以即刻生成可以分享的文件，简单的课件就这样被做好了。

通过 iPad 和 Mac 联动制作的课件涵盖日语教学中的几乎所有课程，初中高级的精读、听力、会话、翻译、文学赏析等都能够实现。同样，安卓平板电脑或手机和微软电脑也是协作良好，能够碰撞出完美的火花。

### （三）华为手机和华为电脑联手制作课件

华为平板与微软电脑的兼容性更好，利用投屏功能可以轻松实现跨屏互动。通过投屏功能，用户可以把华为平板上的教学资源投屏到微软电脑上并可录制成课件。当然 iPad 也可通过投屏软件投屏到微软的电脑上，但总体效果不如投到苹果电脑上好。另外华为手机、平板和华为电脑之间的多屏互动已经非常成熟，成了华为品牌的亮点。

### （四）机顶盒与安卓手机或平板电脑的联动值得期待

目前网络上音视频资源非常丰富，但偏娱乐的资源更多些，适合教学使用的不多。而机顶盒里稳定的电视直播资源具有很高的利用价值，但一直以来苦于录制较为烦琐，而无法充分利用。当下市面上出现了可以将机顶盒与平板电脑或手机相连接并直接播放的数据线（USB 摄像头 App），使得机顶盒也具有了移动性，尤其是连接好后该 App 具有录制功能，录制起来也十分便捷，录制好后直接保存在手机或平板电脑上可以作为课件使用，机顶盒里丰富的政治、国际、文化等节目就这样活了起来。另外，有些电视收看系统还有电脑版 apk，可以直接安装到电脑上播放，这样更方便我们采集录制课件。

### （五）希沃白板互动教学软件

这是一款专为教师设计的互动课件制作工具，简单直观的设计，让教师能轻松地把教学想法以跃然生动的方式呈现，在寓教于乐的环境中演绎知识魅力，实现有趣的互动教学。并且，能针对信息化教学场景，提供课件制作、互动授课、在线课堂、微课录制、课件资源库等多项功能，满足线上、线下教学的多个场景，让教师能一站式完成教学环节的主要流程。该软件目前虽然主要面向中小学教师研发，但完全可以应用到大学课程当中。

通过登录同一账号用户可实现手机端和电脑端融为一体。可控制课件实现打开、翻页、批注等功能，同时支持大屏同步显示画面，手机还可实现投屏、拍照上传、实时直播等功能，能够灵活展示和点评学生学习成果，呈现课堂细节等功能。

该 App 软件中的知识胶囊是一款制作课件的神器，视频课件、PPT 课件通过该软件都可以变得具有互动功能。其中内置出题功能，涵盖了主观题和客观题。而且提前设置好答案后就可以评判学生的对错。学生学完课件后，评价结果就能够直接呈现出来。

## 四、目前移动教学存在问题及今后展望

### （一）移动教学离不开良好的网络环境

在信息化时代，网络条件的优劣在一定程度上影响着教学质量。网络的顺畅可以保证数字化教学的良好开展。而当下许多高校的网络环境并不尽如人意，尤其是无线网络还没有普及到所有教室，导致不同介质之间的跨屏投屏不能顺畅进行，直接影响了课堂效果。

### （二）能否轻松跨过课件制作技术这道关还要靠教师

前面介绍了万彩软件的使用，能够帮助教师从烦琐复杂的课件制作工作中解脱出来。但这里说的解脱并非完全解脱，因为软件是为使用者服务的，它离不开使用者的需求和创意，只能减轻课件制作的难度，但思考和创意依然要靠教师自己去完成。

### （三）教师在教学中的主导地位不能削弱

对于软件的地位不要抬得过高，教学中教师的主导地位不能动摇。因为课堂上的所有教学活动都是由教师策划展开的，课件也是由教师设计的，软件只是起到了实现教师设计的作用。因此，我们不应削弱教师在课堂教学中的主导地位。

### （四）日语教学 App 亟待研发

目前市面上适合日语教学的 App 非常少，质量参差不齐，实用性也不够强，很难满足日语教学的需要。鉴于这种情况，除了等待专业研发人员的成果外，每位一线教师需要自主研发和制作课件。自给自足才能丰衣足食。课件自主研发的时代已经来临！

## 结语

　　移动教学应时而生,在信息化时代背景下它悄然而来,来得那么突然。移动学习时代已经到来,移动教学已扬帆起航!移动教学必将掀起一场全新的教学模式革新热潮,我们只有敢于做弄潮儿,才能不落后于时代,才能在教学模式改革中占得先机。

# 从二语习得视角看阅读与背景音的互动机制的研究综述[①]

北京第二外国语学院日语学院　王　鹏[②]　王　健[③]

[摘要] 阅读是一个复杂的认知过程，涉及多个认知加工层面和神经机制的相互作用。然而，我们每天都处于各种环境音之中，包括他人的交谈声、广播声以及非言语声音如白噪音和雨声等。这些声音在我们专注于当前阅读活动时很难被忽略。已有许多研究探讨了背景音对阅读的认知加工造成的干扰。对于二语习得者而言，与母语阅读相比，二语阅读更具挑战性，与母语阅读的加工机制密切相关。本文通过对现有文献的综述，回顾了现有的无关言语效应的发生机制，并得出了三个结论：第一，在阅读任务中，背景音对干扰结果的影响已经无法用以前基于记忆任务的理论解释，因此需要建立新的理论模型；第二，在干扰机制中，语义干扰假设和语音干扰假设存在着定义模糊和解释不清的问题，此外，在总结无关言语效应方面，先前研究对于干扰机制的分类缺乏一致性，导致研究结果存在分歧且难以进行比较；第三，从近年来的研究中可以发现一些影响因素，例如背景音的熟悉度和任务难度，然而对于这些因素如何调节无关言语效应的大小尚未有定论，也未能与现有的理论相一致。最后，本研究在二语习得视角上展望了无关言语效应的发展，并尝试从习得的角度上寻找母语和二语之间的视听互动机制。

[关键词] 无关言语效应，日语阅读，背景音

---

[①] 本文系北京第二外国语学院研究生科学研究项目"基于眼动的日语阅读和背景音互动机制的认知研究"（2022GS14YB56）的阶段性成果。

[②] 王鹏：北京第二外国语学院日语学院副教授，研究方向为对比语言学、应用语言学、外语教育的理论与实践研究。

[③] 王健：北京第二外国语学院日语学院2021级硕士研究生，日语语言文学专业，研究方向为对比语言学、应用语言学。

# 引言

　　自然环境下很少有绝对的安静，几乎所有的认知活动都会伴随着背景音而进行。各种强制输入的背景音会对我们的阅读等日常活动造成干扰。被动的背景语音会干扰认知任务的表现，通常会导致当前主要认知任务的反应时间延长和准确性降低，这种现象被称为无关言语效应[①]。虽然这种现象最早是在短时记忆任务中被发现的，早期很多研究也都是围绕短时记忆任务展开的，但是已有不少研究在阅读中同样发现该现象，背景音对阅读的影响主要表现为阅读速度的减慢、理解能力的下降以及注意力的分散等。这种干扰效应可能涉及多个认知过程的相互干扰，例如语言处理、注意控制和工作记忆等。近年来，国内也逐渐出现关于无关言语对阅读理解影响的研究。诸多研究证明，无关言语会降低被试的阅读效率，对阅读理解产生了较大的干扰，这种干扰可能会受到语义内容、任务要求以及被试认知方式的调节[②]。

　　本文的主要目的是对近年来关于无关言语效应的研究进行综述，以期澄清视听通道之间的相互作用机制。首先，本文将系统回顾无关言语效应的发生效应以及导致干扰的机制理论。其次，对当前无关言语效应研究的现状进行分析，并总结存在的争议点。最后，将结合第二语言学习的神经认知机制，探讨中日两种不同语言之间视听通道的交互影响，并对未来的研究提出展望。

## 一、无关言语效应的产生

　　此部分将回顾无关言语效应在短时记忆中的发现，并概述研究者们对其干扰机制所进行的一系列探讨。此外，还将综合讨论该效应是如何延伸并影响到阅读过程中的。

　　无关言语效应（Irrelevant Speech Effect，ISE）是指在视觉认知活动中，出现一个与该认知活动无关的背景音，即只需要专注当前的视觉认知活动，就会出现认知活动的反应成绩降低或是反应时间变长的现象（Colle & Welsh，1976）。在这之后，Salamé 和 Baddeley（1982）提出了工作记忆理论，该理论将无关言语效应这种干扰现象归因于主动加工的视觉认知任务和大脑自动加工的背景音在语音回路的语音短时存储装置中发生混淆，该理论认为视觉呈现的材料被加工时，必须经过语音编码，才能进入语音短时存

---

[①] Colle H A, Welsh A. Acoustic masking in primary memory [J]. Journal of Verbal Learning and Verbal Behavior, 1976（15）：75–84.
[②] 何立媛，黄有玉，王梦轩，等.不同背景音对中文篇章阅读影响的眼动研究[J].心理科学，2015，38（6）：1290–1295.车晓玮，张倩，李寿欣.干扰材料的熟悉性和认知方式对语篇阅读的影响[J].心理发展与教育，2015，31（2）：198–203.孟珠，闫国利.阅读任务中无关言语效应的作用机制：干扰基于内容还是过程？[J].心理科学进展，2018，26（2）：262–269.

储装置被加工和存储，而听觉输入的言语信息在被听到的那一刻就可以自动进入该语音存储装置①。因此两种不同通道来源的言语信息在该存储装置中"相遇"，而资源的容量是有限的，语音短时存储装置中无关的言语信息会破坏视觉材料的语音表示，所以就会产生无关言语效应。同时该理论还发展出了语音相似性假说，假说认为背景音只有含有语义内容（即语言信息），才能自动进入语音短时存储装置，对当前正在进行的视觉任务产生干扰，并且认为当视听材料的语音相似性越高时，干扰就会更大。Jones 等在 1993 年对此假说提出反驳，研究发现非言语的噪音与言语信息产生的干扰没有显著区别，即非言语的噪音也可以直接进入语音短时存储装置中②；Jones 和 Macken 还在 1995 年的研究中发现视听材料的语音相似度大小并没有对干扰的大小进行调节③。从 Jones 等的一系列研究可以说明首先言语信息并非产生无关言语效应的充分必要条件，其次并不是视听材料语音越相似，干扰越大。尽管这些假设来自记忆任务，无关言语效应可能影响认知表现的另一个重要领域就是阅读④。本文重点关注背景音对阅读这一普遍而复杂的认知活动的影响，因此对于记忆任务的干扰研究在此不做赘述。

阅读与连续回忆、自由回忆等简单的认知活动相比，是一个复杂的认知活动，涉及文字字形辨认、语音提取和语义通达等步骤⑤。Martin 等（1988）认为阅读理解与记忆任务不同，阅读需要理解文本的含义，而背景语音中的语义信息才会干扰文本材料中语义的理解而不是语音信息⑥。管瑜（2021）探究不同背景音（即默读维吾尔语背景音、汉语背景音）是如何影响正常阅读进程，发现含有语义信息的背景音（即汉语背景音条件）对阅读造成的干扰最大，而被试不可理解的维吾尔语背景音造成的干扰和默读条件下无显著差异⑦。这一研究结果支持了背景语音中的语义干扰阅读理解这一观点。何立媛等（2015）采用眼动技术考察了不同背景音（即默读白噪音、无关言语）对中文篇章阅读和词汇加工的影响，发现无关言语通过改变阅读的回视路径时间和总注视时间干扰了阅读，而重要因素是背景音的语义成分和声学特征变化。李娟（2017）在探究不同背

---

① Salame P, Baddeley A D. Disruption of short-term memory by unattended speech: Implications for the structure of working memory [J]. Journal of Verbal Learning and Verbal Behavior, 1982（21）: 150–164.

② Jones D M, & Macken W J. Irrelevant tones produce an irrelevant speech effect: Implications for phonological coding in working memory [J]. Journal of Experimental Psychology: Learning, Memory, and Cognition, 1993（19）: 369–381.

③ Jones D M, Macken W J. Phonological similarity in the irrelevant speech effect: Within-or between-stream similarity? [J]. Journal of Experimental Psychology: Learning, Memory, and Cognition, 1995, 21（1）: 103–115.

④ Jones D M, Farrand P, Stuart G, et al. Functional equivalence of verbal and spatial information in serial short-term memory [J]. Journal of Experimental Psychology: Learning, Memory, and Cognition, 1995, 21（4）: 1008–1018.

⑤ 马谐, 刘佳, 刘艳, 等. 背景音乐对中–英文阅读理解的影响效应 [J]. 心理与行为研究, 2015, 13（4）: 472–478.

⑥ Martin R C, Wogalter M S, Forlano J G. Reading comprehension in the presence of unattended speech and music [J]. Journal of Memory and Language, 1988, 27（4）, 382–398.

⑦ 管瑜. 背景语音对语境预测性效应的影响 [D]. 天津: 天津师范大学, 2021.

景音乐（中英文 – 快慢歌曲）对中英文阅读的影响时，发现中文阅读和英文阅读时，都存在中文歌曲对阅读过程的影响最大，而英文歌曲则没有明显的干扰作用现象。这些研究都支持了语义干扰的理论观点，即认为语义成分是发生无关言语效应的充分必要条件[①]。

## 二、无关言语效应的发生机制

以下将根据 Marsh 等（2009）在研究中总结出的无关言语效应的三种发生机制进行阐述，即内容干扰、过程干扰和注意捕获三种发生机制。

### （一）内容干扰[②]

内容干扰是指视听材料在语音、语义等内容特征上相似，发生混淆从而造成干扰。根据该理论假设，可以预期背景音材料的某种特定内容特征是发生干扰与否的决定性条件，另外视听材料内容上的相似程度决定了干扰的大小。支持这一理论的解释有前文所述的工作记忆模型、语音干扰和语义干扰。

### （二）过程干扰

过程干扰是将干扰的发生归因于视听不同通道的相似处理机制之间的冲突，而非视听材料内容上的冲突[③]。根据该理论假设，可以预期视听通道的重叠加工过程是发生干扰与否的决定性条件。支持这一理论的解释有状态变化假说，认为背景音不需要含有言语信息，只需是动态变化着的语音流就可以对任务进行干扰，干扰的发生与内容无关，是对视觉刺激加工过程的干扰[④]。同时 Martin（1988）也发现歌曲伴奏和白噪音一样对于阅读没有显著干扰，但是对于阅读乐谱并报告乐谱对应的歌曲名称时，干扰更大，甚至比有意义言语造成的干扰更大。这说明被试在阅读乐谱时所做的加工过程和大脑对歌曲伴奏以及白噪音做的自动加工过程发生了重叠，从而导致了干扰。然而，Jones 等（1990）在研究中发现，有意义的背景音对校对阅读任务（即检测文章字面错误）的干扰比对阅读理解任务的干扰更大，显然该研究结果并没有支持过程干扰机制，因为根据过程干扰假说可以预期的是，有意义的背景音对阅读理解的干扰应比对校对阅读的干扰

---

① 李娟. 背景音乐对中 – 英文篇章阅读影响的眼动研究［D］. 南京：南京师范大学，2017.

② Salame P，Baddeley A D. Disruption of short-term memory by unattended speech：Implications for the structure of working memory ［J］. Journal of Verbal Learning and Verbal Behavior，1982（21）：150–164.

③ Marsh J E，Hughes R W，Jones D M. Auditory distraction in semantic memory：A process-based approach ［J］. Journal of Memory and Language，2008（58）：682–700.

④ Jones D M，Tremblay S. Interference in memory by process or content? A reply to Neath［J］. Psychonomic Bulletin & Review，2000.

更大，因为它们都有相同的语义加工过程①。

### （三）注意捕获

注意捕获是指人的注意力资源是有限的，当被施加一个背景音时，因背景音导致原先在视觉信息任务上的注意力被分散、偏离了，致使视觉信息任务的表现降低造成干扰②。该干扰机制主要产生于短时记忆的任务中，能否直接应用到阅读等复杂认知任务中，还需要进一步的探索。值得注意的是，Halin 等（2014）发现增加校对阅读的难度时，有意义言语对校对阅读的影响消失了，Halin 等认为可能的解释是较高的任务难度使被试的任务沉浸度增加，将注意力稳定地维持在文本校对阅读的主要任务中，无关的背景音捕获注意资源的难度增加，因此认知任务受到的影响随之变得有限③。然而，注意捕获干扰机制一直以来被诟病的是其理论较空泛，未形成完整的理论预期，如对于何种刺激条件和何种刺激种类会出现注意力被分散的情况，未能做出充分的解释。

## 三、无关言语效应研究现状分析

根据以上的介绍以及查阅的相关文献，可以总结分析出无关言语效应的研究现状和其中存在的仍待解决的问题点。

首先，无关言语效应在阅读理解中的应用需要加以探讨。该效应最初是在记忆任务中被观察到的，并且后续的研究几乎都集中在记忆任务上。尽管已有许多学者进行了新的研究，发现在阅读等复杂的认知任务中也存在无关言语效应。然而，由于记忆任务和阅读等复杂认知任务在程序、时长和加工程度等方面存在差异，因此在短时记忆任务中得出的研究结果并不能直接推广到阅读等任务中④。Hyönä 和 Ekholm（2016）采用眼动技术探讨了背景语音对在线文本处理可能产生的干扰效应，测试了三种不同的背景语音（即默读芬兰语背景音、意大利语背景音）条件下阅读文本中嵌入的长句的情况，以芬兰语为母语的被试的主要任务是做句法判断，结果发现不管是有意义还是无意义语言，都没有产生显著的干扰效应，并没有发现背景语音会干扰阅读的证据⑤。另外，他们认为任务处理的困难可能会屏蔽无关言语的干扰。种种研究结果都表明，在阅读理解领

---

① Jones D M, Miles C, Page J. Disruption of proofreading by irrelevant speech: Effects of attention, Arousal or Memory? [J]. Applied Cognitive Psychology, 1990, 4（2）: 89-108.

② Cowan N. Attention and Memory: An Integrated Framework. Oxford: Oxford University Press, 1995.

③ Halin N, Marsh J E, Haga A, et al. Effects of speech on proofreading: can task-engagement manipulations shield against distraction? [J]. Journal of Experimental Psychology-Applied, 2014, 20（1）: 69-80.

④ 孟珠. 文本阅读中无关言语效应的作用机制 [D]. 天津: 天津师范大学, 2020.

⑤ Hyönä J, Ekholm M. Background speech effects on sentence processing during reading: An eye movement study [J]. PLoS One, 2016, 11（3）: e0152133.

域，现有的理论模型已经无法解释相关研究结果，因此需要建立新的理论模型，以便能够更全面地解释和说明这些结果。对于阅读理解中的无关言语效应，需要深入研究并提出新的理论模型，以充分考虑阅读任务的特点和复杂性，这样的理论模型将有助于我们更好地理解和解释在阅读理解过程中出现的无关言语效应。

其次，无关言语效应干扰机制的定义和分类问题。Marsh 在 2009 年将干扰机制主要分成三大类，即前文所述的内容干扰、过程干扰和注意捕获。每一种干扰发生机制内部的理论又存在着很多的分歧，迄今为止还没有出现一个全面且完善的适用于阅读的干扰机制理论。对于不同的干扰发生机制，研究者在解释其原理和效应方面存在着差异和分歧。这可能是由于干扰机制本身的复杂性和多样性，以及研究方法的不同和实验条件的变化所导致的。管瑜（2021）在考察不同背景音是如何影响阅读进程和词汇识别时，仅仅探究了造成干扰的背景音是仅包含语音属性的背景音还是包含语义属性的背景音，还是二者结合这一问题。而吴三美等（2021）在研究中也只考察了背景音对阅读产生的干扰是来自语义还是语音成分[①]。尽管已有许多理论和模型尝试解释不同类型的干扰效应，但它们往往只能解释部分现象或缺乏整体性。大多都只是停留在语音和语义等背景音的表层特征上，而对于是源于视听材料上语音、语义内容造成的还是视听材料在做任务加工时占用了同样的通道，产生了过程重合从而导致的干扰内在的发生，研究者们并没有对其内在的发生机制做进一步探讨。如前文所述，语音干扰是根据工作记忆模型发展而来的，该模型预测视听材料在语音上的相似度越高干扰越大。然而，此相似性的定义较为模棱两可，至今都较少有人在研究阅读任务时，考察背景音和视觉文本在语音内容上的相似性对无关言语效应的影响。原因可能是，一方面，语音相似性很难界定究竟是语音的哪一特征上的相似，这个相似可以是相似的发音，可以是由相同音素组成，还可以是押韵等，目前尚无定论。另一方面，同一时期被提出来反驳语音干扰的语义干扰假说未提出像工作记忆模型一样的理论根据。语义干扰究竟是语义内容干扰还是语义过程干扰，定义较为模糊，也就是说究竟是视听材料语义内容上的冲突还是当视觉任务强调语义加工时，和听觉材料的自动语义加工过程上的冲突，因为这两者不管是内容还是过程都可以归因为语义干扰。过程干扰假说所做的预测与语义干扰假说类似，两者的区别非常小，很难从经验上对二者进行区分，因而有研究者认为可以将过程干扰假说纳入语义干扰的理论体系中[②]。

最后，虽然当前考察无关言语效应的作用机制和理论解释的研究不少，但多数研究

---

① 吴三美，田良苏，陈家侨，等.中文阅读中无关言语效应的认知机制探究：眼动证据[J].心理学报，2021，53（7）：729-745.

② Vasilev, Martin R, Liversedge, et al. Reading Is Disrupted by Intelligible Background Speech：Evidence From Eye-Tracking [J]. Journal of Experimental Psychology—Human Perception and Performance, 2019, 45（11）：1484-1512.

都只是挑选了干扰机制假说中的某两个假说进行探讨，并没有从整体上把握导致干扰发生的任务类型、听觉刺激，对不同视觉任务类型对应不同听觉刺激会出现的交互作用方式缺乏了解。无关言语效应的发生是由任务课题、听觉刺激和被试群体三方面共同作用而成的，缺一不可，探究任务课题的哪一阶段的过程会被干扰以及背景音的什么音素会干扰当前任务应该是研究关注的重点。例如，根据过程干扰的解释，闫国利等（2018）认为既然过程干扰是由于视听通道处理机制的冲突，那么当背景音为被试听不懂的外语时，被试将无法对背景音进行自动加工，此时视听之间将不会出现相同的理解过程，也就不会出现无关言语效应了[①]。那么当背景音为次熟悉的第二语言时，背景音中可能包含被试可加工的词和不可加工的词，此时是否还会出现无关言语效应呢？它与母语背景音相比较，哪个产生的干扰更大呢？目前似乎还未有研究涉及这一方面，即背景音的熟悉度是否会影响无关言语效应的大小，将来可以进一步探讨。在任务课题类型的选择上，相关的研究已经很丰富，有研究探讨简单计算课题下的无关言语效应[②]，有研究探讨词汇识别课题下的无关言语效应（管瑜，2021），还有探究图片的视觉刺激觉察任务下的无关言语效应[③]。刘思耘等还发现，视觉刺激内容复杂性的增加可以改变视听交互过程中听觉刺激对视觉刺激的影响模式。而这一点与高淇和白学军（2018）中得出的结果一致，实验结果表明任务难度是比听觉输入语言熟悉度更能影响无关言语效应的因素[④]。可是随着任务难度的增加，相应产生的干扰是会变大还是变小这一问题还存在分歧，需要进一步探索。目前由于不同的研究所采用的研究方法（行为实验、眼动实验、脑电实验等）、实验范式、刺激材料、数据分析方法等都存在不同，导致最后的研究结果难以相互比较，在无关言语效应作用机制问题上并不能达成一致。

## 四、二语习得阅读

接下来，我们将视角聚焦于二语习得，从中分析现有的阅读认知研究，寻求可借鉴之处，并探讨可能存在的问题。此外，我们将基于二语习得的相关理论，探讨二语阅读与无关言语效应结合的可能性，以观察不同语言和不同通道之间的互动效应。

随着国际交流的加深，几乎每个国家都存在着双语现象。有关二语习得的语言研究

---

① Yan, Guo li, Meng, et al. Effects of irrelevant background speech on eye movements during reading[J]. Quarterly Journal of Experimental Psychology, 2018, 71（6）：1270-1275.
② 東隆弘，白濱成希，松本圭司，等.BGMに含まれる言語情報が精神作業に及ぼす影響と脳血流との関連性[C]//バイオメディカル・ファジィ・システム学会大会講演論文集33.バイオメディカル・ファジィ・システム学会，2020：107-110.
③ 刘思耘，周情，贾会宾，等.不相关言语对视觉觉察的影响[J].心理学报，2016，48（7）：770-782.
④ 高淇，白学军.中英流行背景音乐对大学生中英词汇记忆的影响[J].心理学报，2018，50（1）：8.

和心理语言学研究，日益受到重视。一方面，早在20世纪六七十年代末至70年代初二语习得研究就已经出现，在20世纪80年代以来国内英语教育和对外汉语教育领域中二语习得一直是研究的热点主题，而相比之下，国内的日语教育领域中的二语习得研究大致始于21世纪初，起步相对较晚[①]。另一方面，已有第二语言学习认知神经机制的研究大多只关注第二语言学习本身，而对母语加工和第二语言学习之间的相互作用机制关注较少[②]。因此，未来研究需要从动态的角度系统地探讨母语加工与第二语言学习的相互影响和相互作用，从而更加全面地理解第二语言学习的认知神经机制。

汉语和日语在字形上有很高的相似度。中国和日本同处于亚洲东部，同处于汉字圈中，日语中的汉字大部分来自古汉语，虽说除了汉字以外日语还有假名的存在，但日语的假名也是由汉字的一部分演变而来的，所以两门语言的相近程度在世界语言中极为特殊。

而在语音方面，汉语和日语虽然有一定的亲缘关系，但分属不同的语言系统，汉日语音系统在音位、声调、节奏、语调等方面各有不同的特点[③]。杨海波（2014）也认为不同的语言之间存在语音特异性，汉语是典型的声调语言，在语音加工的韵律方面有着不同于其他拼音文字的独特加工模式[④]。日语和汉语中的声调以及英语中的重音都不同，属于两者之间，它有其独特的模式，日语在特定音节会出现重读，但日语的重音通常被看作是高调，所以日语被称为音高—重音语言。

汉语与日语在视觉表征形式上类似，语音和语义表征形式复杂，对于母语为汉语的日语学习者来讲，日语介于母语和完全陌生的外语之间，属于次熟悉的第二语言，那么其在阅读日语时，是否会受到来自听觉的不同熟悉度的日语背景音或汉语背景音的干扰呢？

Perfetti及其团队提出了双加工模型（即同化和顺应假设）来解释母语经验对第二语言学习和加工的影响，该模型认为，母语与第二语言学习的相互作用包含两个加工过程，分别为同化和顺应[⑤]。双加工模型获得了很多脑成像研究的支持。有研究发现，英语母语者主要使用左侧额下回和颞上回后部阅读英语单词，然而，汉语母语者在阅读英语单词时主要使用汉语加工的神经网络，即使用负责汉字语音提取的脑区（左侧额中

---

① 冷丽敏，郭朝暾.国内近二十余年间日语二语习得研究现状分析[J].日语学习与研究，2022(6)：104-114.
② 梅磊磊，屈婧，李会玲.第二语言学习的认知神经机制[J].华南师范大学学报（社会科学版），2017(6)：63-73，190.
③ 魏金美.汉日语音系统的特点比较[J].重庆工学院学报（自然科学版），2007(1)：175-177.
④ 杨海波，张雪健，周菘，等.语音加工的功能性近红外脑成像研究进展[J].心理与行为研究，2014，12(4)：566-571.
⑤ Perfetti C A, Liu Y, Fiez J, et al. Reading in two writing systems: Accommodation and assimilation in the brain's reading network [J]. Bilingualism: Language and Cognition, 2007, 10(2): 131-146.

回）进行英文加工①。还有研究发现，日语—英语双语者阅读英语时的大脑激活模式与日语阅读相似，而英语—日语双语者阅读日语时的大脑激活模式与英语阅读类似②。这些研究结果都表明了第二语言学习者会使用母语的神经网络去学习和加工第二语言，为同化假设提供了实验证据。那么当母语为汉语的日语学习者阅读日语时，可以预想该二语习得者可能会使用汉语的加工过程去加工日语文本材料，这时施加汉语背景音和日语背景音会对日语阅读造成什么样的影响？联想到过程干扰假说，可能汉语背景音对日语阅读的干扰会比日语背景音更大。然而，视觉材料的日语文本和听觉材料的日语背景音在语义内容上似乎有更多的相似性，如果根据内容干扰假说，可以预期应该是日语背景音对日语阅读的干扰会比汉语背景音更大。关于这一问题，我们可以通过建立更加恰当的实验范式和分析方法来探讨，考察汉语母语者学习日语时，微妙的双语交互机制，希望通过实验结果能够验证或推翻前文所述的假设。

## 结语

综上所述，关于无关言语效应在阅读理解中的表现，还有很多有趣的、值得进一步挖掘的课题方向。

1. 第二语言阅读中的无关言语效应

目前国内已有研究发现在英语阅读中存在无关言语效应，探讨对此效应施加不同种类语言的背景音乐时，视听之间会出现什么样的交互机制。不过英语作为表音文字，有较强的形音义的语音中介性特征，其工作记忆系统和音乐工作记忆系统可能会有较多的重叠部分，从而导致干扰（马谐等，2015）。而日语既有属于表意文字的汉字，又有属于表音文字的假名，因此，可以进一步在日语阅读中探究是否有无关言语效应的存在及其视听交互机制。

2. 通过认知神经表征解析无关言语效应的认知机制

目前已有许多研究使用眼动仪来观察被试的在线阅读过程，解释在行为实验中可能看不到的微妙的听觉干扰效应。眼动仪可以通过具体的、精确的测量手段，让我们能更好、更清晰地了解干扰发生的时间进程，帮助我们搭建无关言语效应发生干扰的理论框架。未来还可以尝试在脑电相关实验中观察被试的反应，通过大脑的加工通道来找过程干扰假说的证据。

---

① Jessica R Nelson, Ying Liu, Julie Fiez, et al. Assimilation and accommodation patterns in ventral occipitotemporal cortex in learning a second writing system [J]. Human Brain Mapping, 2009, 30（3）：810–820.

② Tsutomu Nakada, Yukihiko Fujii, Ingrid L Kwee. Brain strategies for reading in the second language are determined by the first language [J]. Neuroscience Research, 2001, 40（4）：351–358.

3. 调节无关言语效应的影响因素

已有研究发现任务的难度会调节无关言语效应的表现。因此，我们可以通过改变当前阅读任务的难度，探究抑制干扰发生的可能途径。

在未来的研究中，研究者应致力于建立更加恰当的实验范式和分析方法来探讨无关言语效应对阅读的干扰，厘清其中的干扰机制。由此，便有可能找到相对应的改善无关言语效应的方法，并从实践角度提出建议，以促使学习者采取适当的方法来应对这些听觉干扰，提高阅读效率。还可以将无关言语效应的应用延伸到二语习得的阅读中，探究母语加工和第二语言学习的相互作用机制，能够帮助我们更好地理解第二语言学习的认知神经机制。

# 日本历史课程教学实践的问题与创新举措
## ——引入古籍、图像以及实物教学①

**北京第二外国语学院日语学院　张晓明**②

[摘要] 日语学科需要在新时代、新文科、新外语的大背景下，针对区域国别和思政教育等诸多社会需求，积极探索适应自身发展的进路。日本历史课程在借鉴传统历史性叙事方式的基础上，对艺术史、文化史等方面的教学，要深入具体历史细节、历史情境，展开具有更深层次文化内涵的教学实践。本文通过书法和瓷器两个教学实践的例子，将古籍、图像以及实物引入课堂，让学生更直观、沉浸式地体验日本历史脉动的细节和情境，使书本所提供的间接感受转化为更加直观的具体视觉感受。这样有利于日语学科改革过程中人才培养更加具有宏观的国际视野和微观的研究能力，形成更为适应新时代国家外语人才培养、区域国别建设以及思政教育的培养机制。

[关键词] 日本历史，教学实践，古籍，图像，实物

## 引言

随着信息化、全球化的发展，日语教学过程中单一语言课程已经无法有效地满足社会和日语专业学生的需求。根据《高等院校日语专业基础阶段教学大纲》的要求："外语教学的最终目的是培养学生具有跨文化交际的能力"，但"交际除要求语言运用能力外，还要求社会文化理解能力，而社会文化理解能力的培养又是多方面的，在有利于语

---

① 本文系北京第二外国语学院日语学院院级项目教学改革结项成果。
② 张晓明：北京第二外国语学院日语学院副教授，研究方向为日本文化、日本思想史等。

言运用的前提下，教学中应适当加入社会文化的内容"①。根据《高等院校日语专业基础阶段教学大纲》可知，日语专业的学科发展需要优化课程结构，特别是具备专业非语言能力的培养。对于日语专业学生的非语言能力的培养，《高等院校日语专业高年级阶段教学大纲》规定："学生毕业时应具有扎实的日语基本功和较强的日语实践能力，还要具备日语语言学、日本文化、日本社会文化（包括地理、历史、政治、经济、风俗、宗教等）方面的基本知识"。日本社会文化课程是现在高校日语专业学生非语言能力的重要组成部分。日本历史课程作为社会文化课程的重要组成部分具有了解日本国情概括和文化内涵的双重特性，因此，如何开展日本历史课程的教学实践在当下中国日语学科改革，特别是区域国别建设与思政教育的大背景下具有一定的学术和实践意义。

目前，国内高校日本历史课程的教学实践主要采取时代史或者王朝史的基本范式。在既定教学范式的前提下，涌现出不少针对日本历史的优秀教材，比如1994年吴廷璆主编，南开大学出版社出版的《日本史》；2003年王勇主编，高等教育出版社出版的《日本历史》；2016年王新生主编，北京大学出版社出版的《日本简史》等，特别是2023年由王新生、宋成有、唐利国、崔金柱、王海燕、王金林、陈小法、高燎、章林最新主编了江苏人民出版社出版的《日本通史》（六卷本）引发了学界的广泛关注。但是，无论是吴廷璆版《日本史》还是王勇版《日本历史》，抑或王新生版《日本简史》，包括2023年最新的六卷本《日本通史》都是由历史专业或者说世界史专业的专家学者编著而成，是否适合日语学科的教学实践尚值得商榷。而且，在日语学科下的日本历史课程兼具文化内涵意义，在具体教学实践中也应关照到艺术、文化等要素。因此，本文聚焦于传统的日本正史之外的美术史、文化史部分，在日本历史课程基本教学范式的基础上，尝试在教学实践中引入古籍、图像以及实物以推动有别于历史或者世界史学科的日本历史课程创新建设。

## 一、日本历史课程的基本教学范式

就目前国内高校日语专业开设的课程现状来看，绝对大部分高校开设社会文化课程的时间还比较短，课程数量也比较少。根据上海外国语大学窦心浩（2016）的统计：在调研的61所高校中有58所开设了社会文化课程，开设时间超过30年的高校只有5所，不到10年的则高达29所；课程数量中，日本概况有49所、日本文化有35所、日本社会文化和日本历史都为29所，具体如图1所示。

---

① 教育部高等学校外语专业教学指导委员会日语组.高等院校日语专业基础阶段教学大纲［M］.大连：大连理工大学出版社，2001.

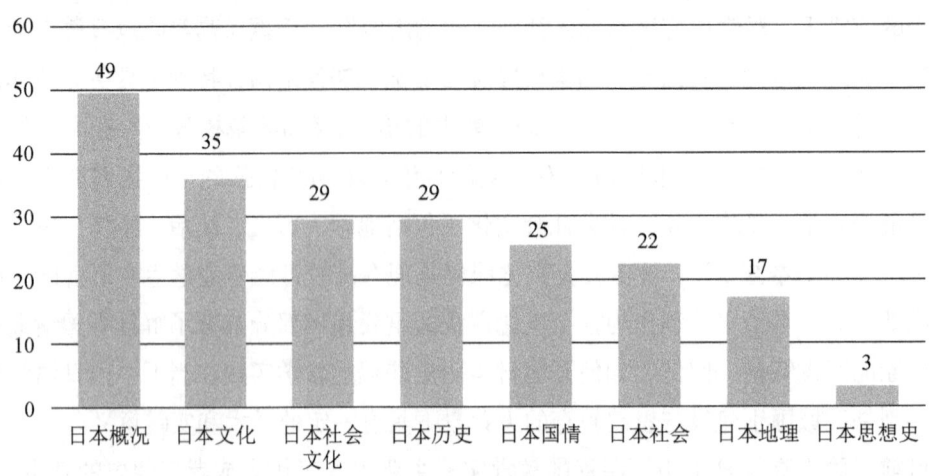

**图 1 日本社会文化课程开设高校数量**

由此可见,日本历史课程在开设的日本社会文化课程中所占比重也比较少。而目前能够适用于日本历史课程的教材主要有上文所列举的吴廷璆版《日本史》、王勇版《日本历史》、王新生版《日本简史》三个版本,其中吴廷璆版《日本史》和王勇版《日本历史》主要按照唯物主义历史观进行的年代史学划分。

吴廷璆版《日本史》主要内容如表1。

**表1 吴廷璆版《日本史》目录**

| 第一卷 | 古代（1868年以前） | 第二卷 | 近代（1868—1945） | 第三卷 | 战后（1945—1992） |
|---|---|---|---|---|---|
| 第一篇 | 原始社会和奴隶社会 | 第一篇 | 资本主义形成时期 | 第一篇 | 美国占领时期 |
| 第二篇 | 早期封建社会 | | | 第二篇 | 独立自主时期 |
| 第三篇 | 中期封建社会 | 第二篇 | 帝国主义时期 | 第三篇 | 高速增长时期 |
| 第四篇 | 后期封建社会 | | | 第四篇 | 稳定增长时期 |

王勇版《日本历史》主要内容如表2。

**表2 王勇版《日本历史》目录**

| 第一章 | 日本早期社会 | 第六章 | 室町时代 | 第十一章 | 太平洋战争及日本的彻底失败 |
|---|---|---|---|---|---|
| 第二章 | 飞鸟时代 | 第七章 | 江户时代 | 第十二章 | 占领时期的日本 |
| 第三章 | 奈良时代 | 第八章 | 明治时代（上） | 第十三章 | 走向经济大国 |
| 第四章 | 平安时代 | 第九章 | 明治时代（下） | 第十四章 | 走向国际化时代 |
| 第五章 | 镰仓时代 | 第十章 | 日本走向法西斯侵略道路 | 第十五章 | 21世纪的日本 |

从表1、表2可以看出,传统历史或世界史学科沿袭了时代史或者王朝史的基本范

式展开叙事,仍然按照"古代""近代""现代"的"大时间"历史范畴。王新生版《日本简史》通过总结时代特点,以时代属性进行历史性叙事,如表3所示。

表3 王新生版《日本简史》目录

| 第一章 日本人的起源<br>旧石器时代/绳纹时代/弥生时代/邪马台国/古坟时代 | 第五章 明治维新<br>内外危机/王政复古运动/新政权的改革/自由民权运动/明治宪法体制 | 第九章 经济大国<br>经济的季节/佐藤长期政权/田中角荣政权/政界的混乱/稳定增长 |
|---|---|---|
| 第二章 律令国家<br>律令国家/奈良时代的社会/庄园与摄关政治/武士与院政政治/唐风文化与国风文化 | 第六章 对外侵略扩张<br>甲午战争/日俄战争/第一次护宪运动/参加第一次世界大战/城市化及其影响 | 第十章 改革的年代<br>新保守主义改革/政治改革的启动/联合政权与政治改革/桥本内阁改革/持续的结构改革 |
| 第三章 武人政权<br>镰仓幕府/元军征日/南北朝/室町幕府/文化的演变 | 第七章 变革与战争<br>各种社会运动/各种政治思想/政党政治/中日战争/太平洋战争 | 第十一章 漂流的国度短命的自民党内阁/混乱的民主党政权/再次翻盘的大选/第二次安倍政权/停滞的社会 |
| 第四章 前近代社会<br>战国大名/织丰时代/早期德川幕府/后期德川幕府/思想与文化 | 第八章 占领与战后体制<br>占领及改革/政治与社会/走向媾和/两党体制/民族主义 | |

如表1、表2、表3所示,目前传统历史或者世界史学科形成了按照时代史、王朝史、时代属性进行历史性叙事的基本教学范式。换句话说,就是按照"岩宿·绳文·弥生·古坟·飞鸟·奈良·平安·镰仓·室町·江户·明治·大正·昭和·平成·令和"的顺序依次展开日本历史的课程的教学实践。不过,我们也可以清楚地看到王新生版《日本简史》中涵盖了"唐风文化与国风文化""文化的演变""思想与文化"等具有文化史属性的内容,但是整体来说所占部分极少。

按照《高等院校日语专业高年级阶段教学大纲》要求:"学生毕业时应具有扎实的日语基本功和较强的日语实践能力,还要具备日语语言学、日本文化、日本社会文化(包括地理、历史、政治、经济、风俗、宗教等)方面的基本知识"。日语学科的日本历史课程有别于历史或者世界史学科的一点是要兼具文化内涵,是需要关照到艺术、文化等要素。这就需要日语学科的日本历史课程建设在目前基本历史教学范式的基础上开辟具有文化内涵的教学创新措施。

## 二、作为艺术史的教学——以书法为例

日本历史课程中极为重要的一部分是艺术史,这部分本身并不是一般日语学科甚至历史、世界史学科教师具有的素养,特别是对于艺术水平的鉴赏,就更难在实际的课堂实践中展开。那么,作为日语学科的历史中的艺术部分应该怎样开展教学实践呢?本文在此以书法为例做简单概述。

一般而言，日本的书法史主要分为"三笔""三迹"和"流仪样"三个阶段，其中"三笔"指的是空海（774—835）、嵯峨天皇与橘逸势。"三笔"的说法源自江户时代贝原益轩的《和汉名数》"本朝能书三笔嵯峨天皇、橘逸势、僧空海"①。"三笔"的书法都是王羲之书法的基础上进一步显现出与众不同的杂体书法风格，其中尤以空海的书法最为有名。

关于空海的《聋瞽指归》，我们可以参考高野山灵宝馆藏空海手迹（图2）。手迹序文末尾处的日期"圣帝瑞号延历十六年"②，可知该卷书写时间为延历十六年（797），而空海遣使入唐的时间是在延历二十三年（804），也就是说《聋瞽指归》是空海入唐之前的书法作品。

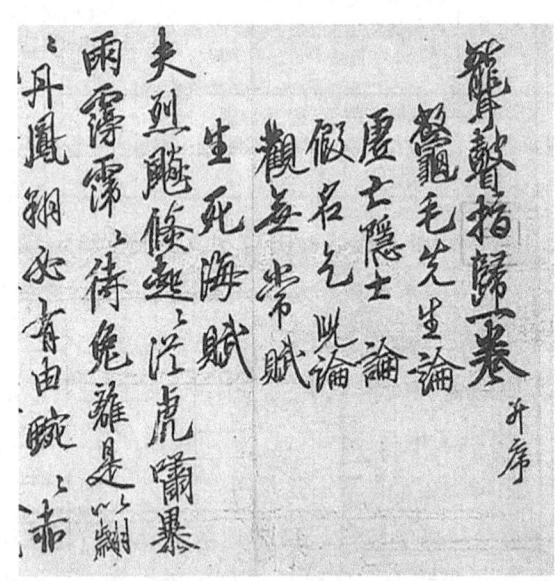

**图2　日本高野山灵宝馆藏空海手迹《聋瞽指归》**

空海入唐正值唐朝书法变革的重要时期，继王羲之之后欧阳询、褚遂良、李邕、钱起、颜真卿等书法大家辈出。在这样的书法文化氛围下，空海不可能对当时唐朝书法家们的作品熟视无睹。空海在《进李邕真迹屏风表》中写道：

李邕真迹屏风书一帖

空海久阅翰墨，志深画一，安禅馀隙，时探六书之秘奥，持观之暇，数检古人之至意。伏惟太上天皇，脱骊多闲，超然坐亡。九丹写其一，八体笃其风。空海以得此妙迹，时充批觇。隆匠不及四随，而功夫施於一时。谨以桑门之秘迹，敢奉献姑射之游目。

---

① 貝原益軒.和漢名数：第二卷［M］.京都：佐野与兵衞，1692.
② 弘法大師空海全集編輯委員会.弘法大師空海全集：第六卷［M］.東京：筑摩書房，1984.

李邕书法源自"二王"，以《怀仁集王书圣教序》为中心继承了王羲之书法的风格。对于李邕的书法，朱关田认为："唐初之风，崇尚王字，士人未能获观真迹，便藉《圣教序》而仰契右军。李邕用笔，笔俊度缓，势方韵圆，其坚韧含蓄处纯属王字一派，或先从《圣教序》悟出，复受盛唐书风陶染，积习所致，笔力一新"[1]。而"空海以得此妙迹，时充批瓠"，足见空海对李邕书法的喜爱。

除了王羲之和李邕之外，空海还说："空海尝遇解书先生，粗闻口诀"[2]。对此，内藤湖南认为传授空海笔法的"解书先生"是韩方明，他认为空海的《执笔法使笔法》采用了韩方明《授笔要说》提到的"讦"的笔法术语[3]。与此同时，根据《弘法大师书流系图》卷首清原秀贤所言"桓武天皇御宇，五笔和尚在唐之日，会韩方明及诸生得闻其说"[4]，而空海所授书法的法系则是"蔡邕—崔寔—张芝—韦仲将（韦诞）—蔡琰—卫夫人—王旷—王羲之—王献之—羊欣—王僧虔—萧子云—智永—虞世南—陆柬之—陆彦远—张旭—徐浩—徐璹—韩方明—空海—嵯峨天皇"（图3）。韩方明在《授笔要说》中明确说明了自己的师承："昔岁学书专求笔法，贞元十五年授法於东海徐公璹，十七年授法於清河崔公邈，由来远矣"[5]。这与《弘法大师书流系图》中韩方明师从徐璹的关系相互吻合。

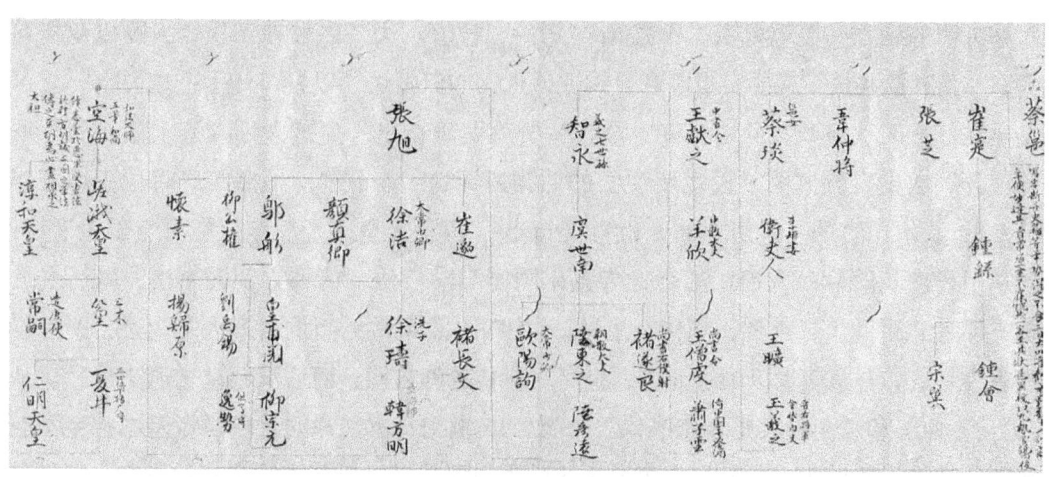

图3　国文学研究资料馆田安德川家资料所藏《弘法大师书流系图》

---

① 朱关田.中国书法史：隋唐五代卷［M］.南京：江苏教育出版社，2009.
② 弘法大師空海全集編輯委員会.弘法大師空海全集：第六卷［M］.東京：筑摩書房，1984.
③ 内藤湖南.世界教養全集十七：日本文化史研究［M］.東京：平凡社，1963.
④ 参照国文学研究资料館田安徳川家資料所藏《弘法大師書流系圖》刊写，冊数1軸，35.9cm，卷子本，〈序〉慶長18年6月舟橋秀賢序.〈奥〉長久2年9月藤原定頼・無年記飯河秋共・慶安2年3月22日藤木敦直・万治1年11月21日沙門実源奥書，「この一卷は入木道の秘中の秘たるもの也ある人の傳へしをひそかにかりて半時はかりみるかうちにうつしとめたり／経亮」奥書.〈伝〉（印記）「田安府芸台印」「獻英楼図書記」.〈備〉「田藩文庫目録」(『田藩文庫目録とその研究』) 通し番号789，奥書詳細あり.
⑤ 陈思.书苑菁华［M］.北京：北京图书馆出版社，2003.

根据《高野大师真迹书诀》记载,"头指句之钩之,大指助之末停而讦之。大指头指併力曳之,令势足留,而后讦如机发之状"(图4)①。

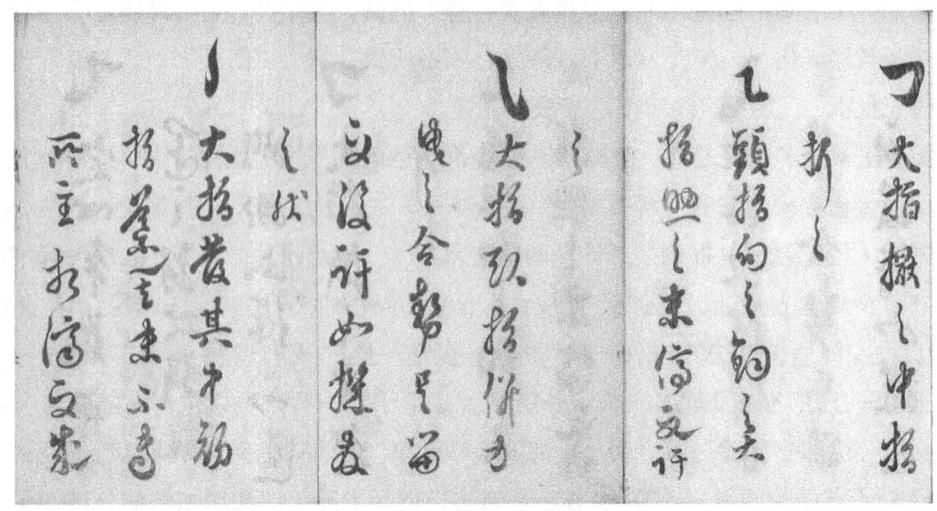

**图 4　国立公文书馆藏《高野大师真迹书诀》**

对于空海的书诀,屋代弘贤解释说:"韩方明授笔要说云,钩攑讦送,亦曰抵送"②。而韩方明的确在《授笔要说》中强调:"第一,执管。夫书之妙在于执管,既以双指苞管,亦当五指共执,其要实指虚掌,钩攑讦送,亦曰抵送,以备口传手授之说也"③。可见早在江户时代宽政二年(1790)屋代弘贤就明确指出《高野大师真迹书诀》所强调的"讦"法出自韩方明《授笔要说》的"钩攑讦送"。不过,早在江户时代正德五年(1715)藤木司直的《笔道本原》就直接指出:"桓武天皇二十三年,空海与学生逸势,同从遣唐使葛野麻吕入唐,就青龙寺惠果阿闍梨学佛法,依韩方明闻书法,其所受於韩方明者非所谓十二点者,唯传其道耳。(中略)故余常见当世名书人之笔迹,谓有得失者为是也。吾家四世以画道业之,空海之所传於韩方明,而后汉蔡邕之遗法也"④。从《笔道本原》和《高野大师真迹书诀》来看,18世纪日本江户时代的学者基本肯定了空海师从韩方明的说法。空海在入唐求法的过程中深受当时唐代书法风格的影响。特别是《灌顶历名》,它的字里行间流露出一种与颜真卿的《祭侄文稿》《祭伯父文稿》《争座位帖》相似的氛围(图5)。实际上颜真卿殁于唐贞元元年(785)正是日本延历四年,空海十二岁之时;而空海在贞元二十年也就是延历二十三年入唐之时正值颜体风行大唐。而《灌顶历名》中熟练运用行草书的同时,圆笔中锋,引篆入行,显示出强烈的唐

---

① 屋代弘賢.高野大師真蹟書訣[M].東京:書林,1790.
② 同上。
③ 陈思.书苑菁华[M].北京:北京图书馆出版社,2003.
④ 此处的《笔直本原》是正德五年国立公文书馆所藏写本。

代书法气韵。

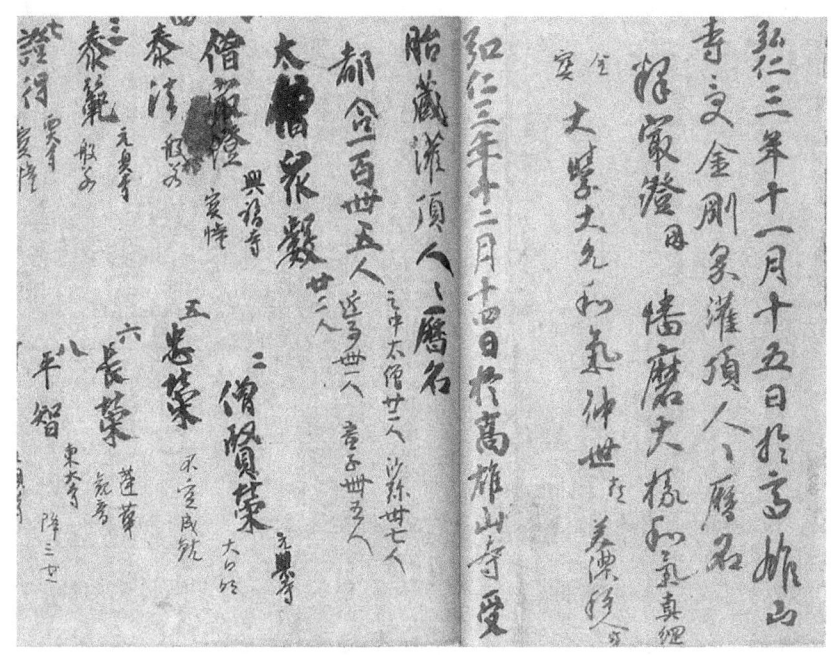

图5　京都神护寺藏空海《灌顶名历》

此外，空海在解释书法笔论时说：

　　古人笔论云，书者散也。非但以结里为能。必须游心境物，散逸怀抱，取法四时，象形万类。以此为妙矣。是故苍公风心，拟鸟迹而挥翰，王少意气，想龙爪而染笔。蛇字起唐综，虫书发秋妇。轩圣云气之兴，务仙风韭之感，垂露悬针之体，鹤头偃波之形，骐驎鸾凤之名，瑞草芝英之相，如是六十馀体者，并皆人心感物而作也。或曰，笔论笔经，譬如诗家之格律。诗是有调声避病之制。书亦有除病会理之道。诗人不解声病，谁编诗什。书者不明病理，何预书评。又作诗者以学古体为妙，不以写古诗为能。书亦以拟古意为善，不以似古迹为巧。所以振古能书百家体别①。

空海的解释提及龙爪、蛇书、虫书、风韭、垂露、悬针、鹤头、偃波、麒麟、鸾凤、瑞草、芝英、鹄头、倒薤和飞白十五种书法字体，而且他特别指出"如是六十馀体者，并皆人心感物而作也"，可见空海对书法的认识是极为多元的，以此为杂体书的创作奠定了基础（图6）。

---

①　弘法大师空海全集编辑委员会.弘法大师空海全集：第六卷［M］.東京：筑摩書房，1984.

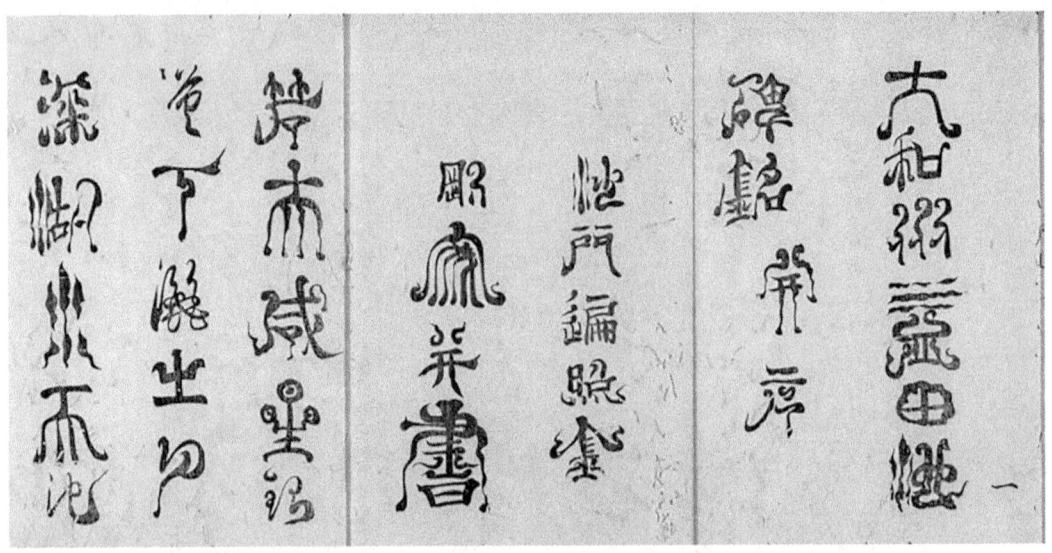

图6 京都大学附属图书馆谷村文库藏空海《大和州益田池碑》

此外，空海对飞白体也特别重视，在《性灵集》中他反复提及飞白体，"飞白书一卷。亦是在唐之日，一见此体，试书之，虎变为犬。虽未成功，夫比之献芹"[①]，"鸟兽飞白一卷"等（图7）。

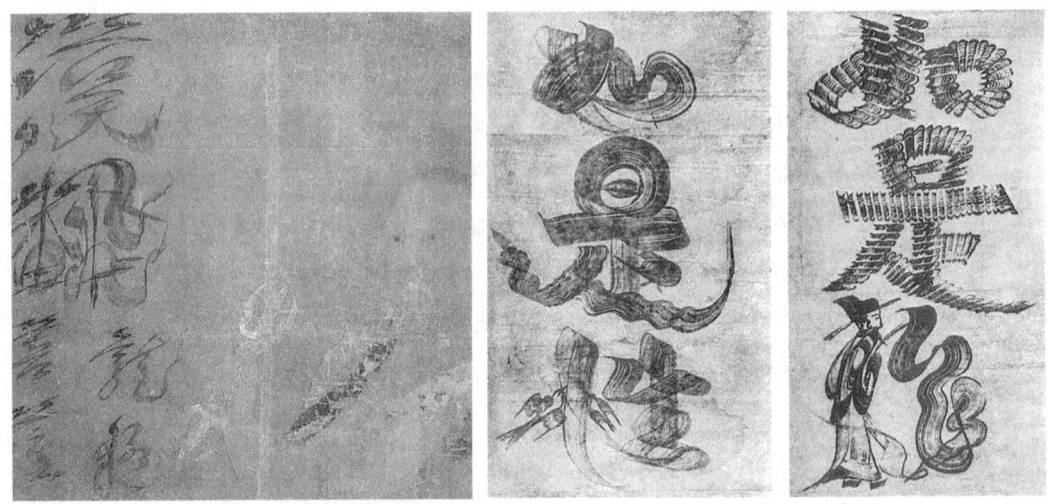

图7 东寺（教王护国寺）藏《真言七祖像赞并行状文》与神护寺旧藏《飞白十如是》

当然，在传统意义中的日本历史教学实践中，我们更多的是简单叙述一下空海书法，如果细致一些可能放几张授课教师也不是很清楚的图片就一带而过。但是，随着新时代、新文科、新外语背景下的日语学科改革的不断深化，我们是否还能像以前一样采

---

① 弘法大師空海全集編輯委員会．弘法大師空海全集：第六巻［M］．東京：筑摩書房，1984．

用粗放的方式来研究日本历史中的艺术史，特别是那些与中国艺术紧密相关的历史细节。因此，我们有必要进一步引入古籍、图像等具有更大意义范畴的文献资料，辅助我们打开日本历史的褶皱，厘清中日关系史的细节。

## 三、作为文化史的教学——以瓷器为例

除了艺术史之外，文化史也是日本历史课程的重要组成部分。不少高校在人才培养计划中也会设置"日本文化概论"一类的课程，此类课程具有代表性的是南开大学韩立红教授组织的"教育部虚拟教研室——日本社会文化"，而其代表性教材《日本文化概论》也已经出版了第三版（图8）。

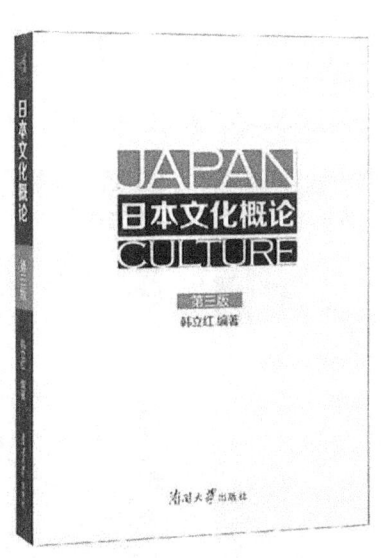

图8　韩立红编《日本文化概论》（第三版）

在《日本文化概论》中，韩立红教授主要利用具有普遍性意义的文化属性把握日本文化的整体架构，目录如下。

第一章　日本文化的基本特征——开放性与主体性

第二章　稻作文化的特质

第三章　以"家"制度为基础的"纵式"社会结构

第四章　重实用的文化心理

第五章　日本人的"无常"观

第六章　天皇崇拜的传统

第七章　日本人的"娇宠"

第八章　"耻"与"义理人情"

第九章　日本人关于"道"的思想

第十章　现代日本文化知识

第十一章　外国人笔下的日本论名著

从普遍性意义把握日本文化的属性也是日本文化概论课程经常采用的教学手段，但是，作为日本历史课程无法以归纳的方式导向一种主观的评价机制，而且历史的客观性更是要求需要提供一种直观的方式让学生迅速把握历史过程。从这一角度来说，我们需要在课堂上引入有代表性的实物让学生进入沉浸式的课堂体验。本文以瓷器为例，探讨文化史教学实践的可能性和前瞻性。

瓷器在日本作为重要文化要素与茶道的兴起密切相关，除了我们熟悉的茶盏之外，还有一类极为出名的是古伊万里烧。17世纪初期壬辰倭乱后，来自朝鲜的制瓷师在有田泉山发现适合制瓷的瓷土，从而开辟了日本制造瓷器的新篇章，简称古伊万里烧。古伊万里早期（1644—1660）主要以仿制中国明末清初的瓷器为主，模仿像是有名的克拉克瓷器的分隔开光构图，因为形状貌似盛开的芙蓉花，所以称作芙蓉手（图9）。

图9　17世纪中国漳州窑克拉克盘和日本古伊万里烧克拉克盘

古伊万里烧在仿制期间甚至还在瓷器留有明嘉靖年制或万历年制底款（图10），在制作工艺上继承了中国明末清初的艺术风格。

不过，古伊万里的工匠为了区分明朝嘉靖年制、成化年制瓷器与仿制瓷通常会将"大明"的"大"字写作"太"字，"嘉靖"的"靖"字写作"清"字，于是形成了"太明嘉清年制""太明成化年制"的底款。古伊万里烧的中期（1660—1760）瓷器主要外销欧洲，由于17世纪中叶明清鼎革，中国以景德镇为主的瓷器生产基地几近停产，无法出口贸易，古伊万里烧趁机借助荷兰东印度公司出口欧洲，并迅速占据主要瓷器市场。因此，荷兰东印度公司的"VOC"标识也时常出现在古伊万里烧瓷器的画片之中（图11）。

日语教育教学现场

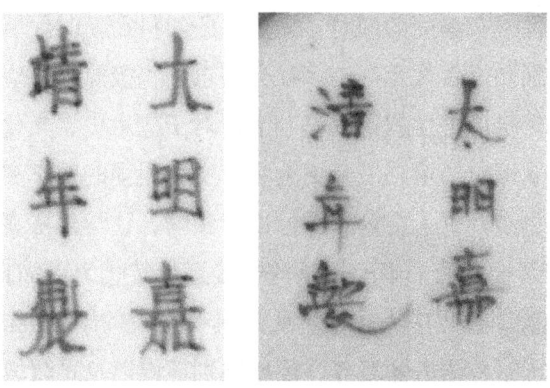

图 10　大明嘉靖年制款和日本古伊万里烧仿款

图 11　17—18 世纪日本为荷兰东印度公司订烧的瓷器及荷兰东印度公司 VOC 铜币

然而，随着康雍乾三代的盛世政治，景德镇瓷器恢复了往日风采，荷兰东印度公司转而重新向中国订烧瓷器，18 世纪开始广州也开始有仿照古伊万里烧的瓷器销往欧洲。

综上所述，在日本历史课程的教学实践中，结合课外作业或者故宫博物院等相关博物馆参观相关实物，特别是导入个别瓷片的学习，这种实物类的教学要素有利于让学生更加直观地认识瓷器在日本历史中的发展历程以及中日瓷器之间的文化比较。如此，在实现日本历史课程的教学目的的同时，达到了传播中华优秀传统文化，讲好中国故事的潜在教学意义。

# 结语

日本历史课程作为日本社会文化教学的重要组成部分，既是日语学科创新的关键，也是有别于历史学科、世界史学科的，兼具文化内涵的重要人才培养渠道。而目前由传统历史、世界史学科所形成的基本日本历史教学范式为日语学科教学提供时代史、王朝史、时代属性的历史性叙事参照的同时，需要日语学科在新时代、新文科、新外语的大背景下，针对区域国别和思政教育等诸多社会需求，积极探索适应自身发展的进路。因此，日语学科在借鉴传统历史性叙事的基础上，对于艺术史、文化史等方面的教学，要深入到具体历史细节、历史情境，展开更为具有文化内涵的教学实践。本文通过书法和瓷器两个教学实践的例子，引入古籍、图像以及实物，让学生更直观、沉浸式地体验日本历史脉动的细节和情境，让书本所提供的间接感受转化为更加直观的具体视觉感受。这样有利于日语学科改革过程中人才培养更加具有宏观的国际视野和微观的研究能力，形成更为适应新时代国家外语人才培养、区域国别建设以及思政教育的培养机制。

# 日本文学的时空

# 大江健三郎《人生的亲戚》中的宗教意识研究①

北京第二外国语学院日语学院　王丽华②　曾　静③

[摘要] 对宗教信仰的探索是大江健三郎（1935—2023）文学作品中一个重要的主题。1989年出版的《人生的亲戚》是大江健三郎第一部以女性为主角的长篇小说，同时也是他首次阐述自己宗教意识的一部文学作品。小说以仓木麻理惠为女主人公，通过倒叙的方式讲述了她经历两个儿子一同自杀后努力探索人生、救赎自我的故事。在这部小说中，大江健三郎不仅继续书写了他对"与残疾儿共生"和"核意识"等问题的思考，而且还体现了"无信仰者的祈祷"这一观念。本文以大江健三郎首次阐释其宗教意识的小说《人生的亲戚》作为研究对象，拟通过"宗教的想象力""无信仰者的祈祷""灵魂与救赎"三个方面对大江健三郎的宗教意识进行研究。

[关键词] 大江健三郎，《人生的亲戚》，宗教意识

## 引言

大江健三郎（1935—2023）是日本第二位获得诺贝尔文学奖的作家。作为战后文学的第三代新人，大江以丰富的想象力和独特的风格创作了一系列影响深远的作品。在大江后期的创作过程中，宗教成为其重要的文学主题之一。大江健三郎的宗教意识以民主主义为核心，以救赎灵魂为终极目的。从进入文坛以来就开始坚持不懈地探索人生奥义的大江，在经过了前期对"性"与"政治"的探索，中期对"残疾儿"与"核问题"的关心后，后期的文学重心转向了灵魂的救赎问题，而他选择解决这一问题的方式就是

---

① 本文系国家社科基金青年项目"大江健三郎文学中的共同体思想研究"（19CWW005）和2023年北京第二外国语学院研究生科学研究项目"比较文学视域下的大江健三郎文学思想研究"（2023GS14YB019）的阶段性研究成果。

② 王丽华：北京第二外国语学院日语学院副教授，研究方向为日本文学、中日比较文学。

③ 曾静：北京第二外国语学院硕士研究生，研究方向为日本近现代文学。

宗教。《人生的亲戚》是大江健三郎第一部全面涉及宗教的作品，作品选择以一个坚强不屈、颇具魅力的女性角色仓木麻理惠作为整部作品的主角，这在大江健三郎的文学作品中是前所未有的。

《人生的亲戚》讲述了一个充满女性魅力同时又是一位伟大母亲的女主角仓木麻理惠的故事。麻理惠的两个儿子先后残疾并共同赴死。这件事给麻理惠带来了巨大的悲伤，但是遭遇常人难以忍受痛苦的麻理惠并没有被打倒，而是在往后的生命中积极探索着人生的出路，在墨西哥村落成了当地村民敬仰的"圣女"，也成为几个青年人心中难以忘记的"世界上最后一个女性"。大江健三郎的宗教意识受到了基督教、伊利亚德和神秘主义诗人叶芝的影响[1]。《人生的亲戚》中，大江在融合现有宗教意识的基础上，形成了自己的宗教意识，《人生的亲戚》便成为初步表达其宗教意识的作品。

目前，国内学者对这部作品的研究，主要聚焦于《人生的亲戚》中的女性观。张雅蒙在《大江健三郎〈人生的亲戚〉中的女性形象研究——以"两义性"为视角》一文中以"两义性为视角"，对小说女主人公麻理惠的女性形象进行了研究[2]。而黄芳则是将大江健三郎的《人生的亲戚》和川端康成的《生为女人》进行了对比研究，指出了两者女性观的异同，日本的女性观念随着时代的变迁而变化[3]。

日韩学界对《人生的亲戚》这本小说的研究已取得一定成果。南徽贞认为麻理惠从正面接受"悲伤"的态度意味着救赎具有可能性[4]；川本三郎和古桥信孝从私小说的角度出发，认为大江在《人生的亲戚》这本小说中的写作方法打破了私小说的形式[5]。富冈幸一郎关注了作品中的宗教主题，而史淑姬提到了作品中的神话形象[6]。

从先行研究中可以看出中日韩学界对此作品的关注都集中在作品的救赎主题与女性形象。而较少对该作品中体现出的大江健三郎的宗教意识进行全面的分析。本文旨在以大江健三郎首次阐释其宗教意识的小说《人生的亲戚》作为研究对象，拟通过"宗教的想象力""无信仰者的祈祷"以及"灵魂与救赎"等三方面对大江健三郎的宗教意识进行研究。

---

[1] 王丽华，邱鸣. 大江健三郎的宗教思想[J]. 名作欣赏，2018，614（18）：5-8.
[2] 张雅蒙. 大江健三郎《人生的亲戚》中的女性形象研究——以"两义性"为视角[J]. 日语学习与研究，2021，216（5）：115-122.
[3] 黄芳. 论日本两代诺贝尔文学奖得主的女性观——以川端康成《生为女人》和大江健三郎《人生的亲戚》为例[J]. 天津外国语大学学报，2017，24（4）：36-42+81.
[4] 南徽贞. 現代に「悲劇の表現者」：大江健三郎『人生の親戚』論[J]. 言語・地域文化研究，2015.
[5] 川本三郎.「悲しみは物みなを親密にする」—大江健三郎『人生の親戚』を読む[J]. 文學界，1989.古橋信孝.「人生の親戚」論 私小説の方法と世界の終末・救済[J]. 文學 解釈と教材の研究，1990.
[6] 富岡幸一郎.「人生の親戚」—救済のイメージ[J]. 文学解釈と教材の研究，1997.史姬淑. 信仰なき者の祈り-大江健三郎『人生の親戚』論[J]. 語・地域文化研究，2010.

## 一、宗教的想象力——基督教与《圣经》的影响

想象力是大江文学中不容忽视的一个话题，宗教的想象力更是大江健三郎文学中的重要组成部分。自幼时起，大江健三郎就思考过灵魂与信仰的关系。幼时的大江被灌输了效忠天皇的思想，但他并没有对此深信不疑。而是在他人都坚定地效忠于天皇时，保持自我的独立思考，并对此持怀疑态度。在接触到基督教时，他又对灵魂与救赎问题进行了深入思考。麻理惠在文中被塑造成研究天主教徒女作家弗兰纳里·奥康纳[①]的大学老师，这一设定也是基于大江健三郎对基督教以及奥康纳这位独特的女作家的关注。大江健三郎幼时就接触到了基督教。当时，大江健三郎的母亲为了将收获的小麦碾磨成粉，让九岁的大江健三郎去水车小屋。在等水车小屋的老人压粉的过程中，大江健三郎阅读了在那里放着的印有圣方济各的读物。战后，从中国回来的母亲的友人送了他一本关于基督教的书。他因此开始研读相关的著作，通过阅读对基督教和《圣经》产生了一定的兴趣。这也为后期他的文学动向转向宗教理念打下了基础。

大江健三郎文学作品中经常会出现基督教和《圣经》的内容，长篇小说《洪水淹及我的灵魂》（1973）的题目就是出自《圣经·旧约》中"All your wave and your billows passed over me"一句。文中"我"与麻理惠初见的场面就是在教堂陪同各自残疾的孩子参加音乐会。这场音乐会在教堂举办，由与基督教相关的志愿者们组织，以演奏《约翰受难曲》为主。可以说"我"与麻理惠第一次见面一同欣赏的《约翰受难曲》这首曲目已经隐喻了麻理惠不幸的受难的一生。而这部作品也可以被称为耶稣受难物语的模仿之作。在基督教神学中，受难特指耶稣生前的最后一段时期，他在耶路撒冷的街道游行，享用晚餐，最后在耶路撒冷被逮捕，在十字架上被处死。耶稣降世为人，为了救赎世人脱离罪恶与死亡而被钉死在十字架上。麻理惠的人生从残疾儿的出生开始就变成了不断受难的人生，而她的人生也在不断地救赎自我与他人。

大江健三郎在《人生的亲戚》这部作品中，多次提到了奥康纳。奥康纳（1925—1964）信仰天主教，是美国小说家、短篇小说作家和评论家，美国文学的重要代言人。她的作品中多反映她的罗马天主教信仰，并且她也经常审视有关道德和伦理方面的问题。这一点跟大江健三郎的文学性格也比较相似。除此之外，大江健三郎选取奥康纳作为麻理惠的研究对象也是因为奥康纳自身所经历的悲痛人生与遭受诸多苦难的麻理惠有着相似之处。奥康纳的父亲因红斑狼疮去世，而奥康纳自己先后经历了纤维瘤、红斑狼疮的病痛折磨后，最终因肾衰竭去世。这与文中麻理惠经历两个儿子的自杀，最终因病离世的经历具有相似之处。她们的人生都充满了悲惨的经历，但是奥康纳在这种经历中

---

[①] 弗兰纳里·奥康纳（1925—1964），美国著名小说家，出生于美国佐治亚州萨瓦纳，毕业于佐治亚女子州立大学。

写出了《好人难寻》《智血》等佳作,被公认为是继福克纳之后美国南方最杰出的作家。麻理惠则是积极救赎自我,超越丧子之痛,找到自我存在的意义。文中大江也借用麻理惠之口阐释了奥康纳的理念。

> 奥康纳说过,过度强调（纯真）这一点,反倒会造成相反的结果。我们原本就是在不断失去这种纯真的特质的。她还说,通过基督教的赎罪这种行为去"救赎"自己。这个过程不是瞬间就能完成的,而是需要经过时间的沉淀,我们才能回到那个"纯真"的状态。跳过现实的过程,轻松地回到了虚假的"纯真",这就是"sentimentality"。我觉得这是最糟糕的。所以,在这个现实世界里,如果一直不断做坏事,那将是放纵自我的开始①。
>
> （大江健三郎,1994:40—41）

山边省太（2008）认为在这一段中,大江健三郎引用了奥康纳的三个神学思想内核,分别是:"过分地强调纯真就会成为极端的另一面""纯真丧失可以通过基督教的赎罪去补偿"以及"补偿纯真的丧失不是一蹴而就的,而是要随着时间的流逝经过一个过程,如果不这样的话,就会陷入虚假的'纯真',这就是'sentimentality'"②。

麻理惠经常提到"赎罪"这个词。赎罪亦是基督教神学救赎论中一个重要的概念。麻理惠对"我"的妻子说:

> 她觉得小莫的诞生对自己来说是引诱自己去"赎罪"。她还说"赎罪"后的喜悦也并不只是属于自己的。但是没有必要将丈夫和健康的道夫拖进这"赎罪"的生活……③
>
> （大江健三郎,1994:43—44）

麻理惠认为孩子出生就带有残疾是为了让自己赎罪,残疾孩子的出生是一件悲伤得难以让人接受的事情,所以麻理惠用"赎罪"的方式将这件难以解释的事情合理化。但麻理惠认为"赎罪"是属于她一个人的,所以她和前夫离婚,带着小莫开始了单亲妈妈的生活。这段情节也是基于大江本人的生活经历。大江的儿子大江光出生时就患有脑残疾,大江文学中多次出现如何与残疾儿共生的主题,这一主题在《人生的亲戚》这部作

---

① 此部分为本文笔者译。
② 山辺省太. 故郷・煉獄・飛翔: Flannery O' Connor の境界侵犯と時間の詩学 [J]. 広島経済大学研究論集,2008.
③ 此部分为本文笔者译。

品中也有体现。对于大江本人和女主人公麻理惠来说，与残疾儿共生这个问题是无法忽视的重要课题。

小说中出现的另一个跟基督教关系颇为密切的文学元素是叶芝的一首诗《二次降临》①。这首诗的题目，指的是传统基督教的一个信念：耶稣会在将来的某天重返这个世界，并且在伟大的善与恶之战中消灭了旧的文明之后，统治这个世界。耶稣在未来的再生被称为第二次圣临。而叶芝的理解不同于正宗基督教的解释。罗长斌认为这首宗教诗中，表达了叶芝深刻的反基督教思想②。大江健三郎在文中对这首诗进行了大篇幅的解释，并做了强调：

  再次声明，我不信仰基督教，也就是说，我不相信耶稣基督的"第二次圣临"。我只是在想，叶芝在诗中是这样考虑的③。

（大江健三郎，1994：127）

大江健三郎借此来说明他和叶芝采取同样的方式对待基督教。显然，大江健三郎和叶芝都不是虔诚的基督教徒，并且一直以来，大江深受叶芝的影响。叶芝用《二次降临》这首诗来表达他对几个宗教语言的理解。这个宗教语言即关于"二次圣临"的主题。大江健三郎借麻理惠之口也明确指出，他不相信耶稣的"再临"，这表现出他对基督教的不信任。

## 二、宗教的人——无信仰者的祈祷

年少时，大江健三郎受到的教育是要"效忠天皇"。面对这种疯狂的崇拜意识，大江健三郎始终能保持冷静的头脑，审视这种扭曲的现象。成年后，大江健三郎在学习法文时，接触到了萨特存在主义的思想。他被这种思想深深地影响，早期的代表作《死者的奢华》《拔芽杀仔》表现出的就是青年一代存在的虚无感。大江健三郎28岁那年，大江光的出生成了他人生的一个转折。残疾儿的出生给大江健三郎带来了沉重的一击，绝望之下，1963年的广岛采访经历让大江健三郎通过"核体验"找到解开这把枷锁的钥匙。

一直以来，大江健三郎的宗教情怀和救赎意识就贯穿于他的文学作品中。这种情怀

---

① 《二次降临》是爱尔兰诗人叶芝在1919年一战结束之际写下的著名诗歌。
② 罗长斌.叶芝的宗教观点探秘：又一个反基督者——从叶芝的诗作"二次圣临"谈起[J].佛山科学技术学院学报（社会科学版），2011，29（3）：55-58.
③ 此部分为本文笔者译。

和意识既是从他自己的读书体验中学习来的，亦是从他自己的人生经历中历练而来的。大江健三郎将自己养育残疾儿这一个人的体验与因原子弹爆炸而受到伤害的人们的核体验结合在一起，产生了再生与救赎的思想。

大江健三郎的宗教意识受到了伊利亚德很大的影响。他曾在接受采访的时候提到"我的关于'想象力'的想法几乎是基于《水与梦：论物质的想象》，还有一本书是《神圣与世俗》"①。1987年，大江健三郎在NHK教育节目中以《心的时代——宗教与人生——大江健三郎"没有信仰者的祈祷"》这一演讲中提及自己的宗教意识时指出，自己是"没有信仰者的祈祷"。他不认为自己是信仰宗教的，同时他又相信着祈祷的力量，认为祈祷是有意义的、可以救赎灵魂的行为。

伊利亚德是西方著名宗教家，他出版的一系列宗教著作几乎涵盖了20世纪所有宗教的重要研究领域。在《神圣与世俗》这本著作中，他提出了"宗教的人"这个概念。所谓"宗教的人"，就是指个体的人的一种潜在的宗教情结，是一种具有宗教情结的人格存在。宗教的人不同于一个宗教徒，但是宗教的人仍然拥有着继承而来的宗教遗产②。

大江健三郎自幼便受到基督教的影响，尽管他对现有的宗教表现出了不信任的一面，但是潜意识中他还是依靠宗教去解决问题。因为他对现有宗教的不信任，所以他尝试着探索理想宗教的新形式，正如在《燃烧的绿树》三部曲（1993—1995）中那样建立了一个新的无神宗教一样，但同时他也对现有宗教有着密切的关注与自己的思考。所以麻理惠虽然加入了宗教团体进行活动，但始终还是保持着对宗教的警惕心理。小说中的麻理惠和现实中大江健三郎的思想是一致的，他们都没有特定的对某一宗教的信仰，虽然他们都曾深入地了解过基督教。但也正是因为了解，大江健三郎和麻理惠才对这一宗教表现出不信任，不认为现有的宗教能够救赎自己的灵魂，为现实的困境找到解决办法。

大江健三郎本人所宣称的"没有信仰者的祈祷"和伊利亚德所提出的"宗教的人"的概念是极其相似的。自公元一世纪基督教创教以来，基督教的影响广泛又深远。很多年以来，人们都相信上帝的存在。但进入近代社会，科学的发展逐渐证明了上帝并不存在这一事实。尽管大江健三郎知道这个世界不存在神，但是他相信祈祷的力量，显现的力量。"显现"一词是大江健三郎在伊利亚德的日记中读到的。"人类存在着不可破坏的显现"。伊利亚德将其解释为一种神性的"显现"。文中松野氏在麻理惠谈到奥康纳的书时的迷惑给出了这样的回答。

---

① 此部分为本文笔者译。大江健三郎，田中優子.大江健三郎と語る消された一文字が象徴する戦後精神の危機，法政大学出版局，https://yab.yomiuri.co.jp/adv/hosei/voice/vol04.php.

② 米尔恰·伊利亚德.神圣与世俗［M］.王建光，译.北京：华夏出版社，2002.

> 难道没有可能在你劳作的过程中，一些完全出乎意料的东西会出现在你的头脑中，而你的头脑一直顽固地处于迷茫之中，换句话说，神秘感会显现出来？如果这种情况发生了，难道不是你吗？你比任何人都经历过那么多的苦难，但由于处于迷茫之中，无法克服它，继续受苦和劳动，你会立刻被神秘所震撼，明白一切是可以理解的①。

（大江健三郎，1994：201）

大江健三郎不相信神的存在，但是这种偶尔神秘的"显现"出现的时刻是令人心安的。在某一刻，会忽然理解生活中那些无法解释、无法面对的痛苦的出现都是有用意的安排，这不是上帝的安排，是命运和生活的安排，它的出现是合理的。大江健三郎总是善于从绝望的人生中寻找希望的出路。麻理惠的人生亦是如此，从常人难以想象的绝望中，麻理惠积极地寻找生活的出路。

## 三、圣女的力量——灵魂与救赎

进入20世纪80年代，女性主义在大江健三郎的文学创作中占了很大的比重。一部分原因是这一时期女性主义运动的发展，女性力量的崛起让更多的社会人士看到了女性的存在，认识到了女性的力量。大江健三郎也受此启发，因此塑造了堪称完美又多元化的女性角色麻理惠。榎本正树指出，从1979年《同时代的游戏》之后，大江健三郎在20世纪80年代提高了对女性角色的重视和多层次的描绘。对既是挑战者又是庇护者，既是批判者也是救济者的女性根据神话系统进行了再定义②。

大江健三郎的文学理论著作《为了新文学》③中提到，他深度研究了巴尔扎克、陀思妥耶夫斯基、福克纳等人的著作，将他们塑造的女性角色归纳为"神话型女性形象"。因此，麻理惠是大江健三郎经过学习与思考后所创造的"神话型女性形象"。他特别提到了巴尔扎克的《乡村教士》④。

---

① 此部分为本文笔者译。
② 榎本正樹.大江健三郎の八〇年代［M］.東京：彩流社，1995.
③ 本文笔者译，原书名为「新しい文学のために」。
④ 巴尔扎克.人间喜剧：第十九卷［M］.王文融，李玉民，译.北京：人民文学出版社，1997.

巴尔扎克在出发点上设置了如此大的障碍，就像分隔他们的鸿沟一样，障碍越大，跨越障碍所需要发挥的激情就越大。这个设置是小说的基础，用于呈现巴尔扎克一生的主题——强烈而伟大的激情①。

（大江健三郎，1988：173—174）

由这一段话可以理解为什么麻理惠的人生充满了悲伤。麻理惠的人生经历了两个残疾的儿子一同自杀、被情人用性爱音频威胁和人生最后阶段病痛的折磨。这一系列人生的痛苦正是为了激发麻理惠心中对生活极大的热情而设置的。关于巴尔扎克《乡村教士》这部作品，小说中做了如下阐释。

《乡村教士》中的女主人公在小时候得过天花，这破坏了她美丽的容貌。换句话说，她是一个在生命之初就遭受巨大灾难的人。当韦萝妮克被允许在死亡边缘进行"公开忏悔"时，书中写道，她似乎回到了被称为"美丽的格拉斯兰夫人"的日子，天真活泼又纯洁烂漫。这个故事还埋下许多这样的伏笔：比如宗教式的昂扬的美、结婚后举办慈善沙龙时期被称为"美丽的格拉斯兰夫人"等。

也就是说，"一张被毁容的脸被漂亮地恢复、生命结束"这种将不可能变为可能是巴尔扎克的一个主题②。

（大江健三郎，1994：98）

麻理惠和《乡村教士》的女主人公一样经历了人生痛苦的经历。并且，她们都同样从痛苦的经历中恢复了过来，积极地做着善事。由此，麻理惠的人物形象也不再像大江健三郎之前的作品那样扁平化，千篇一律地只是为故事和男性角色的刻画而服务。例如《万延元年的足球队》（1967）中肥胖而狡黠的阿仁，胖到让别人觉得她会因心脏病突发而死亡。阿仁的形象成了邪恶与死亡的媒介，阿仁的存在只是为了衬托男性的形象。而在《人生的亲戚》中，麻理惠是大学老师，有着体面的工作。作为女性，她是非常性感有魅力的。作为母亲，她又是充满母爱与责任心的。麻理惠的人物形象的刻画是非常立体且多面的。在《人生的亲戚》之后的作品，大江健三郎也关注着女性的存在。比如，在作品《优美的安娜贝尔·李寒彻颤栗早逝去》（2007）中的樱批判与反抗男权社会，并最终于绝望中获得希望。这样勇敢独立的女性角色是大江健三郎之前的作品中从未出现的。

麻理惠在墨西哥的村落被尊为"圣女"。麻理惠这个名字的读音很容易让人想到圣

---

① 此部分为本文笔者译。
② 同上。

母玛丽亚。在天主教会中，人们对圣母玛利亚的敬礼非常隆重，对她的祈求极其热切。圣母玛利亚在信徒的心目中是一位"天上的母亲"。从圣经来看，与基督的救世事业发生密切联系的除了宗教徒之外，便是玛利亚了。由于玛利亚这层关系，救赎便具有了某种属于女性的视角。麻理惠的"救赎"也因此具有宗教色彩，是充满神话性质的。但与此同时，麻理惠的身上也具有和"圣女"相反的一面。南徽贞提出"《人生的亲戚》这部作品以'受难'为表现主题、以女性为主角的理由是为了用'性'与'圣'将现实世界与神话世界结合起来"的观点。

麻理惠在受到年轻的情人用假的性爱录音带威胁时，非常担心恐惧。她害怕这卷录音带会毁了她的生活。而后来在墨西哥，她还为自己拍摄了滑稽的性爱照片，送给了一直甘为自己服务的三个青年。这一转变，也象征了麻理惠从性羞耻中解放了出来。"性"与"圣"在这一刻完美地融于一体。

## 结语

大江健三郎独特的宗教意识，是一种无神的救赎式思想。从对基督教的思考到对伊利亚德和叶芝等人宗教思想的吸收，大江健三郎的宗教意识在不断更新。《人生的亲戚》这部带有悲剧色彩的女性主义作品，是大江健三郎对自己的宗教意识的初步阐释。他援引基督教和《圣经》中的内容，塑造了既有神性又有现实性的"圣女"麻理惠。麻理惠饱满的人物形象与丰富的人生经历被刻画得淋漓尽致，打破了大江健三郎此前对女性角色的刻板描绘的桎梏。麻理惠的现实性与宗教性，是"性"与"圣"的结合。大江健三郎在接受了伊利亚德的宗教思想以及叶芝的神秘主义后，进一步将自己养育"残疾儿"的个人经验融于丰富的宗教理论之中，在这些理论中找到了现实的支点。"无信仰者的祈祷"既是"宗教的人"在无神社会中的宗教体验，也是大江健三郎对自己宗教体验的定义。《人生的亲戚》作为大江健三郎多年积累宗教体验与经验的第一本著作，书中援引的宗教相关内容非常丰富。同时，也作为《空翻》《燃烧的绿树》等宗教主题作品出现前，一个大胆的新的尝试，它的研究价值是显而易见的，《人生的亲戚》以及大江健三郎的宗教意识是今后非常值得研究的课题。

# 阿部知二的北京书写与"主知主义"文学观[①]

北京第二外国语学院日语学院　彭雨新[②]　黄　腾[③]

[**摘要**]阿部知二是昭和时代极具代表性的作家之一，其与中国的交流也颇受研究者关注。1930年，文学评论集《主知主义文学论》出版发行。在该评论集中，他详细阐述了"主知主义"文学观，并提出文学创作中的情感表达纳入理性把控。1935年，阿部知二开始了首次中国之旅。回国后，他所创作的长篇小说《北京》通过主人公这一视点人物，冷静观察了彼时中国的社会样貌和复杂的人际关系，体现了"主知主义"在文学创作中的运用。作为经历过战争时代的知识分子，阿部知二祈盼和平的愿望愈发强烈，对于"主知"的认识日益深化，这也成了解读其文学创作和中国观的一条内在路径。

[**关键词**]阿部知二，主知主义，中国书写，《北京》

## 一、阿部知二的中国体验与创作

阿部知二（1903—1973）是日本文坛中的一位学者型作家，在翻译、小说创作和文学评论中都颇为活跃。1927年，阿部知二毕业于东京帝国大学的英文科，其后翻译了拜伦的传记和诗集、梅尔维尔的传记和小说《白鲸》[④]、简·奥斯汀的《傲慢与偏见》[⑤]，1932年起于明治大学担任文艺科讲师。其思想倾向与西方近现代文学密切相关，

---

① 本文系北京市社会科学基金青年项目"近代在华日侨文人的北京书写与文化认同研究"（21WXC012）的阶段性成果。
② 彭雨新：北京第二外国语学院日语学院讲师、硕士生导师，研究方向为殖民地文学、近现代日本文学、近现代中日文学文化关系。
③ 黄腾：北京第二外国语学院日语学院硕士研究生，研究方向为近现代日本文学。
④ ハーマン・メルヴィル.白鯨[M].阿部知二，訳.東京：河出書房，1941.
⑤ ジェイン・オースティン.高慢と偏見[M].阿部知二，訳.東京：河出書房新社，1963.

尤其受提出"非个人化理论"的T. S.艾略特①影响颇深，汲取了西方对于理性的提倡②。这一思想在其20世纪30年代的文学创作中有显著体现。

阿部知二先后六次访问中国，自20世纪30年代至60年代。其旅华经历为后来的文学创作提供了灵感和素材。国内阿部知二研究的权威王成从游记文学的角度，梳理了阿部知二的中国之行与文学创作之间的关联。阿部知二的首次中国之旅是在1935年9月，于北京停留两周之后，走访了长春、旅顺等地，最后从大连回到日本③。在结束了首次中国之旅后，阿部知二记录下此行所见所闻，陆续发表了《燕京》④《北平的女性》⑤《北平的眼镜》⑥《王家的镜子》⑦等文章，并融合系列短篇作品进行大幅改写，最终形成长篇小说《北京》⑧。其后，还聚焦20世纪前半期的中国，创作了《大河》⑨《绿衣》⑩等一系列中国题材小说。

阿部知二在中国之旅后书写的代表作《北京》中的人物和事件反映了作家在认知层面的思维理路，可谓是呈现其主知主义文学观的重要文本。因此，本文以"主知主义"这一理论视角展开论述，结合阿部知二的旅华经历，聚焦其长篇小说《北京》，考察作品中所融入的主知主义文学观，从而进一步探究阿部知二在中国题材作品中所体现出的文学理念。

## 二、"主知主义"与文学的联结

阿部知二熟谙英国文学，在对其进行学习研究的基础上，提出了"主知主义"文学论，在彼的日本文艺界时影响非凡⑪。"主知主义"（intellectualism）一词常见于西方道德教育理论。而在人类思想史上，将研究知识、理性与道德关系联系起来的，是主张"美德即知识"的古希腊哲学家苏格拉底。他认为，正确的思维对于合理的行为的支撑不可或缺。同样，尽管亚里士多德并未全盘接受苏格拉底提出的命题，但依然肯定了知识

---

① 托马斯·斯特尔那斯·艾略特（Thomas Stearns Eliot，1888—1965），英国诗人、剧作家和文学批评家。"非个人化理论"是艾略特提出的诗学理论，主张创作诗歌时应排除个人化因素，实现感情和个性的脱离。
② 水上勲.阿部知二研究［M］.東京：双文社，1995：16-17.
③ 王成.旅行与文学——阿部知二的中国旅行与文学叙述［J］.日语学习与研究，2013（5）：47.
④ 阿部知二.燕京［J］.文芸，1937.1，5（1）：20-72.
⑤ 阿部知二.北平の女［J］.文学界，1937.5，5月号.
⑥ 阿部知二.北平眼鏡［J］.文芸，1937.9，5（9）：130-133.
⑦ 阿部知二.王家の鏡［J］.改造増刊号，1937.10，19（11）（支那事変増刊号）.
⑧ 阿部知二.北京［M］.東京：第一書房，1938.
⑨ 阿部知二.大河［M］.東京：新潮社，1947.
⑩ 阿部知二.緑衣［M］.東京：山根書店，1948.
⑪ 李强，于荣胜，王志松.日本近现代文论［M］.北京：昆仑出版社，2017：373.

和理性的道德意义，探讨了知识和理性之于道德的工具性功能①。这一主张理性的西方道德教育理论，为阿部知二所吸收理解，成了一种运用在文学当中的"方法"。而对于"主知"认识的成长变化，还要回溯到其本身的成长经历和学术背景。

### （一）主知倾向的萌芽

1903 年，阿部知二出生在冈山的一个知识分子家庭。父亲阿部良平是位受过近代教育的博物学老师，由于热心和幽默受到诸多学生的好评。受益于和谐的家庭氛围和家有藏书的便利条件，年幼的阿部知二养成了阅读的习惯②。长年阅读夯实的文学积淀，成为他日后从事文学创作的重要基石。

1920 年，阿部知二进入旧制第八高等学校学习。尽管校园内并不缺少丰富的活动，性格羞怯的他往往更倾向于待在图书馆里安静阅读③。内向的性格让少年时期的阿部知二与热闹保持了距离，阅读和对外界的思考填满了他的空余时间。

中学时代，他广泛涉猎近代日本和欧美的文学作品，尤其倾心于列夫·托尔斯泰和安东尼·契诃夫的作品④。前者被无产阶级革命家列宁誉为"俄国革命的镜子"，擅长透过人物的内心刻画反映其思想层面的变化；后者则风格朴素、含蓄，以客观而冷静的描述，交予读者解读品味。二者的作品都重视观察现实，关怀贫苦苍生，充满了人道主义的光辉。他们的创作，在文学和思想上也一定程度影响了阿部知二。

"人道主义"（humanism）作为一种伦理学思想，可以在各国的古典文化中找到渊源。其基本原则包括：关注人类价值，倡导采用科学的方法、用理性帮助人类解决社会和伦理道德问题，提倡平等自由⑤。简而言之，这一思想在肯定人类本位的基础上，强调对于理性的追求。"主知主义"中以理性把握情感的主轴，与该主张呈现出了方向上的一致性。

论及阿部知二的创作原点，森本穫在考察其创作笔记后指出，其创作原点或许在于阿部知二感受到了自身的孤独。由于与众不同而不被理解，促使阿部知二探索自己与周围人的内心距离，进而培养出一种凝视外界的目光⑥。阿部知二对西方人道主义文学作品的倾心，与其自身的孤独体验相结合，为拓宽对于"人"的理解，以及深化其对于"主知"的认识提供了可能。

---

① 戚万学.现代西方道德教育理论研究：上卷［M］.北京：人民教育出版社，2020：50-51.
② 森本穫.作家の肖像［M］.埼玉：林道舍，2005：390.
③ 徐静波.同域与异乡：近代日本作家笔下的中国图像［M］.北京：社会科学文献出版社，2021：266-267.
④ 水上勲.阿部知二研究［M］.東京：双文社，1995：10-11.
⑤ 保罗·库尔兹.21 世纪的人道主义［M］.肖峰，等译.北京：东方出版社，1998：1-2.
⑥ 森本穫.作家の肖像［M］.埼玉：林道舍，2005：318.（此处为笔者译）

## （二）"主知的文学论"的提出

1930年，阿部知二出版了文学评论集《主知主义文学论》①。在《主知主义文学论》一文中，他联系了西方的诗歌创作，以逻辑分析的形式诠释了文学意义上的"主知"。

> 在文学中，最初的形式是"文字"（或称"文字的罗列"），它作为一种视觉性、感觉性的现象而存在。但同时，它还具有表象性。并且是两个方向的表象性。意即，fact, matter, reasoning 等用于标记事实（reality）的功能。相反地，基于文字去想象和再现 fact etc. 这一事实的功能。现在我不得不考虑的对象，是关于通过文字回溯心理的回归作用。但是艺术内文字的功能——即对事实的回归，并非对所有人而言都是同一的，并且往往极为复杂，会引起模糊的潜在意识的反射②。

（笔者译）

基于以上认识，阿部知二分别从形式、心理两个层面对文学创作中"认知"的形成过程进行了分类分析（图1）。

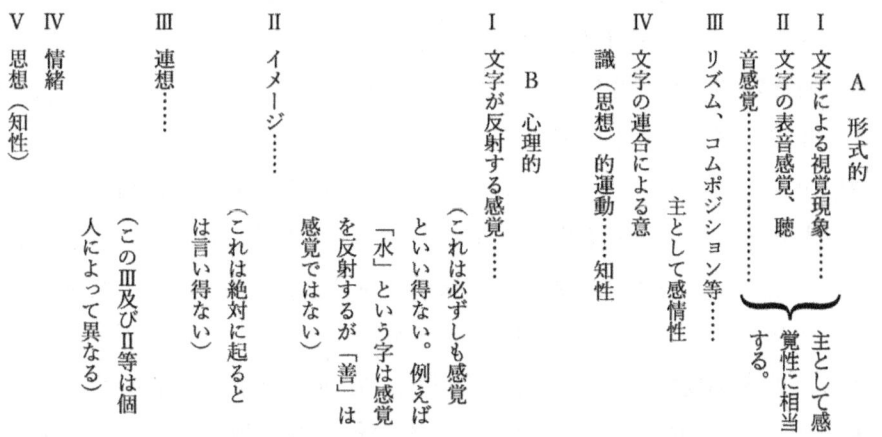

**图1　阿部知二著《主知主义文学论》分析过程图示**③

由图1可以看出，阿部知二认为在形式的层面上，人们通过文字首先形成"视觉现象、文字的表音和听音"等部分，这属于感觉范畴；继而通过"韵律和构成"等部分产生感情，最终经由文字组合诞生意识。上述活动呈现出从感觉性、感情性到理性的过

---

① 注：阿部知二《主知主义文学论》（厚生阁书店，1930），日文原题为『主知的文学論』。叶渭渠《20世纪日本文学回顾与思考》[日本学刊，1999（6）：105] 将其译为《主知文学论》；李强，于荣胜，王志松，等著《日本现代文论（下卷）》（昆仑出版社，2017），程静将其译为《主知主义文学论》。因此，本文沿用国内学术界最新译法，即《主知主义文学论》。

② 阿部知二. 昭和文学全集13 [M]. 東京：小学館, 1989: 311.

③ 同上。

渡。而在心理的层面上，文字会刺激人们产生某种感觉，然后顺次产生感觉、印象、联想、情绪之中的某几项，最终汇成思想，过渡到理性。

作为补充说明，阿部知二提到，在上述两个层面中，人们最初对文字产生的是感觉，这种感觉容易为人所察觉。继而人们在试图理解文字的过程中，最终会形成某种想法，这部分同样不难察觉。但是，图 1 中的 A 和 B 两个过程都存在由感觉到思想的中间环节，这部分与感情相关，属于潜在部分，难以察觉。因此，文学上的"主知"，就是减少中间环节的感情。并且，有别于过去单纯重视表象性和感觉性、排斥感情性的衡量模式，将"减少中间环节的感情"作为一种文学创作的"方法"来把握①。换言之，"主知"不是单纯地排斥情感，而是克服过度囿于情感表达的弊端，将情感通过理性的运作恰当地表现出来。

## 三、阿部知二的北京书写

1938 年 4 月发表的《北京》，是以阿部知二的首次中国之旅为蓝本创作而成。在 1936 年 1 月发表于文学杂志《文艺》的中篇小说《燕京》的基础上，进行了约 3 倍的扩写形成的长篇小说。故事围绕到中国旅居的日本人大门勇，讲述了在他回国之前的所见所闻，时而穿插一些过往回忆与中国思考。由于此次北京之行是作者的首次中国体验，因此《北京》可谓作者中国书写的重要文本。

在中国书写这一层面，《北京》已被国内外学术界广泛关注和探讨。另外，该作品在人物设定上塑造了近现代文学史中"非典型性"的主人公，在情节上设置了充满理智与知性的"回忆"与"思考"。结合创作时期阿部知二的文学理念，《北京》亦可以看作是一部贯彻其"主知主义"文学观的重要作品。

阿部知二的来华动机限于当时的社会环境，在过往记录中难能细考。尽管在文献资料中未曾明言具体动机，王成认为，从其发表作品的经历来看，这或许是他试图从困境中突围、寻找自我的探索过程，也是艺术创作的途径②。从阿部知二回避谈论其来华动机，以及日本当时实行文化统制的高压环境中，能些微窥见其作为日本知识分子的苦闷。

### （一）人物设定中的自我映射

以阿部知二自身的中国体验为素材创作出的长篇小说《北京》中存在着许多细节设定，暗示了作者与主人公之间的共通性。

---

① 阿部知二.昭和文学全集 13［M］.東京：小学館，1989：312.（此处为笔者译）
② 王成.旅行与文学——阿部知二的中国旅行与文学叙述［J］.日语学习与研究，2013（5）：47.

最显著的共通性在于旅华时间与行进路线的重合度。对此，王成指出，小说《北京》的故事开端是1935年的秋天，且主人公的北京旅游路线有如"旅行指南"一样清晰。结合作者的书信、日记和随笔资料等原始资料，恰逢夏秋之际的出行时间，和具有相当重合性的活动范围，可以视为作者通过小说形式记录了游历中国的过程[1]。

此外，作者与主人公在旅华目的方面也存在共通性。主人公大门勇曾在东京的一所私立大学担任教师一职，以调查"元明清时代的东西交流"为名来到中国。具体而言，大门勇希望在中国调查传教士的历史，梳理东西交流的脉络。作品中提到主人公并非基督教徒，而"调查过去的东西交流"并聚焦于曾经踏上中国国土的传教士，是一个兼具宗教与历史的课题，这一设置必然包含作者的某种意图。阿部知二本人曾在《读卖新闻》上基于本次旅行发表过一篇文章——《邻国的文化——来自北平的印象》。在这篇文章中，他表示"自己想要书写的是，堪称'东洋的故乡'的中国和我们日本是如何遭到西洋文化入侵的旅行记录式的印象。"[2]这一创作目的，同样关乎东西方的交汇，该处提到的"文化入侵"，与作品中的"调查宗教传入"具有显著的共通性。

同时，值得关注的还有作者与主人公在性格层面上体现出的"逃避性"。小说的开头提到，大门勇之所以进行中国之旅，有一个重要的理由，就是基于对"父母之命"的婚姻的逃避。尽管他并未当面驳回这门婚约，内心却未接纳这一婚事，在迷茫之下选择了暂时搁置一切来到中国。这一选择体现了大门勇在面临选择时的被动和逃避。

现实中，昭和十年（1935）前后，正是中日关系紧张的时期。1937年，日本侵华战争全面爆发，日本方面进入临战体制。1938年3月，日本通过了《国家总动员法》，文化统制进一步强化。一方面，出于言论管制目的，众多期刊面临禁停。另一方面，为当时的国策添砖加瓦、鼓吹军国主义的文学兴盛一时。1938年9月，内阁情报部请求向正在中国大陆活动的日本军队派遣从军文学者，派出了包括久米正雄、丹羽文雄、林芙美子等著名作家在内的多名文学创作者，也就是通常所说的"笔部队"[3]。在这样的背景下，不愿协助国策文学的作家很少坦言自己的真正创作动机。尽管在《北京》的跋文中，阿部知二表示，这部小说并非时局性质的文章[4]。但是研究阿部知二的权威水上勋在《〈北京〉论》一文中提到，这部作品受到饭岛正、安藤一郎、深田久弥等诸多评论家的好评，其理由包括"作品具有对时局的关注""作品呈现出作者对时代和文化的敏锐嗅觉"等因素[5]。

综上所述，小说《北京》在主人公与作者的映射关系上呈现出以下逻辑链条：如果

---

[1] 王成.旅行与文学——阿部知二的中国旅行与文学叙述[J].日语学习与研究，2013（05）：51.
[2] 阿部知二.隣国の文化——北平の印象から[N].読売新聞，1935-10-26.
[3] 赤瀬雅子作.昭和一〇年前後.日本の近代文学[M].和田繁二郎，監修.京都：同朋舎，1982：108-110.
[4] 阿部知二.リバイバル〈外地〉文学選集15[M].山下武，監修.東京：大空社，2000：277.
[5] 水上勲.阿部知二研究[M].東京：双文社，1995：126.

将"父母之命"理解为家父长制度与家族国家观背景下"来自家长（国家）的要求"，那么"不满意的婚约对象"则象征着"不符合个体心意的选择"；主人公/作者前往中国旅居则构成"个体对于权力制度的逃避"。由此可见，《北京》的"时局性"恰恰体现出侵华战争全面爆发前夕，信仰自由主义的知识分子对于日本军国主义控制的逃避与消极抵抗。

上述虚与实的重合点紧密交织，从作品的侧面印证了主人公作为阿部知二自身映射的深度。由此提供了借重《北京》中主人公的人物形象，解读作者阿部知二文学思考的可能。

### （二）冷静的旁观者式主人公

日本评论家曾根博义曾敏锐地指出，阿部知二的作品中存在着某种共通点，即创作中不乏"旁观者式"的叙述[①]。在《北京》这部作品中，旁观者的身份体现在主人公冷静的观察姿态，以及对于主线叙事推进并无明显作为的特殊人物设定上。

首先从叙述视角来看，《北京》主要采用第三人称限制视角，即虽然采用第三人称进行叙述，读者自始至终跟随的是大门勇的视线，看到的是大门勇的想法和感受。这一叙述角度有别于第三人称全知视角，读者所接收的信息和作品中的视点人物保持了一致性。基于这一特性，能够更加直观地感受到大门勇作为观察者的姿态——即一种抽离而审视的目光。

此外，《北京》中有相当的篇幅属于景物描写，或是自然景观，或是人物漫步城市所目睹的人文景观。水上勋在评价该作的自然描写时指出，分散在小说各处的自然描写体现了阿部知二对自然之美的细腻观察和竭力表现[②]。这也可视为本作被视为游记小说的一大因素。在阅读中，那些真实的场景、客观性的印象都能引起读者的共鸣，且与作者所留下的书信与照片互为补充。作品中"观察叙述"的成分要远高于"情感输出"的成分，大门勇则像是摄像机和旁白般的视点人物的存在。正如下面这一段，是大门勇和王家的长子、同为知识分子的王子明一同离开饭店时的描写。

> 路上仍残留着余温。尽管夹了些飞尘的晚风微微吹拂，茂盛的槐树不时沙沙作响，却总不如方才楼顶那般凉爽快意。二人沉默不语，大门勇望着黑暗中浮现微白的子明的斜肩，不由觉得这样风雅而柔和，如贵公子一般的王，与刚才那样热烈讨论、引用尼采话语展现分析式思辨的行为，有种莫名的不协调感。更进一步说，那

---

[①] 曾根博義. 現代文学研究事典 [M]. 大久保典夫，高橋春雄，編. 東京：東京堂，1983：13.
[②] 水上勲. 阿部知二研究 [M]. 東京：双文社，1995：134.

种能力或许是种不幸[①]。

（本文笔者译）

其次，值得注意的是主人公对于剧情推进的"无为"性。主人公作为小说中系列事件的亲历者，他与事件的关系比起"主动参与"，更多处在一种"被动卷入"的位置。这与传统近现代文学作品中以主人公的选择推进叙事相比，大门勇的选择并未改变多少周围的形势，对故事的推进也未起到核心作用。

如表1所示，从小说发生的时间节点开始，大门勇作为即将归国的在华日人，又因生病而精神不振，鲜少因为自身目的而离开居所、主动外出。该表中摘取了《北京》各章节中的部分重要情节、场景。

表1 《北京》主要情节及相关核心人物关系示例

| 序号 | 情节·场景（所属章节） | 涉及人物 | 促成事件推进的核心 |
| --- | --- | --- | --- |
| 1 | 加茂在王府井街上看到大门勇，上前热情攀谈，讲述自身经历，并极力劝说大门勇回国前务必游览长城。（第三章） | 大门勇、加茂 | 加茂（主动与大门勇攀谈） |
| 2 | 大门勇与王世金、王子明、友人香住以及通讯社的沼等人集聚在北京饭店社交谈话。（第五章） | 大门勇、王子明 | 王子明（再三邀请大门勇参加晚宴） |
| 3 | 加茂带着大门勇一同外出游览长城。返程时发生加茂殴打车夫事件。（第七章至第八章） | 大门勇、加茂、沼、老车夫 | 加茂（拜访王家邀请大门勇）、沼（打来的电话促使大门勇决定外出） |
| 4 | 沼拜访王家，和大门勇一同出去寻找下落不明的加茂。搜寻无果后，本欲回家的大门勇被沼邀往附近的戏园，随后来到妓院。（第九章至第十章） | 大门勇、沼、鸿妹 | 下落不明的加茂（大门勇外出的理由）、沼（大门勇外出的带领者） |

如表1所示，促成《北京》中主要事件推进的核心人物，皆非作为主人公的大门勇。而大门勇的"无为"性在情节3中的体现最为典型，故在此对情节3进行具体分析。

在情节3中，大门勇一如既往地待在王家，并未打算出门。此时加茂来访，热情追问游览长城的计划。在大门勇含糊其词地敷衍其发问时，接到了沼的电话。从这通电话中，大门勇得知杨素清（王家的家庭教师）与王世金（王家的家主）的情人关系，内心感到烦躁，于是决定出门散心，应下加茂一直以来的邀请。从这段情节中可以看出，大门勇的长城之行完全是在外部推动下成行的。首先，加茂的来访为大门勇创造了外出的理由，但这一步仍未使其做出决定。此时沼的电话动摇了他的内心，成为做出决定的催化剂。在此过程中，可以看出大门勇极度缺乏对于"外出"的主动性，在情节的发展中始终居于被动地位。若无其他登场人物的触发与牵引，大门勇则很少离开王家，而《北京》作为中国体验的记录也难以展开叙述。

---

[①] 阿部知二. リバイバル〈外地〉文学選集15[M]. 山下武, 監修. 東京：大空社, 2000：88.

此外，小说中的另一重要情节——"加茂殴打老车夫事件"则发生在长城之行的返程途中。尽管此事的发生足以对在意道德品格的大门勇造成心理上的强烈冲击，但他却未表现出挺身阻止的"行动性"，而是在旁观事件发生之后，跟随加茂离开了现场。而后，他在脑中反复思考、质疑自己坚持的道德是否过于纸上谈兵。这样的"无为"呈现了历史洪流下小人物的无力感，塑造出言行克制、对外界事物不多参与，却在脑海中反复进行理性思考的"主知主义"人物形象。

另外，主人公的身份设定也凸显出"旁观者"的立场。大门勇来到中国之后借由亲戚关系的介绍，入住的是旧时买办商人王世金的奢华宅邸，另有侍者打点日常生活。这是作为"旁观者"的物质基底。同时，基于知识分子的教养和内涵，大门勇对待外界表现出了相当程度的克制，相比鲁莽地付诸行动，他更倾向于"观察思考"眼前的事物。以上的物质基底和心理状态，使其避免因卷入事件而做出激烈反应，乃至进行艰难的立场抉择。

### （三）同化力解读下的中国认知

与王家担任家庭教师的杨素清一起参观上义师范学校时，大门勇来到礼拜堂。由于调查课题的关系，大门勇对于中国国土上西方宗教的传播历史尤为关注。走出礼拜堂后，大门勇在长满灌木的墓地里搜寻着过往传教士的墓碑，忆及往昔传教士们怀揣理想、远渡重洋最终埋葬他乡的一生，内心颇有触动。但是又看到，在礼拜堂跪拜着的农民，似乎是抱着物质性的、现世的追求在参与做礼拜。这一景象，让大门勇感慨在此地其他的观念信条是否真的有扎根的余地，于是有了以下的"巨象与沼泽"的联想。

> "——这就是令人畏惧的中国力量。曾有一个考古学家记录了史前戈壁沙漠的景象。那一景象与中国力量有着异曲同工之妙。一群巨象缓缓踱步踏在植物丛生的沼泽上。巨象一边踩踏地面，一边进行觅食。突然，一只沉重的巨足陷进了泥里。巨象咆哮着，挣扎着，但越是挣扎，笨重的身体越是陷入深不见底的泥潭，从足趾到躯干都难能避免。最终，那庞大的身躯全部沉入泥里，从视线中消失。紧接着一头、又一头觅食的巨象，都是同样的命运……事实上，中国从古至今就像这样，一面吞噬着所有的思想和权力，一面包裹着充满人类气息的沼泽。"[①]
> 
> （本文笔者译）

这是文本中首次出现"巨象与沼泽"的比喻，象征了中国强大的"同化力"。该比

---

① 阿部知二. リバイバル〈外地〉文学選集 15 [M]. 山下武，監修. 東京：大空社，2000：56-57.

喻出现的另外一处是小说第五章，众人集聚在北京饭店谈话的一节中。由于谈话的风向涉及了中日时局，王子明和大门勇论及两国过去历史，话题转向抽象的宏观阐述。此时，大门勇提起了上述"大象与沼泽"的理论，以此延伸出对国家关系的看法。在这个话题下，在大使馆担任书记官的香住选择不予置评，笑问大门勇是否要向其他人介绍自己的中国观；而通讯社的沼认为中国已不同于往日强盛，在时局下保持中立的温情不过是近代文明的弊病；大门勇则坚持认为中国仍有这样的力量。这段谈话引起了王子明的注意，他表示强大的同化力并非是一件让人乐见的事。在吞噬各式各样的东西之后，沼泽的中心也会开始腐烂，反而不如像戈壁滩那样，在经历干涸之后，新的事物就会复苏。

水上勋指出，围绕"同化力"的讨论体现了大门勇作为日本人的独善其身和封闭性，折射出他对于中国的天真认识[1]。然而，作为主人公的大门勇，在这一场景中其实只是抛出看法的日本人"之一"，以暧昧态度看待这一话题的香住，以及认为这种看法已然过时的沼，反映出了不同日本人可能持有的态度。这三位在场的日本人，大门勇表达了对古老中国的敬畏与忧虑，香住则是带着戏谑的态度静观其变，沼则表达了对身陷窘境而衰微的中国的轻视。无论哪一种，对这一话题的回应都围绕着一个内核，即作品中日本人对于当时中国的态度。

而王子明作为中国人，对"同化力"讨论的回应，又是另外一个维度。"沼泽吞噬各式各样的东西，而致中心腐烂"这一描述具有极为明显的象征意味。不加辨别地吸收，有可能产生其他问题。而像戈壁沙漠那样拒绝吸收、维持干涸，由此保留的独特性反而可能带来新的生机。

小说中不同立场、不同认知的人物在同一个场合中相互碰撞角逐，体现了作者对于不同群体心理的把握程度和态度。呈现出作者借由小说文本，对于当时日本人对华态度的一种梳理与书写。在中日关系暗潮汹涌的背景下，作为日本知识分子的阿部知二依然能够理性客观地留意各方态度，从各个层面思考中日关系，描绘出这样复杂的论辩场景，由此可见"主知主义"思想在文本中的重要体现。

## 四、向现实延伸的文学观

正如《北京》中大门勇所受的调侃，阿部知二曾是"埋首于书案，专心于文坛"[2]的文学家。然而，在目睹惨痛的历史之后，阿部知二也发生了转变。过去倾向于发表看似无关时局的文章的阿部知二，后来在写作之外还积极投身于社会活动，呼吁理性与和平。

据徐静波的考察，战后的阿部知二曾在演讲和文章中，直言日本的对华战争是"侵

---

[1] 水上勋.阿部知二研究［M］.東京：双文社，1995：136.
[2] 徐静波.同域与异乡：近代日本作家笔下的中国图像［M］.北京：社会科学文献出版社，2021：324.

略战争"。该举动显示了其超越民族主义立场,对历史的正确认识与理性判断。也基于上述认识,他开始投身各种社会活动,自觉或不自觉地带上了左翼的色彩[①]。1954年,阿部知二在中国停留三周,回国后从社会主义的价值观、个人与集体、为了国民的文化和文学等多个角度谈论了自身感受,对于新中国的建设给予了积极的评价[②]。阿部知二的行动呈现出对中日两国社会和人民的强烈关心,在中日交流的历史中留下了理性而友好的印记。

1961年6月4日,《人民日报》第七版上刊登了阿部知二的文章《为了能够回到书斋的时代》。在该文中,阿部知二强调了战争的残酷性,表达了他作为一个文学家的愿望——时代和平、珍视生命。他提到,文学不仅仅是美好而无害的东西,也有可能充当鼓动战争的掮客,出卖难以计数的生命,对此有必要进行反省和检讨。在这篇文章中,他还借助哥尔斯密的《微克菲牧师传》,讲述了小人与巨人的童话。童话中,巨人与小人看似是共同冒险的同伴,实际上巨人却把小人当作打手,让自己从中得利。借此,他向读者表示,世界上的人们可能有各种各样的立场,小人或许势单力薄,但如果能够齐心协力,就一定能够对抗巨人[③]。由此可见阿部知二并未囿于狭隘的民族主义,而是始终在"主知"的理念下,力图用理性把握情感,以童话的形式传达明辨是非的必要性,同时也肯定了弱者的团结和共同努力,表达了对和平的强烈渴望。

## 结语

昭和十年代具有代表性的作家群中,阿部知二所主张的文学层面的"主知"可谓独树一帜。本文聚焦"主知主义"文学观,围绕阿部知二的成长经历及其中国题材长篇小说《北京》,从作中人物设定、叙述方式以及关于中国话题的议论等层面进行了考察,梳理出这一文学观的形成脉络和具体表现。"主知"本身并不排斥情感,而是强调以理性去把握文学中所流露的情感。在1930年《主知主义文学论》出版之后,时代的巨变并没有消磨阿部知二对于"知"的追求。在记录中国之旅、经历战争时代之后,阿部知二借由文学创作进一步梳理了对于中日关系的思考,不断完善对"主知主义"的认识、践行对"主知"的坚持。他将"主知"精神从文学创作中延伸到了现实活动,立足中日两国的现状,身体力行地参与友好交流,让理性贯通情感,表达了自己对社会的关怀和对和平的希冀。这一态度贯穿了阿部知二的人生,成为解读其文学创作和中国认识的一条内在路径。

---

① 徐静波.同域与异乡:近代日本作家笔下的中国图像[M].北京:社会科学文献出版社,2021:296.
② 阿部知二.文化と人間の誕生:中国みたまま[J].日本文学,1955-03,4(3):148-157.
③ 阿部知二,为了能够回到书斋的时代[N].文洁若,译.1961-06-04(7).日文原文不详。

# 论佐藤春夫《都会的忧郁》中"社会小说"的创作倾向[①]

北京第二外国语学院日语学院　方杭敏[②]

[摘要]《都会的忧郁》是佐藤春夫首次尝试"社会小说"文风的作品，其社会性主要通过人物的经历及身份、家庭的构成得以展现。小说对三个人物着墨较多，即都市中郁郁不得志的"他"、时运不济的艺术家江森渚山和受到歧视的女演员弓子，其背后潜藏着大正时期日本社会的世态，佐藤春夫通过人物在社会中的沉浮来表现人物的忧郁、社会的忧郁乃至时代的忧郁。而发表该作品的杂志《妇人公论》的特点与小说偏重世态描摹的特征产生共鸣，从中可以一窥佐藤春夫对社会问题的关心。

[关键词] 佐藤春夫，都会的忧郁，社会小说，人物形象，《妇人公论》

## 引言

佐藤春夫（1892—1964）作为日本近代著名作家，活跃于从明治末期到昭和初期的日本文坛，创作了大量小说、随笔、诗歌等。大正前期，佐藤春夫的作品中的世界观脱离社会，如《田园的忧郁》（『田園の憂鬱』）的主人公是一位人生态度消极的青年艺术家，该小说细致地描绘了他企图在艺术上有所成就的心路历程；《美丽的城市》（『美しい町』）中，主人公将自己的理想寄托于美丽的乌托邦。而到了大正后期，在文艺社会化的风潮中，作家们就文艺问题展开诸多讨论，其中关于心境小说、关于如何处理艺术家的自我与社会的关系成为文坛讨论的焦点。对此，佐藤春夫率先呼吁作家应该创作

---

[①] 本文系北京第二外国语学院研究生科学研究项目"论佐藤春夫《都会的忧郁》中'社会小说'的创作倾向"（2023GS14YB006）的阶段性成果。

[②] 方杭敏：北京第二外国语学院日语学院2021级硕士研究生，研究方向为日本近现代文学、中日比较文学。

更注重文明批评的"社会小说",开始书写生存在社会中的人,其文风发生转变,《都会的忧郁》(1922)则是探索此类文风的首部作品①。

《都会的忧郁》以主人公"他"的视角展开叙述,主人公"他"(尾泽丰雄)、妻子〔弓子(艺名:濑川琉璃子)〕住在东京郊外阳光无法照射进屋内的家中,"他"每天无所事事,而妻子在小剧场当女演员维持家计。"他"对自己的文学才能的怀疑,与妻子的争执,对自己的好友江森渚山心态的转变,以及最后决定求职等心理活动的变化仍然是小说的主体内容,但佐藤春夫在小说中不但描写了主人公自身的忧郁和迷茫,还透过主人公及其周边人物描写了当时日本社会的现状。因此,本文通过对人物形象以及与人物相互缠绕的社会现象的分析,旨在揭示佐藤春夫在《都会的忧郁》中的社会小说的创作倾向以及其社会性的体现。

## 一、都市的弃民——精神衰弱的"他"

文中,由于文学天赋被父亲否定,"他"也开始怀疑自己是否有艺术天分。主人公"他"以陷入迷茫的精神状态登场,不知道如何在人生的道路上继续前进。立志献身艺术的"他"无法实现自己的理想,只能每天过着百无聊赖的生活。而如此无所事事的"他"对拥有职业、每天早出晚归的妻子抱有嫉妒的心理。正如小说中提到的"职业是生活的脊髓"②,为钱所困的"他"也萌生了寻找工作的想法,但是"他"的求职道路并不顺畅。小说中描述了"他"的两次求职。第一次,"他"想要在妻子演戏的话剧座(原文是"新劇座"可理解为"剧团")的后台工作,于是拜访了剧座的座长(座长也就是剧团团长),同时也是自己从前的朋友——大川秋帆,但是"他"没有想到的是过去与自己私交甚笃的老朋友一改从前的热情,变得只重视金钱和利益,冷漠地对待对前来求职的"他",并没有答允"他"留下。

> 可是便是我,在两年前,还很能没羞耻的对人的,什么时候起的,竟至这般笨起来。聪明也不怕羞,这虽不知是好是坏,但要在这社会中生存,那是必要的。这样有力的武器我又失了一个。
>
> (佐藤春夫,1931:244)

---

① 朱衛紅.社会的小説志向:佐藤春夫『F・O・U—名「おれもさう思ふ」』論[J].文学研究論集,2004(22):97.

② 佐藤春夫.都会的忧郁[M].查士元,译.上海:华通书局,1931:45.为方便起见,原文对话中使用的双钩括弧均改为双引号,繁体字改为简体字。

第二次，"他"经旧友久能介绍去一家报社应聘，负责面试的是报社的工作人员秦龙太郎。在回答秦龙太郎提出的问题时"他"颇显局促不安，并且所做的回答并不能让秦龙太郎满意，最后，秦龙太郎以巧妙的方式拒绝了"他"。由于长期过着与社会脱节的生活，"他"走出报社后发现自己失去了社会交际的能力。两次求职失败的经历加重了"他"的忧郁。

"他"一直沉浸在自己的艺术世界中，长期缺乏与社会的互动，在回归社会时发现自己与这个快速变化的社会格格不入，同时也失去了在这个社会生存下去的必要能力，成为社会的弃儿。

> 但也不是有热烈的生气的，若比方起来，那是黄昏的街景，暗渗黑沉紊乱地在他的心里来去着，他也只有束手凝视。这般精神衰弱着的他，不时地诊按着自己的精神状态的自脉。（下划线为本文笔者所加，以下同）

（佐藤春夫，1931：37）

"他"的两次求职失败的经历，毫无保留地揭示了近代城市中的残酷现实。人们热衷于金钱、名誉、地位，而对友谊、爱情冷漠视之。"他"在如此强烈的现实压力下患上神经衰弱也并不奇怪。

实际上，1920年前后，由于与同居中的女友香代关系变差，加之与谷崎润一郎的妻子千代之间存在感情纠葛，佐藤春夫患上了严重的神经衰弱症。明治末期到昭和初期，神经衰弱已经成为一种"时代病"，从大众到精神医学界的各专家一致将神经衰弱流行的原因归结于社会变动，即社会的进步、生存竞争的激化、生活水平的提高、娱乐的增加等[①]。正如当时的日本政府想要急速推进国家现代化，东京到处都在进行城市开发。第一次世界大战结束后日本发生经济危机，百姓生活困窘，阶级矛盾激化，处于如此充满不安和压迫的社会下，罹患神经衰弱乃至精神病的人数急剧增加。如表1所示，根据日本内阁的统计，精神病患者数量从大正6年的48 460人（8.65%）增加到大正11年的51 728人（9.19%）。基于此时代背景，可以说佐藤春夫将自己的个体经验和日本的世态都投射到了主人公"他"身上。

---

① 佐藤雅浩.戦前期日本における精神疾患言説の構図─逸脱と健康の系譜をめぐって［J］.ソシオロゴス，2008（32）：17-37.

表 1　大正 6 年至昭和 1 年精神病的相关统计①

| | | 総数 | | | 精神病院法ニ依ル者 | | | | 精神病者看護法ニ依ル者 | | | | | | 監置ヲ要セサル者 | | 人口一万二対スル精神病者 |
|---|---|---|---|---|---|---|---|---|---|---|---|---|---|---|---|---|---|
| | | | | | 精神病院ニ収容シタル者 | | 代用病院ニ収容シタル者 | | 官公私立病院ニ収容シタル者 | | 其他ノ場所ニ収容シタル者 | | 一時仮監置者 | | | | |
| | | 総数 | 男 | 女 | 男 | 女 | 男 | 女 | 男 | 女 | 男 | 女 | 男 | 女 | 男 | 女 | |
| 大正 | 6 | 48,460 | 31,183 | 17,277 | — | — | — | — | 1,843 | 1,164 | 3,616 | 823 | 116 | 35 | 25,609 | 15,255 | 8.56 |
| 〃 | 7 | 49,427 | 31,697 | 17,730 | — | — | — | — | 1,947 | 1,152 | 3,534 | 816 | 90 | 18 | 26,126 | 15,744 | 8.69 |
| 〃 | 8 | 49,398 | 31,583 | 17,815 | — | — | — | — | 1,954 | 1,183 | 3,392 | 782 | 66 | 28 | 26,171 | 15,822 | 8.78 |
| 〃 | 9 | 48,463 | 31,574 | 16,889 | — | — | — | — | 2,000 | 1,222 | 3,531 | 791 | 51 | 21 | 25,992 | 14,855 | 8.84 |
| 〃 | 10 | 50,891 | 32,610 | 18,281 | 415 | 299 | 856 | 639 | 1,174 | 511 | 3,645 | 769 | 44 | 9 | 26,476 | 16,054 | 8.96 |
| 〃 | 11 | 51,728 | 33,286 | 18,442 | 414 | 284 | 1,328 | 840 | 1,284 | 541 | 3,695 | 749 | 61 | 11 | 26,504 | 16,017 | 9.19 |
| 〃 | 12 | 52,601 | 33,903 | 18,698 | 460 | 289 | 967 | 706 | 1,486 | 608 | 3,786 | 776 | 92 | 25 | 27,112 | 16,294 | 8.99 |
| 〃 | 13 | 54,673 | 35,318 | 19,355 | 464 | 292 | 937 | 690 | 1,716 | 695 | 3,958 | 856 | 90 | 18 | 28,153 | 16,804 | 9.24 |
| 〃 | 14 | 56,813 | 36,809 | 20,004 | 444 | 310 | 928 | 674 | 1,717 | 692 | 4,167 | 932 | 53 | 15 | 29,500 | 17,381 | 9.51 |
| 昭和 | 1 | 60,409 | 38,944 | 21,465 | 615 | 393 | 1,050 | 710 | 1,867 | 769 | 4,384 | 997 | 36 | 13 | 30,992 | 18,583 | 9.98 |

## 二、时运不济的艺术家——自然主义信奉者江森渚山

求职失败的"他"直面社会的残酷，内心的高傲渐渐消失，一直以来对江森渚山轻蔑的态度也难以继续保持。"他"对江森渚山的态度随着时间的流逝而发生了微妙的变化，最后在医院探望江森渚山时第一次"感到了和渚山的心洽然相触"②。随着对江森渚山的内心世界产生共鸣，"他"对江森渚山的评价也从"了不得的才能或是没有的"③转变为"却已写着老大家般的作品"④。

渚山自踏出文学生活的第一步以来，即固信着重经验的自然主义艺术的信条。
（中略）
从此渚山的经验渐渐丰富，以此丰富的经验，想走上文坛去，徐徐开始去试行的时候，文坛的倾向——是轻浮没理由的和一般流行没什么区别的倾向——早已不

---

① 笔者根据《日本帝国统计年鉴第 47 回》（东京统计协会，1928：289）表格重制。
② 佐藤春夫. 都会的忧郁[M]. 查士元，译. 上海：华通书局，1931：261.
③ 佐藤春夫. 都会的忧郁[M]. 查士元，译. 上海：华通书局，1931：52.
④ 佐藤春夫. 都会的忧郁[M]. 查士元，译. 上海：华通书局，1931：119.

是他所信奉的主义了，是一种反动，和渚山的思想，完全成了逆行的了。

（佐藤春夫，1931：17—18）

20世纪初，自然主义文学与反自然主义文学并行。大正时代，在自由主义、民主主义等新思潮的背景下，自然主义文学逐渐衰退。在这种反自然主义流行的文坛上，信奉自然主义的江森渚山找不到自己的认同感和归属感，即便拥有文学方面的才华也无用武之地，在默默无闻之中失去了成名的可能性。

  渚山的才能，或者是在他的不幸中渐渐的向现在般的消磨完了的也不可知。（中略）想起那田园之家的园庭里的当不着太阳的蔷薇便也可明白。"是蔷薇，便都是开花的。"可是！那蔷薇若终生在太阳的阴影下，则又有谁知道它不在开花之前，便枯死完了的。

  （中略）

  "渚山"已不是现实的人物，是一个象征的人物了——都说那渚山，那人，大家都一同把他想作没有才能的人。

（佐藤春夫，1931：108）

如上述所言，大正时代的城市风貌瞬息万变，时代的混乱带来了思想的复杂性，文坛风向也不断变化。佐藤春夫通过江森渚山的不幸遭遇，尖锐地直指大正时期文坛的残酷。跟不上文坛潮流的江森渚山面对各种新的思想，反而没有勇气在其中另选他者作为自己新的信奉对象，因为江森渚山恐惧自己信奉的新思想跟不上文坛风向转变的速度。本能像"蔷薇"一般在文坛上施展自己才华的江森渚山还未"开花"便已逐渐失去了未来的可能性。

佐藤春夫曾说："那部作品中的人物江森渚山，真实姓名为江连沙村，是在那须的盐原附近出生的人，他是一个时代的典型人物。我在他身上看到了前车之鉴，有一种形影相吊的感觉。令我写下都会的忧郁的正是他——江连沙村，因为我想要通过他不走运的一生看到那个时代[①]。"江森渚山是一群落后于时代的文人的代表，可以说佐藤春夫将包括沙村在内的一系列不走运艺术家的形象投射到江森渚山身上。

---

[①] 佐藤春夫.うぬぼれかがみ—中村光夫の論に誘発されて自己を語り中村君に呈す[J].新潮，1961，58(10)：42.

## 三、大正时代的新女性——女演员弓子

弓子是这部作品中少数的女性人物之一，并且作为主人公"他"的妻子，兼顾职业和家务的形象令人瞩目。

### （一）勤劳的主妇

首先是妻子回来后做家务的场景。

> 然后把长得垂及席地的白长的围巾和手套完全脱下了，伸出一只手去，把背后的纸门开了，提起了烧着水的铜壶，拿到了厨房内去了。（中略）晚饭完了，再洗一回吃脏了的食器作着明天朝上的预备。
>
> （佐藤春夫，1931：40—41）

以"他"的视角细致地描写妻子回来后做家务的过程。回到家中的妻子出色地承担起家庭主妇的职责（家务、照顾丈夫）。虽然"他"和妻子是夫妇，但由于妻子早出晚归，夫妻二人关系逐渐淡薄。加之前面所提到的"他"对有职业的妻子怀有的嫉妒之心，进一步加剧了这种疏离的关系。

之后，"他"拜访了妻子的娘家，看到妻子的母亲在缝制和服后询问是谁的和服，情节由此展开。以下是二人的对话。

> 以这样的笑脸向他一瞥之后，视线重回向了动着针的手那里去的她说道："我真不喜欢这样的质料。第一，那气色不就是不好吗？"
> "对的啊！"他说道，"我也不喜欢，到底是谁的衣服？"
> "咦？"她重向他怪讶的闪看了一下道，"这不是你挑选的吗？我还以为你是明白着，故意来问我的哩。"
> "我的挑选？这样的东西真不喜欢的哩。这便是那个吗？是弓子的衣服吗？"
> 他明白了这是弓子——他自己的妻子的衣服的时候，便感到从心的深奥处有了不快之情涌出来。
>
> （佐藤春夫，1931：133—134）

"他"发现那个以前无论买什么，都会和"他"商量花色和喜好的妻子变了。内心感到不快的"他"把妻子买的衣服贬低为"下贱艺伎风的装束"[①]，明明是郊区三流戏剧

---

① 佐藤春夫.都会的忧郁[M].查士元，译.上海：华通书局，1931：135.

的下等女演员,却妄图凭借这件衣服伪装成一位出色艺人,"他"如此揣测妻子内心的想法,一边鄙视妻子一边怒火中烧。心中仍有一份傲气的"他"总是用羡慕的目光看着有工作的妻子,但却轻视妻子的职业,轻视的目光也折射出大正时期女演员的境遇。

### (二)被蔑视的女演员

在过去的日本,演员甚至被蔑视为河滩乞丐。明治时代的日本,女演员和艺伎一样遭受蔑视的性规范和言论得到了强化①。进入大正时代后,这种观念也并未衰退,反而进一步渗透到社会中。从登场人物对女演员的看法中也能感受到这样的蔑视。

> 评论家古特(ゴド):"女优是什么哩,看花舞又是什么,女人把红色的紧身服闪给人看,这是民众新舞踏吗?……"
>
> (佐藤春夫,1931:232)

> 秦龙太郎(报社职员):"听说尊夫人是在做戏方面的,真的吗?你觉得怎么样?也是喜欢的吗?实在今天我也理应去得去看戏的。"
>
> (佐藤春夫,1931:242)

从古特对女演员职业的轻蔑口吻和秦龙太郎略带讽刺意味的话语中也能反映出女演员这一新兴职业遭受的歧视。大正时期的女演员一直努力将戏剧和自己的职业提升至高尚高雅的世界,但当时的人们,尤其是男性并未将女演员看作正经的职业,对女演员也毫无尊重的意识,从下面的细节中足可见当时剧场女演员的艰辛。

> "钱是有的哩——俺正从梦助那里卷了来的哩。咕,咕,咕!"古特依了怪鸟声般的笑。梦助大概便是大家说着这男子给她做着跟从的女优梦子罢。
>
> (佐藤春夫,1931:230)

从文中弓子和"他"的生活状况(住在郊区,经常借钱)也可以看出剧场女演员并不是一份足以支撑两个人家庭开支的高薪职业,家庭财政处于负债累累的状态。而"男众"本应该是女演员身边的助手兼保镖,但从古特赤裸裸的炫耀的言论中也可以看出他对女演员的不尊重,这种男性对女性钱财的任意支配和剥夺也进一步显露出大正时代男尊女卑的世态。

---

① 池内靖子.「女優」と日本の近代:主体・身体・まなざし—松井須磨子を中心に[J].立命館国際研究,2000,12(3):343.

明治末期政府颁布了《高等女学校令》后，当时的文部大臣桦山资纪公开表示推广《高等女学校令》的目的在于培养有利于国家发展的"贤妻良母"，社会存在一种共识——女学生在毕业后就应该立刻进入家庭这一私有领域，发挥"贤妻良母"的功能[1]。而女作家或是女演员等女性新型职业的诞生显然脱离了"贤妻良母"的规范，成为社会舆论批判的对象，以下是大正时代某位女性教育家的看法。

> 如果像这次这样，毕业后的女学生成为演员的话，其他普通女学生的大脑中就势必会产生一种想法，认为她们就是自己的身边人。那么，迄今为止截然分明的区划就会被打破，两者之间自然地产生联系。（中略）一方面此现象可视为艺术的提高，另一方面却也有着家庭堕落、道义颓废的可怕阴影。[2]

从上述大正时代关于女演员这一女性新兴职业的言论也可看出对女性教育者来说，女演员这一职业会促使女学生产生立志成为演员的想法，会让女学生堕落，以及有可能会导致女子学校的"贤妻良母"的教育目标崩塌。虽然弓子在家庭中依旧扮演了"贤妻"的角色，但是由于职业的特殊性，易成为人们的谈资。

## 四、家庭的构成——自由结婚的形式与职业妇人的存在

"他"选择自由结婚的方式来组建家庭，这与当时社会的主流做法背道而驰，而这一行为也招致父亲的批判与不满。

> "（前略）有所谓和洋折中的，（日本西洋的折中）你的便是这一类罢。西洋流的个人主义和日本的家族主义，应了你自己的便把它折中了罢。"
> （中略）
> "你和我不稍商量地娶了妻子。那时我也问你究竟打算养活妻子。你对此并没给我回答。"
>
> （佐藤春夫，1931：31）

"他"没有和父母商量就自己决定了结婚对象。对此，"他"的父亲并没有表示同意，还生气地说他是个自作主张的个人主义者。

---

[1] 吳佩珍.ドメスティック・イデオロギーからの脱出願望：田村俊子の〈書く女〉と〈演じる女〉について[J].世界の日本研究，2004，11：192.
[2] 不详.女優と女学生[N].東京朝日新聞，1908-9-12.

在近代日本社会，赞美恋爱的言说于明治时期萌芽，大正时期得到强化，但是能够自由选择配偶的"自由结婚"在战后才渐渐普及。受大正时期民主主义的影响，男女交往开始呈现更加自由的风气，但是从明治时期存在的家父长制根深蒂固，男女可以相对自由地交往但不能自由结婚，以此为前提的交往反而变成青年男女的痛苦[1]。也就是说，在大正时期，个人自由的配偶选择并不能被认可。在日本的近代化进程中，"媒妁婚姻"超越了农民和城市的工人的阶级限制，普及至民众，婚姻的"家庭统治"反而表现出了加强的倾向。明治 30 年以后，自由结婚越来越少，从大正时期到第二次世界大战前，所有成立的婚姻中有八成到九成是相亲结婚（需要经过媒人介绍）[2]。

因此，"他"和妻子的结合既不被父亲认可，也很难得到当时社会的认可，属于社会的少数派。另外，小说中，"他"和妻子组成的家庭呈现出女性在家庭内和家庭外都必须操劳的形态。大正时期民主主义带来的自由主义风潮和产业发展促使女性进入社会，女医生、女工、女演员等职业出现并逐渐兴盛。比如1919年日本评论社出版，由木下幹主编的女子职业介绍书《妇人也要工作——女性新职业介绍》(『婦人も働け—新しい女子職業案内』) 中提到了推荐给女性的职业有医生、教师、政府 / 银行 / 商店的业务员、护士、美术家、作家、记者等，鼓励女性自立自强。但是，虽说女性开始渐渐进入社会工作，但大部分的女性并没有进入职场的机会。根据1920年日本国情调查报告[3]可知，有职业的女性有 10 638 365 人，但 352 633 人的职业妇人[4]只占全体有职业女性的 3.3%。可见职业妇人虽然是新时代的象征，但仍旧属于社会的少数派。作为职业妇人的妻子和不工作的丈夫与当时社会的主流家庭不同，有着非主流的性质。

## 五、描写人的小说和杂志——《妇人公论》

佐藤在《都会的忧郁》的卷尾这样说道："不管怎么说，我是第一次在这部作品中描写人。"[5] 而这部小说在《妇人公论》1922 年 1 月号至 12 月号上连载，这部描写人的小说与《妇人公论》存在一定的内在关联。

---

① 村上信彦.大正女性史 市民生活：上卷 [M].東京：理論社，1982：186.
② 湯沢雍彦.講座現代・女の一生 3——恋愛・結婚 [M].東京：岩波書店，1985：179.
③ 内閣統計局.国勢調査報告 大正 9 年 全国の部：第 2 卷 [M].東京：内閣統計局，1928：40-69.
④ 根据滨贵子（2011）的定义，职业妇人是指战前日本，在传统的男性职业中事务性专业的领域和随着第三产业的发展而新诞生的领域中就业的女性，并可将职业妇人分为"传统的职业妇人（具有高学历和技能，在相关技能、技术、专业职位上任职，或者从事艺术、艺能、媒体相关职业的职业女性）"和"现代职业妇人（不一定需要高学历和技能，是在第一次世界大战后迅速发展的近代公司部门工作的员工以及从事接待客人、服务业的职业女性）"。[濱（山崎）貴子.1930 年代日本における職業婦人の葛藤：読売新聞婦人欄「身の上相談」から [J].京都大学大学院教育学研究科紀要，2011，57：531，541.]
⑤ 佐藤春夫.田園の憂鬱・都会の憂鬱 [M].東京：改造社，1933：337.

明治末年由平塚雷鸟创立的杂志《青鞜》引发社会对"新女性"[①]的讨论，为大正时代探讨女性问题的风潮培育了一片丰沃的土壤。《中央公论》杂志社编辑岛中雄作敏感地察觉到讨论女性问题的时代风潮，向当时的杂志主编泷田樗阴建议出一本关于女性问题的特集（1913），一经发行广受好评，于是泷田让岛中创立面向女性的杂志《妇人公论》（1916年1月为创刊号）。岛中在创刊时为《妇人公论》制定以下纲领：①刊载高尚而饶有趣味的小说读物以提升现代妇人的属于卑贱一类的低级趣味；②鼓吹稳健优雅的实践修养，极力排除突飞猛进的新思想和因陋顽固的旧思想[②]。由于继承了《青鞜》的教养主义潮流，虽然这是一本妇女杂志，却为大众提供了一个讨论各种问题的平台。由于文章内容比较深奥，要求读者有一定的教养和知识水平，因此《妇人公论》的读者群体在早期多以男性和中等家庭的高学历女性为主[③]。

木村凉子（2010）选取《妇人公论》1916至1941年1月号，将杂志内容按照文章形式和文章主题分类，如图1、图2所示。

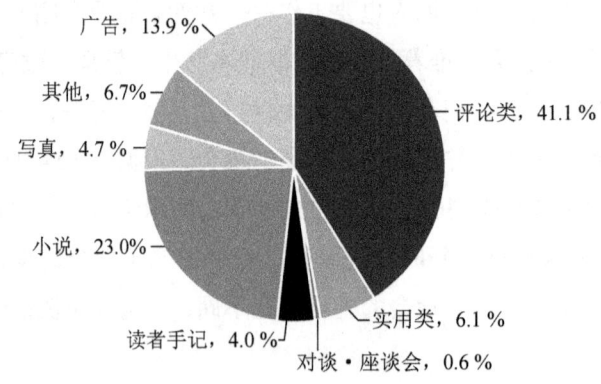

图1　1916—1941年《妇人公论》杂志版面构成——按文章形式[④]

---

① 日文为「新しい女」。创刊《青鞜》的平塚雷鸟、中野初子等人旨在从过去传统的习俗、制度中解放出来，被当时的人们称为「新しい女」。该词源于英语 new woman，进入日本后被译为「新しい女」。《青鞜》创刊前后，该词在日本引起很大反响，平塚雷鸟等"新女性"公然饮酒，前往吉原（日本花街）等行为举止也引发众多作家、评论家的讨论。
② 木村涼子.〈主婦〉の誕生　婦人雑誌と女性たちの近代［M］.東京：吉川弘文館，2010：51.
③ 木村涼子.婦人雑誌にみる新しい女性像の登場とその変容——大正デモクラシーから敗戦まで［J］.教育学研究，1989，56（4）：332.
④ 根据木村涼子『〈主婦〉の誕生　婦人雑誌と女性たちの近代』（东京：吉川弘文館，2010：58）内容所制。

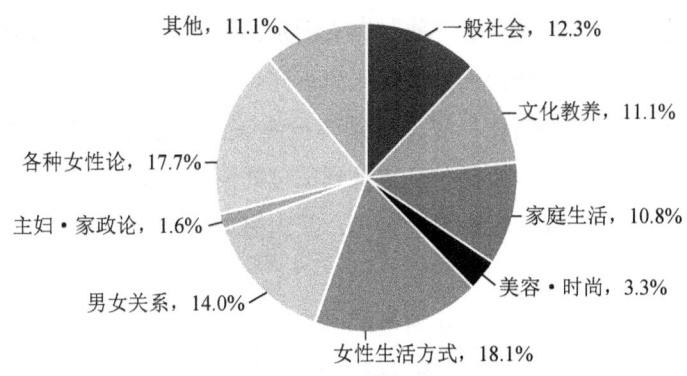

**图 2　1916—1941 年《妇人公论》杂志版面构成——按文章主题**①

从文章形式来看，知识分子所写的"评论"占比超过 40%，小说占比超过 20%，实用类文章只占 6.1%，从形式占比上也可以看出《妇人公论》将重点放在评论和小说上，"讨论社会问题的平台"可谓名副其实。

从文章主题来看，排在前三位的是"女性生活方式""各种女性论""男女关系"，紧接着是"一般社会""文化教养"等扩充知识面的文章以及描绘"家庭生活"的文章，这几大主题分布较为均衡，而"美容·时尚"类和"主妇·家政"类的文章相对较少。可见在《妇人公论》中，女性解放论等关于女性地位和生活方式的知识分子的"评论"占据了杂志的核心地位。另外，不仅是女性问题，还讨论了政治经济、教育问题、城市论、日本人论等涉及多方面的社会问题。

佐藤春夫曾如此评论，"比起那些所谓的'新女性'，我还是更喜欢传统女性"②。从上文的分析中也可看出，妻子弓子虽然是剧团女演员，但在家庭中展现的是依旧符合日本传统贤妻良母主义的形象。佐藤春夫在《都会的忧郁》中不但描绘了兼顾工作和家庭的女性，还深入探讨了家庭和夫妻关系。"他"发现自己的妻子似乎有了外遇，内心郁郁不安，再加上之前的衣服事件，觉得妻子变得越来越陌生。

> 还有看了稍稍流着眼泪的妻子的眼，便不能发怒的那么多感的自己，任说是为了在理性之中，有怎样自由的思想，到了和妻子离别的地步，或总会起一种感触。并且便为了一旦离别了之后，由离别了的妇人，单在这一事上，反而不能保证恋恋不舍的自己。因为的确，在这世间一旦离别了，但仍能恢复老样的夫妇也是有的……

（佐藤春夫，1931：214）

---

① 根据木村凉子『〈主婦〉の誕生　婦人雑誌と女性たちの近代』（东京：吉川弘文馆，2010：58）内容所制。
② 酒井顺子.百年の女——『婦人公論』が見た大正、昭和、平成［M］.東京：中央公論新社，2018：19.

这段"他"的内心独白描写了"他"在决定是否要离婚时的犹豫不决，也向读者抛出一个问题，离婚后的夫妻是否真得能跟从前一样。

大正时期，企求"恋爱自由"以及必须建设能够享受恋爱的社会的言论盛极一时，但在选择配偶时仍然要和父母商量并且要得到父母的同意。因此，身为职业妇女的女性和立志从事艺术的男性组成的家庭相对新奇，其夫妻如何相处等家庭状况也比较容易引起读者的兴趣和思考。

《妇人公论》中也有不少关于女演员的文章。滨贵子（2022）统计了《妇人公论》从创刊号到1937年8月号①中有关职业妇人的文章，并将其分为四类（表2），分别是：A 标题中记载了有职业的著名女性的名字的报道（以下简称"有职业的著名女性"报道）（436篇，共19种职业，572例）；B 标题中只记载了女性就职的具体职业名的报道（以下简称"仅具体职业名"报道）（600篇，共46种职业，613例）；C 标题中除了女性就职的具体职业名之外，还记载了"家庭副业"或"副业"这个词的报道（以下称为"家庭副业·副业"报道）（5篇，共3种职业，5例）；D 标题中除了女性就职的具体职业名之外，还记载了"职业妇人"一词的报道以及标题中只出现"职业妇人"一词但正文中出现具体职业名的报道（以下称为"职业妇人"报道）（112篇，共41种职业，138例）②。总的来看［即（A）+（B）+（C）+（D）］，公务自由业中出现频率较高的职业前两位为记者/著述家/文艺家和演员（女演员），而这两类在所有职业的排名中也名列前二（详见附表）。可见，大正时代对于女演员的关注度相对较高，弓子的女演员身份也符合当时社会讨论的热点。

作品中不走运的自然主义信奉者、佐藤的艺术论等文坛动向和艺术观点等文化教养类的内容也会引起有教养读者的讨论。另外，《都会的忧郁》中还有一些关于女性启蒙的内容。例如妻子询问"他"自己是否要去浅草的剧场工作时，妻子问："做女人的，有时是想明白的受得命令得哩③。"对此，"他"回答说："但是不命令人，也不受人命令，却是我一向的哲学哩④。"且不论"他"是否认真地为妻子未来的职业方向提出建议，但鼓励妻子按照自己的意志自由决定的回答会给读者，特别是女性带来启发。

可见，《都会的忧郁》所涉及的家庭问题、婚姻问题、职业女性的现状、女演员的处境等众多当时社会热点议题的内容与《妇女公论》的宗旨及杂志内容非常契合，从这一点也能窥见《都会的忧郁》的社会小说的创作倾向。

---

① 原因是1937年9月卢沟桥事变后，《妇人公论》所刊载的内容战争色彩越来越浓厚。另外，以从创刊号到1927年12月号为第一期，从1928年1月号到1937年8月号为第二期。
② 濱貴子. 職業婦人の歴史社会学［M］. 京都：晃洋書房，2022：106-107.
③ 佐藤春夫. 都会的忧郁［M］. 查士元，译. 上海：华通书局，1931：165.
④ 同上。

表2　1916年1月号至1937年8月号《妇人公论》关于职业妇人的报道（公务自由业）

| 职业（大分类） | 职业（中分类） | 职业（小分类） | 目录：报道标题中有具体职业名+有职业的著名女性 | | | | | | | | 目录：报道标题中有"职业妇人"一词的 | | | |
|---|---|---|---|---|---|---|---|---|---|---|---|---|---|---|
| | | | 有职业的著名女性 | | 仅具体职业名 | | 具体职业+家庭副业·副业 | | 具体职业+职业夫人 | | 总计 | | 从本文中抽出具体职业名 | | 总计 |
| | | | (A) | | (B) | | (C) | | (D) | | (A)+(B)+(C)+(D) | | (E) | | (D)+(E) |
| | | | N | % | N | % | N | % | N | % | N | % | N | % | N | % |
| 公务自由业 | 记者·著述家·艺术家·游艺家 | 记者/著述家/文艺家 | 364 | 63.6 | 39 | 6.4 | | | 1 | 2.2 | 404 | 32.7 | 8 | 8.6 | 9 | 6.5 |
| | | 画家 | 6 | 1.0 | 9 | 1.5 | | | 2 | 4.4 | 17 | 1.4 | | | 2 | 1.4 |
| | | 音乐家/舞蹈家 | 47 | 8.2 | 12 | 2.0 | | | 3 | 6.7 | 62 | 5.0 | | | 3 | 2.2 |
| | | 演员（女演员） | 86 | 15.0 | 81 | 13.2 | | | 2 | 4.4 | 169 | 13.7 | 4 | 4.3 | 6 | 4.3 |
| | | 其他艺术家/游艺家 | | | 2 | 0.3 | | | | | 2 | 0.2 | | | | |

来源：本文笔者根据滨贵子『職業婦人の歴史社会学』（京都：晃洋書房，2022：108）表格所制

## 结语

如上所述，结合作品中的人物形象、人物的社会属性和文本所反映的大正时期的世态，对《都会的忧郁》的社会小说的创作倾向进行了分析：一方面，佐藤春夫在作品中通过世态描写了人物的忧郁乃至时代的忧郁；另一方面，杂志《妇人公论》从创刊伊始的定位正是一个给大众提供讨论社会问题的平台，而战前杂志文章的主体和内容中，讨论女性问题的文章或报道属于杂志的核心内容。《都会的忧郁》中也含有对家庭、婚姻、女演员的处境等社会问题的讨论，两者在这方面的共同性恰好满足了佐藤春夫创作社会小说的要求，佐藤春夫选择《妇人公论》连载自己的小说的原因也在于此，同时，也可见佐藤春夫对社会问题的关心和尝试创作社会小说的苦心。

附表 1916年1月号至1937年8月号《妇人公论》中出现的女性职业

| 職業（大分類） | 職業（中分類） | 職業（小分類） | 目次：記事タイトルに具体的職業名+職業を持つ著名女性 | | | | | | | | | | 目次：記事タイトルに「職業婦人」 本文より具体職抽出 | | | |
|---|---|---|---|---|---|---|---|---|---|---|---|---|---|---|---|---|
| | | | 職業を持つ著名女性 [A] | | 具体職のみ [B] | | 具体職+「内職・副業」[C] | | 具体職+「職業婦人」[D] | | 計 [A]+[B]+[C]+[D] | | [E] | | 計 [D]+[E] | |
| | | | N | % | N | % | N | % | N | % | N | % | N | % | N | % |
| 農業 | 農耕 | 農耕業主 | | | 1 | 0.2 | | | | | 1 | 0.1 | | | | |
| | | 農業労働者 | | | 3 | 0.5 | | | | | 3 | 0.2 | 2 | 2.2 | 2 | 1.4 |
| | 畜産 | 畜産労働者 | | | | | 3 | 60.0 | | | 3 | 0.2 | 2 | 2.2 | 2 | 1.4 |
| | 計 | | | | 4 | 0.7 | 3 | 60.0 | | | 7 | 0.6 | | | | |
| 水産業 | 漁業 | 漁業労働者 | | | 2 | 0.3 | | | | | 2 | 0.1 | | | | |
| 工業 | 紡績工業 | 製糸工 | | | 1 | 0.2 | | | | | 1 | 0.1 | | | | |
| | | 紡績工 | | | | | | | | | | | 1 | 1.1 | 1 | 0.7 |
| | | 機織工 | | | 1 | 0.2 | | | | | 1 | 0.1 | 1 | 1.1 | 1 | 0.7 |
| | 被服・装身具製造 | 被服裁縫業主 | 3 | 0.5 | | | | | | | 3 | 0.2 | 2 | 2.2 | 2 | 1.4 |
| | | 裁縫工 | | | | | 1 | 20.0 | 1 | 2.2 | 2 | 0.2 | 2 | 2.2 | 3 | 2.2 |
| | 紙工業・印刷 | 写真師 | | | | | | | 1 | 2.2 | 1 | 0.1 | | | | |
| | | 製図工 | | | | | 1 | 20.0 | | | 1 | 0.1 | 1 | 1.1 | 1 | 0.7 |
| | その他工業的職業 | 女工 | | | 1 | 0.2 | | | | | 1 | 0.1 | 1 | 1.1 | 1 | 0.7 |
| | 計 | | | | 27 | 4.4 | 2 | 40.0 | | | 29 | 2.3 | | | | |
| 分類不能 | | | 1 | 0.2 | | | | | 1 | 2.2 | | | 3 | 3.2 | 4 | 2.9 |
| 計 | | | 4 | 0.7 | 30 | 4.9 | | | 3 | 6.7 | 39 | 3.2 | 11 | 11.8 | 14 | 10.1 |

续表

目次：記事タイトルに具体的職業名＋職業を持つ著名女性 / 目次：記事タイトルに「職業婦人」

| 職業<br>(大分類) | 職業<br>(中分類) | 職業<br>(小分類) | [A] 職業を持つ著名女性 | | [B] 具体職のみ | | [C] 具体職＋「内職・副業」 | | [D] 具体職＋「職業婦人」 | | 計 [A]+[B]+[C]+[D] | | [E] 本文より具体職抽出 | | 計 [D]+[E] | |
|---|---|---|---|---|---|---|---|---|---|---|---|---|---|---|---|---|
| | | | N | % | N | % | N | % | N | % | N | % | N | % | N | % |
| 商業 | 商業的職業 | 物品販売業主 | 1 | 0.2 | 5 | 0.8 | | | | | 6 | 0.5 | | | | |
| | | 店員・売り子 | | | 17 | 2.8 | | | 3 | 6.7 | 20 | 1.6 | 4 | 4.3 | 7 | 5.1 |
| | | 露天商人・行商人 | | | 7 | 1.1 | | | | | 7 | 0.6 | | | | |
| | | その他の商業的職業 | | | | | | | 1 | 2.2 | 1 | 0.1 | 1 | 1.1 | 2 | 1.4 |
| | 金融・保険 | 金融業主 | | | 1 | 0.2 | | | | | 1 | 0.1 | | | | |
| | 接客業 | 旅館業・下宿業主 | | | 1 | 0.2 | | | | | 1 | 0.1 | | | | |
| | | 料理店・飲食店・貸席業主 | | | 9 | 1.5 | | | | | 9 | 0.7 | | | | |
| | | 芸娼妓 | 5 | 0.9 | 81 | 13.2 | | | | | 86 | 7.0 | 1 | 1.1 | 1 | 0.7 |
| | | 飲食店給仕（女給） | 7 | 1.2 | 55 | 9.0 | | | 4 | 8.9 | 66 | 5.3 | 6 | 6.5 | 10 | 7.2 |
| | | 理髪・結髪・美容師 | 4 | 0.7 | 19 | 3.1 | | | 1 | 2.2 | 24 | 1.9 | 6 | 6.5 | 7 | 5.1 |
| | | 計 | 17 | 3.0 | 195 | 31.8 | | | 9 | 20.0 | 221 | 17.9 | 18 | 19.4 | 27 | 19.6 |

続表

| 職業（大分類） | 職業（中分類） | 職業（小分類） | 職業を持つ著名女性 [A] | | 具体職のみ [B] | | 具体職＋「内職・副業」[C] | | 具体職＋「職業婦人」[D] | | 計 [A]+[B]+[C]+[D] | | 本文より具体職抽出 [E] | | 計 [D]+[E] | |
|---|---|---|---|---|---|---|---|---|---|---|---|---|---|---|---|---|
| | | | N | % | N | % | N | % | N | % | N | % | N | % | N | % |
| 交通業 | 運輸 | 出札係 | | | 1 | 0.2 | | | 1 | 2.2 | 2 | 0.2 | 2 | 2.2 | 3 | 2.2 |
| | | 車掌 | | | 7 | 1.1 | | | 1 | 2.2 | 8 | 0.6 | 3 | 3.2 | 4 | 2.9 |
| | | 自動車運転手 | | | 1 | 0.2 | | | 1 | 2.2 | 2 | 0.2 | | | 1 | 0.7 |
| | | 船舶事務員 | | | | | | | | | | | 1 | 1.1 | 1 | 0.7 |
| | | 航空機乗員 | | | 1 | 0.2 | | | | | 1 | 0.1 | 2 | 2.2 | 2 | 1.4 |
| | | 荷車輓 | | | 2 | 0.3 | | | | | 2 | 0.2 | | | | |
| | | その他 | | | 2 | 0.3 | | | | | 2 | 0.2 | 2 | 2.2 | 2 | 1.4 |
| | 通信 | 電話交換手 | | | 6 | 1.0 | | | 1 | 2.2 | 7 | 0.6 | 1 | 1.1 | 2 | 1.4 |
| | | 計 | | | 20 | 3.3 | | | 4 | 8.9 | 24 | 1.9 | 11 | 11.8 | 15 | 10.9 |
| 公務自由業 | 官吏・公吏・雇用員 | 議員・大臣 | 1 | 0.2 | 3 | 0.5 | | | | | 4 | 0.3 | | | 1 | 0.7 |
| | | 官吏 | 1 | 0.2 | 1 | 0.2 | | | 1 | 2.2 | 3 | 0.2 | | | | |
| | 法務 | 弁護士 | | | 3 | 0.5 | | | | | 3 | 0.2 | | | | |
| | 教育 | 学校長・教職員 | 34 | 5.9 | 85 | 13.9 | | | 2 | 4.4 | 121 | 9.8 | 5 | 5.4 | 7 | 5.1 |
| | | その他 | | | 8 | 1.3 | | | | | 8 | 0.6 | 2 | 2.2 | 2 | 1.4 |
| | 宗教家 | 僧侶 | 1 | 0.2 | | | | | | | | | | | | |
| | | その他 | | | 10 | 1.6 | | | | | 11 | 0.9 | 1 | 1.1 | 1 | 0.7 |

续表

| 職業<br>（大分類） | 職業<br>（中分類） | 職業<br>（小分類） | 職業を持つ<br>著名女性<br>[A] | | 具体職のみ<br>[B] | | 具体職＋「内<br>職・副業」<br>[C] | | 具体職＋「職業<br>婦人」<br>[D] | | 計<br>[A]＋[B]＋<br>[C]＋[D] | | 目次：記事タイトルに「職<br>業婦人」<br>本文より<br>具体職抽出<br>[E] | | 計<br>[D]＋[E] | |
|---|---|---|---|---|---|---|---|---|---|---|---|---|---|---|---|---|
| | | | N | % | N | % | N | % | N | % | N | % | N | % | N | % |
| | 医療 | 医師 | 2 | 0.3 | 7 | 1.1 | | | 2 | 4.4 | 11 | 0.9 | 4 | 4.3 | 6 | 4.3 |
| | | 歯科医師 | | | | | | | 1 | 2.2 | 1 | 0.1 | | | 1 | 0.7 |
| | | 薬剤師 | | | | | | | 2 | 4.4 | 2 | 0.2 | | | 2 | 1.4 |
| | | 看護人 | 1 | 0.2 | 13 | 2.1 | | | 2 | 4.4 | 16 | 1.3 | 3 | 3.2 | 5 | 3.6 |
| | | 産婆 | | | 2 | 0.3 | | | 1 | 2.2 | 3 | 0.2 | | | 1 | 0.7 |
| | 書記的職業 | 簿記・出納・会計係<br>（事務員） | 1 | 0.2 | 8 | 1.3 | | | 2 | 4.4 | 11 | 0.9 | 11 | 11.8 | 13 | 9.4 |
| | | 速記者・タイピスト | | | 7 | 1.1 | | | 4 | 8.9 | 11 | 0.9 | 4 | 4.3 | 8 | 5.8 |
| | | その他 | | | | | | | 1 | 2.2 | 1 | 0.1 | | | 1 | 0.7 |
| 公務<br>自由業 | 記者・著述<br>家・芸術<br>家・遊芸家 | 記者・著述家・<br>文芸家 | 364 | 63.6 | 39 | 6.4 | | | 1 | 2.2 | 404 | 32.7 | 8 | 8.6 | 9 | 6.5 |
| | | 画家 | 6 | 1.0 | 9 | 1.5 | | | 2 | 4.4 | 17 | 1.4 | | | 2 | 1.4 |
| | | 音楽家・舞踊家 | 47 | 8.2 | 12 | 2.0 | | | 3 | 6.7 | 62 | 5.0 | | | 3 | 2.2 |
| | | 俳優（女優） | 86 | 15.0 | 81 | 13.2 | | | 2 | 4.4 | 169 | 13.7 | 4 | 4.3 | 6 | 4.3 |
| | | その他芸術家・遊芸<br>家 | | | 2 | 0.3 | | | | | 2 | 0.2 | | | | |
| | その他 | 学術研究 | | | 1 | 0.2 | | | | | 1 | 0.1 | | | | |
| | | そのほか | 6 | 1.0 | 9 | 1.5 | | | | | 15 | 1.2 | 2 | 2.2 | 2 | 1.4 |
| | | 計 | 550 | 96.2 | 300 | 48.9 | | | 26 | 57.8 | 876 | 70.9 | 44 | 47.3 | 70 | 50.7 |

续表

| 職業<br>(大分類) | 職業<br>(中分類) | 職業<br>(小分類) | 目次：記事タイトルに具体的職業名＋職業を持つ著名女性 | | | | | | | | | | 目次：記事タイトルに「職業婦人」 | | | | |
|---|---|---|---|---|---|---|---|---|---|---|---|---|---|---|---|---|---|---|
| | | | 職業を持つ<br>著名女性<br>[A] | | 具体職のみ<br>[B] | | 具体職＋「内<br>職・副業」<br>[C] | | 具体職＋「職業<br>婦人」<br>[D] | | 計<br>[A]＋[B]＋<br>[C]＋[D] | | 本文より<br>具体職抽出<br>[E] | | 計<br>[D]＋[E] | |
| | | | N | % | N | % | N | % | N | % | N | % | N | % | N | % |
| | 家事使用人 | 主人の世帯にある<br>(女中) | | | 48 | 7.8 | | | | | 49 | 4.0 | 2 | 2.2 | 2 | 1.4 |
| | | 通勤(家政婦) | | | 6 | 1.0 | | | | | 6 | 0.5 | | | | |
| | | 計 | 1 | 0.2 | 54 | 8.8 | | | | | 55 | 4.5 | 2 | 2.2 | 2 | 1.4 |
| | その他 | 案内人 | | | 1 | 0.2 | | | 1 | 2.2 | 2 | 0.2 | 2 | 2.2 | 3 | 2.2 |
| | | 掃除夫 | | | 2 | 0.3 | | | | | 2 | 0.2 | | | | |
| | | その他 | | | 5 | 0.8 | | | 2 | 4.4 | 7 | 0.6 | 3 | 3.2 | 5 | 3.6 |
| | | 計 | | | 8 | 1.3 | | | 3 | 6.7 | 11 | 0.9 | 5 | 5.4 | 8 | 5.8 |
| 合計 | | | 572 | 100.0 | 613 | 100.0 | 5 | 100.0 | 45 | 100.0 | 1,235 | 100.0 | 93 | 100.0 | 138 | 100.0 |

来源：誤貴子「職業婦人の歴史社会学」(京都：晃洋書房，2022：108)

附记
① 文本：佐藤春夫．都会的忧郁[M]．查士元，译．上海：华通书局，1931．
② 为方便起见，文中引用的文本仅在末尾标注页码，繁体字改为简体字。
③ 原文对话中使用的双钩括弧均改为双引号。

# 星新一文学作品中的科幻要素赏析[①]

长安大学人文学院　晏菁菁[②]
北京第二外国语学院日语学院　陈钟玲[③]

[**摘要**]"日本微型小说鼻祖"星新一一生创作了超过1000篇微型小说，其中还有部分作品被选入中国小学教材。星新一的科幻小说在整个日本享有超高的人气，他的科幻作品以构思新奇、情节完整、结尾难料、短小精悍著称，并且在题材上也具备普适性，通常探讨全人类共同面对的问题，尤以技术的双重性、人性的复杂性、独特的生死观为甚。本文通过赏析星新一的科幻作品，对其题材选择、人物设定、情节设置的特点进行分析，并对星新一小说中技术、人性、死亡三大主题进行探讨。

[**关键词**]星新一，微型小说，科幻小说，日本文学

# 引言

星新一（1926—1997），原名星亲一，被誉为"日本微型小说鼻祖"。他的微型小说短小精悍，逻辑严密，构思新奇，结尾出人意料。在此基础上，他又自成一派，形成了自己独具特色的笔风。他的作品通常可以分为科幻小说、幻想小说、推理小说、童话故事四类。[④]是日本文学界不可多得的奇才。

关于"新一"这一笔名的来源，可以联系到其父亲所创始的星制药公司。1951年，由于父亲病故，星新一不得不接手了星制药公司。而此时的星制药公司正背负着巨额债务，举步维艰。在经过一段时间的挣扎后，星新一决定放弃星制药的经营权，并将自己

---

[①] 本论文是北京第二外国语学院2023年大学生创新创业训练计划项目"日本当代科幻文学研究"（X202310031061）的阶段性研究成果。
[②] 晏菁菁：现为长安大学人文学院2023级硕士研究生，研究方向为新闻与传播方向。
[③] 陈钟玲：北京第二外国语学院日语学院漫画文创方向本科生，研究方向为日本漫画与文创。
[④] 黄博琛.星新一作品社会现实性研究［D］.新乡：河南师范大学，2014.

的名字"亲一"改为"新一"，象征着他的新生。

星新一一生创作了超过1000多篇微型小说，并且凭借着自己贴近生活的选题、高超的写作技巧、严谨的创作态度获得了超高的人气，树立了独特的写作风格。这也是他在日本科幻界享誉盛名的原因之一。

星新一与中国也有着密切的联系。20世纪80年代以后，中国大陆翻译、出版了数十部星新一的短篇小说集。2000年后，星新一的小说开始被选入各种教科书中。[①] 这也被认为是当年中日科幻交流的盛事。

星新一笔下的科幻小说具有超高的可读性，这并不仅是因为科幻题材本身对读者的吸引，还与他精湛的写作技巧、紧凑的情节设计、广泛的题材选择、深奥的思想内涵密不可分。学者李晓梅曾在其文章中提到，星新一的文学具有"普遍性批判"的特征。所谓"普遍性批判"，指的是他的小说无论情节安排、背景设定，基本都有着一个共同的中心思想——对人类未来的担忧。本文意在对星新一的科幻作品进行赏析的同时，着重对其写作特点、科幻要素进行梳理与分析，并探究其作品的现实意义。

## 一、星新一科幻小说的写作特点

### （一）题材选择——以小见大

星新一的作品之所以老少皆宜，一个重要的特点就是其题材的生活化。星新一将科幻融入日常，人们在感受作者的种种奇思妙想之际，也能够引发对现实的思考。星新一从职场、家庭、个人经历等微观层面写起，从小处落笔，在结局完成整个故事的升华。

例如《特技》（1983）讲述了一位新闻播报员的故事。一天，他突然拥有了看穿人们做过的坏事的能力，后来被运用于新闻播报和维护社会治安，并取得了极佳的效果。但好景不长，身边的同事、朋友，甚至自己的妻子，因为担心自己阴暗的秘密被发现，都开始远离播报员。这则故事可以称得上是短小精悍，尤其是结尾妻子对播报员的躲避更升华了整个主题：人性是经不住窥探和考验的，即便枕边人也是如此。整篇故事都以播报员个人的行为、经历为中心，却能让读者透过这位小人物，思考人类的共性。

在《企业的秘密》（1983）中，作者讲述了一位在公司里能力平平的年轻人，某天在酒吧被一个神秘人看中，出高价聘请他窃取公司机密。年轻人在这个任务的驱动下，工作一下子有了干劲，能力也突飞猛进。随着年轻人间谍行动的不断深入，公司也有所警觉，不断跃升的职位也让年轻人开始对自己倒卖情报的行为产生了深深的怀疑。令人

---

① 丁茹. 星新一小说在中国的接受[D]. 济南：山东师范大学，2013.

惊讶的是，总经理就是聘请他倒卖情报的神秘人，并且因为年轻人的定期汇报、严守机密，让公司修复了许多重要的漏洞，功不可没。这篇小说同样以职场为背景，通过年轻人的间谍行动与结尾的大反转描写了人性的矛盾与复杂，以及资本主义商业社会的发展与人的自我价值实现之间的矛盾。

综上所述，星新一善于通过小人物、小事件引出全社会乃至全人类面临的共同问题，以小见大，见微知著，能够让人们在天马行空的幻想故事中反思现实世界。

### （二）人物描写——详略得当

在人物塑造方面，星新一做到了详略得当，一切服务于作品的情节设计和发展。通过阅读星新一的众多作品可以发现，星新一从未花费大量笔墨介绍人物的背景信息，乃至姓名通常都是用代号、职业或者特征命名。例如《月光》（1961）中的宠儿、《不景气》（1977）中的S博士、《幸福的公式》（1983）中的青年、《宏伟的规划》（1971）中的K公司和R公司等。这样的命名方法在微型小说的写作中有着非常大的好处，简洁直白的名称极大程度上降低了读者记忆的难度，能够更快地进入故事，理解作者的思想。

但星新一对于人物的刻画也有十分详尽的地方，即对人物的语言描写。作者在小说中展现人物特征、推进剧情发展，大多是依靠人物之间的对话来进行的。例如《漫长的人生》（1985）、《古老的旅店》（1980）等作品，在本就简短的文章中，人物对话占了一半以上的篇幅。但正是这样生动而又通俗易懂的人物对话，才能够让星新一的作品老少咸宜，拥有良好的包容性和读者基础。

此外，星新一有时也会直接借故事中人物的语言来表明自己的观点。例如在故事《洪水》（1983）中，主人公诺阿偶然听见神明对洪水的预告，他便开始召集三个儿子秘密造一艘大船。在造船的过程中，因为三个儿子的贪婪和攀比，闹的消息尽人皆知。大家都开始争相造船，以致树木被伐光，洪水到来时船只相互碰撞一片混乱。最终，洪水来临时，神明告知了自己的意图："性格轻率、极端利己、喜欢随声附和的人，此次应该全部清除。"星新一根据自己的生活经历，对人情冷暖有着深刻的体悟，这也让他深感一些极端自利、左右逢源、趋炎附势者为社会风气带来的弊病。

### （三）情节设置——构思精巧

由于微型小说篇幅有限，星新一在情节安排上突出了故事的跌宕起伏、大起大落，从而达到了开端抓住眼球、发展引人入胜、结尾出人意料的效果。

例如在小说《跟踪》（1971）中的开头，私人侦探艾诺的事务所来了一位神秘的墨镜男子，"侦探""墨镜"以及标题的"跟踪"，使得寥寥几句开头就能引起读者的好奇；

在小说《庄严的仪式》(1984)的开篇,两句"他死了""但他死得太突然",读到的瞬间就引人遐想,激起读者探索真相的欲望。

星新一大多数作品的结局都是欧·亨利式的,即既出人意料,又合乎情理。这也是微型小说必要的写作技巧,因为有限的篇幅无法容纳过多的情节起伏,所以结尾的艺术性才是真正彰显作者功底的地方。例如上文提到的《跟踪》,讲述了一位私人侦探受人委托,帮忙跟踪一名少女的故事。故事的开头,神秘人给了侦探丰厚的报酬,却要求他做一个十分简单的任务:跟踪一名少女一周。侦探的跟踪行动十分顺利,而跟踪对象就是一名普通女孩,没有任何举止怪异之处。即便侦探甚至尝试正面接近女孩,也从未发现破绽,这让他百思不得其解。一周后,侦探回到事务所,却发现自己的财物早已被洗劫一空。

故事《跟踪》的情节编排十分巧妙,可以说做到整篇文章都在抓人眼球。从开头的神秘任务到跟踪行动的意外顺利、跟踪对象的平凡善良……这不得不让读者与侦探一同陷入疑惑:神秘人难道是大发善心想要让侦探带薪休假,甚至是撮合侦探和少女?作者在文中提出的猜想也十分合乎情理。然而结局仿佛给这些美好的幻想迎头一棒,瞬间将读者拉回冰冷的现实。令人意想不到的结局升华了故事的主题:世上没有天上掉馅饼的好事,天上掉的馅饼很有可能是让你上当受骗的前兆。

正如一些学者总结的那样,星新一的小说的谋篇布局都是为了结局服务的,而他笔下的小说结局总有引人深思、余音绕梁的效果。[①]

## 二、星新一作品的科幻要素分析

### (一)技术:对未来科技双重性的探讨

对机械文明的想象与反思是星新一许多科幻小说的主题,在他的作品中,我们能看见各式各样天马行空的想象与创造,例如《南柯一梦》(1970)中能使人在梦中随心所欲自由行动的机器,《眼药水》(1999)中只要滴入眼中就能分辨好人坏人的药水,《奇妙的花朵》(1999)中能吸引并捕杀害虫的花朵。星新一将这些"发明"融入现实生活,让故事奇幻但又富有现实色彩。

星新一科幻作品的现实性,与时代背景息息相关。第二次世界大战后,日本经历了经济的快速增长和科学技术的飞跃,但由于利益的支配、物质文明的日益发达加速了人们的生活,人与人之间的联结与善意也变得越来越少。资本主义商业的发展也一定程度

---

① 崔新京. 散点透视星新一微型小说创作的艺术特色[J]. 日本研究,1988(4):79–83.

上引起了人性的异化。在星新一的作品中，他探讨了技术和人类之间的关系，并表达了他对人类的未来命运的深切关注。

在《殉教》（1961）中，星新一展现了科技恐怖人的破坏力。一位科学家研制出能够同死后世界进行通信的机器，他通过这台机器联系到了自己的亡妻，并得知死后世界远比现实世界美好得多。科学家通过在公众面前服毒自杀以证实这一发现的真实性。随之而来的便是大规模的自杀热潮，城市逐渐变为废墟。《殉教》通过大量的自杀行为，展现了科技毁灭性的力量。①

《确认机》（1983）讲述了一个无比可靠的身份证明机器被广泛使用，并因此带来的一系列影响。它的篇幅相对较长，由几段不同的小故事组成。在确认机诞生之初，它确实大大提高了人们在日常生活中验证身份的便利性和准确性，也加大了犯罪分子伪造身份的难度，提高了信息安全。值得注意的是，厂家为了证明机器的可靠性，提出因机器故障而造成的用户利益受损，公司将全额赔付，也因此出现了许多千方百计想要获取赔偿金的人。读到这里，人们很容易联想到现实生活中制造"意外"骗取保险金的人，他们为了获得高额赔偿，即便损害自己或家人的身心健康也在所不惜。从这里就能看出，星新一既在描写科幻，也在影射现实。

可以说，《确认机》（1983）的高潮部分，正反映了作者对科技发展的态度。在故事后期，掌握确认机机密的干部们，绝大多数死于船难，已成为国家运转不可或缺的确认机开始故障频发，许多人面临着无法证明"我就是我"的困境，人们之间开始相互猜忌，日常工作生活难以为继。更有甚者，因机器故障，无法当即确认新人身份而导致婚礼延期，病人得不到及时的救治而痛苦离世，甚至由于无法验明身份，连家属都不愿意认领尸体……确认机的故障导致了一系列可怕而荒诞的结果。

与《确认机》类似的还有《艾尔先生的临终》（1975），主角艾尔先生事业失败，面对无力偿还的债务选择结束自己的生命，但在当晚，一位来自未来的机器人突然到访，他带领艾尔先生到达了永久和平、没有生病、伤痛的未来社会，却发现那里已经没有生命，有的只是机器人了。

上述两部作品，都表达了作者对人类过分依赖科技的担忧。除此之外，他在一些作品中还表达了对技术的主人——人类的担忧。例如在《奇妙的花朵》（1999）中，博士研制出了能够捕杀害虫的花朵，但要想养好这种植物，就必须为它提供源源不断的蚊子作为饲料。就如同许多为消费者创造需求的生产商一般，打着改善人们生活质量的旗号，其实还是为了制造需求、攫取利润罢了。

星新一的科幻作品总能让人们联系到现实。正如近年来迅猛发展的 AI 技术，它为

---

① 李晓梅，任希. 科学与死亡——星新一微型小说《殉教》之主题探究［J］. 上海理工大学学报（社会科学版），2012，34（4）：284–288.

我们带来了如 ChatGPT 这样功能强大的聊天机器人，同时也对写作、绘画等行业造成了一定程度的冲击，更有一些不法分子利用法律漏洞，用 AI 生成一些可能侵犯他人著作权，甚至人身权益的内容。这也正契合了星新一通过作品想要传达的思想：科技就像一把双刃剑，技术在为社会带来进步、为人们带来便利的同时，也暗含了诸多隐患。如果人们过度依赖科技，不计后果地滥用科学技术，最终可能会带来机器的失控、人类主体性的式微，并导致一系列毁灭性的后果。

星新一通过对科学技术的思索、对未来世界的想象，将全人类视为一个整体，警示我们要对自身行为和社会发展进行反思，当下的任何决断都有可能影响到人类今后的命运，我们必须为自身的行为负责。①

### （二）人性：真善美与假恶丑的互搏

从星新一的诸多作品中可以看出，他对于人性多持批判态度，其故事也重在表现人自私自利、贪得无厌的阴暗面，并通过巧妙的情节设计来达到一种警示、告诫的作用。在科技文明飞速发展的时代，人类只有正视自身的缺陷，用道德和理性约束自己的行为，才能让社会持续发展、实现人类文明的延续。

在星新一的作品《宝岛》（1972）中，描绘了这样一个情节：企业家阿勒先生与秘书在海边度假休息，并商讨公司下一步的经营规划。二人偶然在海边发现一个装着地图的奇妙瓶子，在这急需为公司筹集资金的关头，瓶中的地图让阿勒瞬间联想到众多冒险故事中的藏宝图。在经过一番利益权衡后，二人开始根据地图的线索寻找目的地。经过数日的探索、途经千难万险，终于抵达目的地的二人，却发现这只是港口修船店老板的宣传手段。

这与星新一的众多精彩作品相似，紧凑的情节吸引着读者继续品读，而结局却像欧·亨利的小说那样让人意想不到，但回顾全文，又会发现处处都是引向结局的线索。值得注意的是，在《宝岛》中，老板和秘书二人的性格主要通过对话表现。例如，在二人发现洞穴墙壁上的地图时，秘书的第一反应是想要将墙壁上的图案擦掉，以防其他人发现宝物。单单一句话便将人的自私自利展现得淋漓尽致。在故事的后半部分，主角二人也曾怀疑过地图的真实性，对此，老板阿勒说："单凭这样精心的安排，足以表明宝物是相当可观的。""要是功亏一篑放了手，就难免要后悔一辈子了。"② 笔者认为，这句话既是阿勒在说服秘书，也是在说服自己。因为截至目前，二人已经付出了太多的时间、金钱成本，如果这时候放弃，于情于理都难以接受，同时，由于二人在途中已经损

---

① 王磊. 现实和理想的接点——星新一死亡题材作品内涵评析［J］.解放军外国语学院学报，2008（3）：106-108+114.

② 星新一. 一分钟小说选：续集［M］. 于雷，等，译. 沈阳：春风文艺出版社，1985.

失了很多财物，一种赌徒心理也驱使着阿勒坚持到终点。这也反映了许多人在遇到困难时的侥幸、投机心理。

在故事的最后，修船工的自述也十分耐人寻味。维修店之所以用这样带有欺骗性质的宣传手法，顾客依然络绎不绝，就是抓住了人们不愿将自己上当受骗的愚蠢一面展露给他人。星新一通过修船工的口述，批判了人们"打肿脸充胖子"式的虚伪。

除了《宝岛》(1972)，星新一在小说《洪水》(1983)中，借神明之口表达了对"性格轻率、极端利己、喜欢随声附和"者的厌恶，并通过巧妙的情节设计，让这一部分人消失在了洪流中；在曾被纳入中小学教材的作品《喂——出来》(1958)中，人们为了一己私利，将对自己不利的任何东西一股脑地丢进黑洞之中，同样展现了人性的贪婪与自私。星新一也并未对人性全盘否定，他也认可人性真善美的一面，并在作品中也有所体现。

《宏伟的计划》(1971)讲述了主人公三郎被R公司相中，R公司委托他执行一项"宏伟的计划"——去K公司做间谍。三郎带着任务进入K公司后，表现出了超乎常人的热忱和激情，间谍工作始终激励着他克服困难、努力向上，乃至成为干员女儿的好丈夫、当上公司经理、接触公司机密、掌握公司的生杀大权……在故事的最后，他幡然醒悟：难道自己多年来呕心沥血的努力，就是为了把K公司搞垮，在R公司再谋个一官半职？这或许远比不上现在在K公司创造的成果。于是三郎抛弃"间谍"身份重获新生，真正成为K公司受人尊敬的干员。

这篇小说相比于上述的几篇小说，对于人性的表现更加的矛盾，也因此深入人心。起初，接受间谍任务的三郎更多是为了展现自身才能、获取R公司可能带给他的丰厚回报。这一方面表现了R公司为了赢得竞争、获取利益而不择手段的行为，也表现了资本主义工业社会对人自身价值的异化，即三郎在K公司的一切激情努力与奋斗，乃至自己的婚姻，都是为了达到击垮K公司的扭曲目的。故事的前半部分，作者并没有像常见"谍战"小说那样，浓墨重彩地描绘间谍行动的紧张刺激、尔虞我诈，而是以三郎在K公司饱含热情、摸爬滚打的励志场景，同他最初见不得光的卑劣动机形成了鲜明的对比，从这里不难看出，作者对于工业时代背景下，社会对工具理性的过度偏向、对人的情感与精神漠视的现状的批判态度。

而"矛盾"之处则尽数体现在了故事的结局。尽管三郎的间谍行动十分顺利，但他在一次次的努力拼搏与咬牙坚持中，心境逐渐发生了变化。他在K公司中呕心沥血，付出了真情实感，K公司也毫不辜负他的努力，为他提供了实现自我价值的平台。当他意识到这一系列事实之后，所谓的"间谍计划"当即变得不再宏大，反而显得无关紧要了，因为真正"宏大的计划"，已经在他找寻到自我后完成了。

由此观之，星新一在小说中，既对人性自私自利、贪婪无度、虚伪自大的一面加以批判，同时也肯定了人性之中善良、真诚、坚持的一面，并对之抱以希望。星新一对人性的批判，更多是为了警示人们，在机械文明时代，如果对自己的行为不加以约束，肆意妄为，将会自食其果。

### （三）死亡：顺应规律与残酷的平衡

通过阅读星新一关于死亡的作品，可以发现，星新一对于死亡的见解具有两大特征，既有深刻的日本民族特色，也包含了丰富的现实主义色彩。

《梦与对策》（1956）是星新一在《艾诺氏的游园地》（译自讲谈文库1956年版「エヌ氏の遊園地」）上发表的一篇关于死亡的作品。这篇小说讲述了上班族艾诺氏在梦里预见自己将会在一次空难中死亡，他为了自保便拒绝了出差。当梦中预见的时间终于来临时，本以为自己逃过一劫，在家中饮酒庆祝的艾诺氏突然发现，坠落的飞机正朝着他房间的方向撞来。

这篇小说非常直白地展现了作者面对死亡的冷静与坦然，正如艾诺氏的遭遇那样：死亡的来临是不可避免的，只有顺其自然、坦然面对才是明智之举。之所以说星新一的生死观具有日本民族性，从整个日本文坛就可以看出：日本人似乎对死亡主题有着独特的偏好。例如，三岛由纪夫在《金阁寺》（1956）中对毁灭的描写，川端康成在《雪国》（1948）中用大量笔墨描绘叶子的死亡场景。而在现实生活中，三岛由纪夫和川端康成二人也先后自杀。[①]这样重视死亡的民族性也并不是从第二次世界大战后开始的，最早可以追溯到日本战国的"武士道"精神，这种精神强调献身与礼义，并以杀身成仁、舍生取义为光荣之举。可以说，星新一生死观的形成，与日本民族文化对死亡的崇尚有着密不可分的关系。

除日本民族性以外，星新一的对死亡的看法在很大程度上受到第二次世界大战后日本现实社会的影响。第二次世界大战以后，日本经济获得了飞速的发展，跃居世界第二大经济体。但物质的丰富并没有带来想象中的自由与美好，利益至上、充欲主义、享乐主义的风气却席卷了整个日本。同时，父亲的离世、坎坷的继任、公司倒闭，也让星新一看透了人情冷暖，拥有了更为敏锐的洞察力。

星新一对于死亡、和平、幸福三者的关系有着独到的感知。在《幸福的公式》（1983）中，星新一探讨了战争与和平、幸福与死亡之间的关系，并借主角之口得出"幸福总是和大量的死亡连在一起"的结论。在《生活维持省》（1961）中，星新一描述了一个没有竞争的美好社会，但这样的社会却是建立在需要定期随机杀人以维持现有人口平衡的残酷制度之下。在星新一的诸多死亡题材作品中，和平、安定与幸福的生活往

---

① 余娇娜. 日本文学中死亡意象的心理分析［D］. 北京：北京林业大学，2007.

往建立在另一部分人的不幸甚至死亡之上，现实世界规律运转的残酷性如数尽显。从《殉教》（1961）等作品中，还能看出星新一对死后世界的向往之情。

## 结语

通过上文对星新一作品中科幻要素的分析，可以发现，星新一的科幻小说无论题材、剧情如何不同，往往反映的都是人类共同面临的问题，也就是前文提到过的"普遍性批判"。借助天马行空的科幻情节与犀利的语言来批判社会现实，正是星新一最拿手的写作技巧。

例如《宝岛》（1972）、《宏伟的计划》（1971）、《喂——出来》（1958）等作品，通过对人性透彻的揭露，表达了作者对资本主义社会道德沦丧的批评，而人性中的自私自利、唯利是图正是阻碍社会健康发展的原因；在《确认机》（1983）、《殉教》（1961）、《奇妙的花朵》（1999）中，作者通过千奇百怪的发明物来表现科技的双面性对人类社会的影响，深刻表达了他对于机械文明、人类未来命运的担忧，但这种担忧并非针对科技本身，更多的是对科技的使用者的担忧。科技就像一把利器，用它来守护还是伤害，取决于操控者的意图；在《幸福的公式》（1983）、《梦与对策》（1956）、《生活维持省》（1961）等作品中，星新一还探讨了死亡的意义，展现了他富有日本民族性的生死观。此外，在星新一诸多描写死亡的作品中，"死亡"这一要素常常被用来刻画商业文明高速发展的背景下，时代与社会展现出的弊病、人性的阴暗与丑恶等。

综上所述，星新一通过科幻作品的创作，揭露和批判了商业时代与日本社会的弊病，并对科技的快速发展、民族的未来提出担忧。这些作品警醒着我们，在物质文明不断丰富的当下，倘若精神文明没有足够的积累与进步、人们无法约束自己本性，对自己的行为负责的话，再先进的科学技术也可能带来混乱与灾难。可以说，星新一的作品，不仅是日本文坛的瑰宝，更是全人类的精神财富。

# 从阿德勒个体心理学视角看《人间失格》
## ——围绕主人公大庭叶藏进行分析

北京第二外国语学院日语学院　郭宏福[①]

[**摘要**]《人间失格》是太宰治的代表作之一。作者通过细腻的心理描写，成功地刻画了一个精神状态失衡、生活混乱的青年形象。因此，从心理学的视角可以更深入地解读这一人物形象。借助阿德勒的个体心理学理论，通过剖析《人间失格》中主人公大庭叶藏的人物形象，探究自卑情结对人物性格产生的影响及其主人公最终走向毁灭的深层原因，以冀给读者带来一些新的思考。

[**关键词**] 阿德勒个体心理学，人物性格，自卑情结，《人间失格》

## 引言

作为"无赖派"作家太宰治最具代表性的作品之一，1948年《人间失格》一经发表，便受到了极高的追捧。战后的日本社会混乱动荡，而该作品成功地刻画了身处其中的人们身上的病态心理。除此之外，《人间失格》作为一部经典作品所具备的恒常的价值，在于它细致真实地描写了一个普通的孩子如何由于自己存在的心理问题，而导致的一步错，步步错的错误人生抉择的累加的生活样式。

本文笔者认为，《人间失格》主人公大庭叶藏破碎的一生，始于童年时代家庭造成的影响引发了大庭叶藏的自卑情结。这是童年时代受过家庭创伤的人所存在的较为普遍的心理问题。但主人公大庭叶藏一步一步走向深渊的根本原因，则是缺乏一种"被讨厌的勇气"，根源于他未能主动地跳出被动的社会环境使自己振作起来。以下，本文将结

---

[①] 郭宏福：北京第二外国语学院2021级硕士研究生，研究方向为日本文学。

合阿德勒个体心理学对《人间失格》进行研究与分析，探究自卑情结对于主人公人物性格的影响，以及在自卑情结笼罩下并未能振作起来直接参与自己命运的人物形象。

## 一、阿德勒个体心理学及自卑理论概述

阿尔弗雷德·阿德勒（1870—1937），奥地利著名的精神病学家。阿德勒开创了个体心理学，被誉为"现代自我心理学之父"。

与弗洛伊德注重无意识、过分强调性本能的主张不同，由阿德勒创立于20世纪初期的个体心理学更加强调意识的作用。阿德勒不赞同弗洛伊德的生物本能决定人类一切行为的观点。阿德勒认为，真正的个体生活决定于在面对外在世界抛来的问题面前，人是如何去努力的，有没有主动加以克服。人是有能动性的，个体可以按照自己憧憬或虚构的目标有选择地看待生活中的经验。个体心理学理论主要有自卑情结与自卑情结的补偿理论、社会兴趣、创造性自我理论等。

其中，自卑理论认为，社会生活的复杂性会导致个体的自卑情结，因为在复杂的社会生活中，个体往往会意识到自己的渺小与无力。实际上，每个人内心深处都隐藏着自卑情结，人们长期处激烈的竞争、高压的环境下时，更容易产生心理落差，否定自己，从而激发隐藏于心中的自卑。同时，阿德勒认为，自卑感本身并不是变态的，它们是人类地位提高的原因。我们每个人都有不同程度的自卑感，因为我们都发现我们自己所处的地位是我们希望加以提升的。[1]

## 二、主人公大庭叶藏的自卑情结

阿德勒认为，"自卑情结指的是一个人在面对问题和困难时无所适从的表现"[2]。大庭叶藏出生于大地主家庭，虽然家庭富裕，但他从小缺乏家庭的温暖。与父母双方长期陪伴在身边的孩子相比，大庭叶藏的家族是一个古板的旧式家族，父亲公务繁忙，再加上大庭叶藏是家中最小的儿子，所以一直处于被忽视的状态下。虽然处于被忽视状态，但父亲的影子一直若即若离般地出现在大庭叶藏的四周。在旧式家庭中，父亲象征着一切，大庭叶藏的人生一直也处于父亲的影响下。《人间失格》中，谈及父亲，大庭叶藏认为那是一个"一刻也不曾离开我心田、既熟悉又可怕的存在"[3]。

---

[1] 阿德勒.自卑与超越[M].完整全译本.曹晚红，译.北京：中国友谊出版公司，2017：45-49.
[2] 阿德勒.阿德勒的智慧——阿德勒人格哲学解读[M].刘烨，曾纪军，译.北京：中国电影出版社，2007：104.
[3] 太宰治.人间失格[M].陆求实，译.南京：江苏凤凰文艺出版社，2018：99.

相较于时常如威压一般笼罩在大庭叶藏头上的父亲，《人间失格》中关于大庭叶藏母亲的描写则屈指可数，细读全文，"母亲"的身影一共出现过四次：第一次是叶藏听到父亲对母亲说起叶藏偷偷修改父亲记事本的事情；第二次是叶藏回忆起跟随母亲去往东京的途中发生事情；第三次是大庭叶藏的自白，认为即使自己遇到问题，也无法向父亲或母亲揭露；第四次就是母亲向下人们询问演讲会的情况。可以发现，关于母亲的描述，文中均是一笔带过。相较于若即若离的父亲形象，大庭叶藏心中关于母亲的形象，则是完全的疏离。具有讽刺意味的是，叶藏虽然是在女人堆里长大，却一直觉得女人是最让人难以理解的。正如大庭叶藏在自白中所说的那样，"即使是父母，也时常展现出一些令我匪夷所思的本性"①。可见，大庭叶藏无法理解自己的父母，同时，亲人也从未成为大庭叶藏内心的精神支持。

大庭叶藏家族也从未给予他温情，带来的尽是恐惧，书中有这样的描写：

> 在我乡下的老家，每到用餐时间，全家十几口人全数到齐，面对面相向坐成两排，围着桌上丰盛的饭菜，身为家中老幺的我，自然只能坐末座。吃饭间里光线暗淡，吃午饭时，十几个人全都默默不语，专心一意地扒着饭，那光景我回想起来总是顿生寒意。②

（太宰治，陆求实译，2018：8）

> 我家属于乡下那种古板守旧家庭，菜色几乎一成不变，别指望会出现什么珍馐或是豪华大餐，所以我愈加对这一刻感觉恐惧。我坐在昏暗屋子的末座，因寒冷而浑身打战，一点一点将饭送至嘴边，塞入口中，心中却在暗暗思忖——人为什么非得每日三餐不可呢？有时我甚至想：用餐时每个人都一脸严肃，宛如某种仪式，全家人每天三次准时聚在昏暗的屋子里，秩序井然地摆好饭菜，即使毫无食欲也必须低头默默地嚼着饭菜，这或许是在向隐伏在家中的亡灵们祈祷吧？③

（太宰治，陆求实译，2018：8—9）

可见，由于缺乏爱与归属感，再加上长期处于高压的环境下，形成了大庭叶藏回避型的生活风格。回避型的生活风格表现为一个人不愿面对生活中的问题。出现问题与危机时，他们缺乏解决问题或危机的信心，总是试图回避困难，由此来避免任何可能的失败。在书中，他曾这样自白：

---

① 太宰治.人间失格[M].陆求实，译.南京：江苏凤凰文艺出版社，2018：17.
② 太宰治.人间失格[M].陆求实，译.南京：江苏凤凰文艺出版社，2018：8.
③ 太宰治.人间失格[M].陆求实，译.南京：江苏凤凰文艺出版社，2018：8-9.

> 对人类，我始终心怀恐惧、战战兢兢，而同为人类的一员，我对于自己的言行举动更是毫无自信，只能独自将懊伤偷偷锁进心中一隅，抑郁、神经质，统统深藏起来，同时装出一副天真无邪的乐天模样，逐渐将自己改造成一个装疯卖傻的怪人。①

（太宰治，陆求实译，2018：11）

关于回避型生活风格的成因，阿德勒认为个体在童年时代被忽视的经历对于此类生活风格的形成有着很大的影响。他们的愿望往往被父母和成人所忽视，他们的成长过程中总是缺乏必要的关注，而这一切，最终使得儿童感到自己毫无价值，也使得他们经常以怀疑的眼光去看待世界与他人。

此外，通过对《人间失格》的细读，我们能够发现一些贯穿主人公大庭叶藏一生的心理现象，这些心理现象表现为主人公的欲爱、压抑与孤独。

### （一）欲与爱

在书中，大庭叶藏多次被他人预言"会变得很受欢迎"。于是女性人物在《人间失格》中十分常见，与女性的交往成了一场自卑情结与优越感的角逐，欲与爱似乎成了大庭叶藏自卑情结的试金石，然而他拒绝直面问题，敏感多疑又难以沟通，频繁地爱不同的人。太宰治借来表现主人公的自卑，这种爱恋常常会因为主人公的敏感多疑而潦草收场。

最终，大庭叶藏企图通过找娼妓来逃避现实。因为在这些女人身边，他发现自己似乎得到了前所未有的放松：

> 她们的欲望少得可悲，近乎无欲，也许从我身上感受到一种或许是同类的亲近感，娼妇们总是向我展示出不加虚饰的极其自然的善意——没有任何算计的善意，没有任何强迫的善意，对一个兴许下次再也不会光顾的客人的善意。有几个夜晚，我甚至从这些犹如白痴或狂人的娼妇身上，真真切切看到了圣母玛利亚的光晕。②

（太宰治，陆求实译，2018：31—32）

### （二）酒

阿德勒认为，无法直面困难的人会选择用酒为自己找寻安慰和借口。《人间失格》

---

① 太宰治. 人间失格［M］. 陆求实，译. 南京：江苏凤凰文艺出版社，2018：11.
② 太宰治. 人间失格［M］. 陆求实，译. 南京：江苏凤凰文艺出版社，2018：31-32.

中，大庭叶藏自从中学时代与堀木正雄相识，便亦与酒结下了"不解之缘"。小说中，堀木正雄第一次带叶藏来到画塾附近的小酒馆，虽然环境陌生，大庭叶藏心里惴惴不安，但神奇的是，喝过廉价的啤酒后，大庭叶藏第一次感觉好像得到了解脱。"两三杯啤酒下肚，不知不觉地，却莫名地感觉到有一种仿佛解放了似的轻松。"① 至此，大庭叶藏的人生与酒紧紧地结合在了一起。为了买酒，他开始频繁出入当铺，不惜典当家中的物品买酒。大庭叶藏认为，"烟、酒、娼妇都是转移和排遣对人间恐惧的绝好手段"②。

### （三）病与"药"

疾病是一个人状态失衡的最直接反映。大庭叶藏抑郁愁苦，疾病缠身，并且时常处在外部环境的重压之下。作为三流漫画家，由于身心俱疲，叶藏无法高效率地进行创作。此时的他仍在通过酒精来麻醉自己。之后，在老板娘的劝说下，大庭叶藏企图通过吗啡来逃离酒精。当大庭叶藏发现吗啡可以让自己经常处于兴奋的状态时，他忽视了老板娘对自己的嘱咐，为了提高创作效率，使用吗啡越来越频繁。最终，大庭叶藏完全染上了毒瘾。

## 三、失败的自卑情结补偿

阿德勒认为，自卑情结不是一种变态的象征，自卑情结是每个人与生俱来的，只是程度不同而已，在这个前提下，人们本能地渴望改变现状。当个体面对自己无法应付的处境时，自卑感便顺境而生。自卑感往往会附加带来种种负面情绪，例如焦虑、紧张等。当负面情绪出现，个体会寻找补偿方式来试图超越这些负面情绪。

上述的补偿又分为失败的补偿与成功的补偿两种。所谓成功的补偿，它建立在对生活意义正确理解的基础上，通过脚踏实地的努力以改善自己所处的环境，在个人获得成功的同时也对团体和社会做出贡献；失败的补偿是指个体放弃了改变环境的希望，在困难面前彷徨、退缩，通过自我幻想和自我麻醉的方式来超越自卑感。但由于引起自卑感的环境并未改变因而真正的自卑感仍旧原封不动，久而久之便形成了一种"自卑情结"。③

自卑情结促使大庭叶藏做出补偿以求超越自卑情结。但《人间失格》中所体现的大庭叶藏所做的补偿，无疑是一种失败的补偿。他以欺骗他人的方式来超越自卑情结。《人间失格》中，大庭叶藏认为：

---

① 太宰治. 人间失格 [M]. 陆求实, 译. 南京：江苏凤凰文艺出版社, 2018：29.
② 太宰治. 人间失格 [M]. 陆求实, 译. 南京：江苏凤凰文艺出版社, 2018：31.
③ 余海超. 浅析阿德勒的个体心理学理论的基本内涵 [J]. 吉林广播电视大学学报, 2009（06）：46-48+72.

管那些做什么，只要能逗人一乐就行了。如此一来，即使我置身于人们所谓的"生活"之外，他们也不会太在意。总之，我绝不能成为人类的眼中之碍，我只是虚无，我是风，是空气——我的这种想法越来越强烈，我假装痴狂用以取悦家人，还有，在那些比家人更加神秘莫测、更加可怕的男女下人面前也竭力装傻卖乖。①

（太宰治，陆求实译，2018：11）

大庭叶藏从小就体弱多病，时常卧床不起。长期独自卧床养病的成长经历养成了他习惯于独自思考的习惯。但由于处在身心发展的敏感时期，自我认知能力尚较为薄弱，再加上鲜少有人与之交流，因此极易对生活产生错误的理解。

上述原因促使年幼的大庭叶藏对世上的人和物所持有的看法与理解往往与众不同甚至是格格不入。因此即使他曾努力尝试改变自身的处境，摆脱自卑，但他采取的补偿方式往往是失败的。《人间失格》中，大庭叶藏回忆道：

夏天，我在浴衣里头穿上红色的毛衣，走在堂前廊庑上，逗得家人笑个不止，连平素不苟言笑的大哥见了也不禁扑哧乐出了声。其实，我并不是不懂得冷热的怪人，岂会大热天里穿件毛衣到处逛荡？我只是将姐姐冬天用的两只毛护腿套在胳膊上，露一点点在浴衣的袖口外，让人以为我身上穿了件毛衣。②

（太宰治，陆求实译，2018：11）

可见，这种行为，已经成了大庭叶藏进行自卑情结补偿的一种自我选择的手段。同样，书中写道：

写作文时，我写的尽是些滑稽故事，被老师批评，可我还是恶习不改，因为我知道，其实老师暗地里也喜欢读我写的滑稽故事。某日，我一如惯常将母亲带我搭火车去东京的途中，我往车厢过道的痰盂里撒尿的丑事（当然，我并非不知道那是痰盂，为了夸张地展现小孩的天真，才故意那么做的）写成一篇作文交上去，很自信地想，老师看了一定会发笑。所以我悄悄跟在老师身后，向教员办公室走去，看到老师一出教室立即从一沓作文中将我的作文挑出来，开始在走廊上边走边看，咻咻地笑。走进办公室大概刚好读完，只见老师脸涨得通红，高声笑出来，还马上将

---

① 太宰治.人间失格［M］.陆求实，译.南京：江苏凤凰文艺出版社，2018：11.
② 太宰治.人间失格［M］.陆求实，译.南京：江苏凤凰文艺出版社，2018：11.

我的作文拿给其他老师看。见到这一幕，我心里觉得十分满足。①

（太宰治，陆求实译，2018：14—15）

大庭叶藏终于获得了满足感，然而，这无疑是一种失败的自卑情结补偿。大庭叶藏逐渐形成了自己的一套应对困境的方法，即通过欺骗他人来获得的所谓的"满足感"。但这种畸形的方法论，并不能真正改变大庭叶藏的处境，无法真正帮助大庭叶藏真正超越自卑。在一次一次的欺骗过程中，在这种不断累积的自我麻醉下，自卑情结只会不断强化，形成一种恶性循环。

## 四、创造性自我的意识与能力的缺乏

阿德勒指出，"经验并不是成功或失败的原因，人们一般不会被经历过的打击所困扰，人们通常只是从其中汲取决定我们目标的事物。我们被我们赋予经验的意义决定了自己：当我们以某种特殊经验来作为自己未来生活的基础时，很可能就犯了某种错误。意义不是由环境决定的，而我们则以我们赋予环境的意义决定了我们自己"②。因此，个人在面对外在环境施加的影响时，并不一定只能被动承受，而是能够积极主动地去应对生活中的各种情况。"能动的意愿"对个人的成长与发展起着决定性作用。

亲情的缺失、高压的环境导致大庭叶藏的自卑心理被激发以及不断深化，直接影响了其自我意识和创造性的缺失，这进一步导致其自卑心理的加剧。《人间失格》中，在大庭叶藏小的时候，有一天，父亲在进京的前夜，把孩子们召集到客厅，笑着问每个人这次回去的时候，送什么礼物比较好，其实大庭叶藏什么都不想要。见大庭叶藏扭扭捏捏的，父亲便问玩具狮子如何，大庭叶藏还是什么也答不上来。大哥说书不错吧，父亲说了声"是吗"，便啪的一声将记事本合上。看到父亲一脸败兴，连写都没写，那天晚上，大庭叶藏怎么也睡不着，怕惹怒父亲，半夜爬起来找到父亲的笔记本，偷偷在笔记本上写下了玩具狮子。大庭叶藏自白道：

别人送我的东西，无论多么不投我所好，我也不会拒绝。对讨厌的事物不敢明说，对于喜欢的事物，也像做贼似的畏畏缩缩、惴惴不安，令我倍感痛苦，而这种难以言喻的恐惧又使我苦闷不已。换句话说我连二者择其一的能力也没有。③

（太宰治，陆求实译，2018：12）

---

① 太宰治.人间失格［M］.陆求实，译.南京：江苏凤凰文艺出版社，2018：14-15.
② 阿德勒.自卑与超越［M］.完整全译本.曹晚红，译.北京：中国友谊出版社，2017：13.
③ 太宰治.人间失格［M］.陆求实，译.南京：江苏凤凰文艺出版社，2018：12.

可见，在面对外界环境的影响时，大庭叶藏并不能坚持自我，只能是一味地被动应付。大庭叶藏亦认为，"日后我的人生之所以'充满了惭耻的记忆'，这种讨厌的癖性可以说是一大原因"①。

"一味地被动应付"还直接体现在关于自己人生之路的抉择上。大庭叶藏本想考取美术学校，但由于父亲很早便打定了主意，让其读高中，日后出仕为官。面对横亘在面前的父亲的叮嘱，大庭叶藏对此毫无反抗之力只能茫然地遵从。在一次次"茫然地遵从下"，大庭叶藏的创造性自我的意识也就逐渐湮没了。

此外，《人间失格》中，大庭叶藏曾自白：

> 不论家人说我什么，我从不顶嘴。他们一句轻描淡写的批评，我却感觉如同霹雳般震撼，几乎令我发疯。不要说顶嘴了，我甚至认为他们的批评一定是万世相传的人类真理，自己没有遵行真理的能力，恐怕从此便不能够与人类同处一片天底下了。所以，我无力反驳，也无法为自己辩解。一旦受人指责，我便觉得完全是因为自己的想法有误，因而总是默默地忍受对方的攻击，内心则恐惧到几乎发疯。②
>
> （太宰治，陆求实译，2018：10）

显然，大庭叶藏一边承受着外部环境的威压，一边选择将自己的自我意识完全深埋，不断地扭曲着自我。创造性自我意识与能力的缺乏，使他不可能参与自己的命运，他只能消极被动地去接受。

## 五、两次融入社会失败导致缺乏社会兴趣

阿德勒认为，人生问题的解决需要一定程度的社会感和人生的紧密结合，以及与他人合作、交流的能力。如果没有这种能力，就会出现各种各样的强烈自卑感以及随之而来的后果。③但通过细读文本便可知，大庭叶藏因为心中的自卑情结，使得他性格较为内向。不愿与人交流的大庭叶藏总是喜欢将自己封闭起来，因为缺少与人交流，缺少他人的引导，缺少社会支持，所以越来越不合群的大庭叶藏的社会兴趣难以培养。社会兴趣的缺乏则会直接导致其自卑情结的加剧。

《人间失格》中，大庭叶藏曾自白：

---

① 太宰治.人间失格［M］.陆求实，译.南京：江苏凤凰文艺出版社，2018：12.
② 太宰治.人间失格［M］.陆求实，译.南京：江苏凤凰文艺出版社，2018：10.
③ 阿德勒.阿德勒的智慧——阿德勒人格哲学解读［M］.刘烨，曾纪军，译.北京：中国电影出版社，2007：49.

> 事实上，我的本性与这种淘气正相反。当时我被家中的男女下人侵犯，悲愤丛集。我至今认为，对年幼的孩童做出这种事情，是人类所犯罪行中最丑恶、最卑劣的，也是最残酷的。但我却忍下了，甚至觉得这让我领略了人类的又一种本性，于是只得无力地发笑。倘若我养成了说真话的习惯，也许我就会很理直气壮地向父母告发他们的罪行，然而，我并不完全了解自己的父母，至于向别人揭露，我压根儿就对这种手段没抱一丝期待。无论向父亲或母亲告发也好，或是向警察告发也好，向政府告发也好，结果还不是听凭那些深谙处世之道的人巧言善辩，指天画地地乱说一通？①
>
> （太宰治，陆求实译，2018：15）

大庭叶藏自幼多病，缺乏与同龄人交往的经历，事实上，家族中的成员以及家中的男女下人构成了他身边的一个"小社会"。而恰恰是这个社会让他"甚至觉得这让我领略了人类的又一种本性"。他没有告状，是因为"他并不完全了解自己的父母"。可见，在家庭这个小社会中，父母的疏离，下人们的龌龊，使得他的第一次融入"社会"注定以失败告终。"我确信结局一定是不公的。归根结底，这种事情诉诸任何人都是徒费口舌，所以我不会说出实情，我吞声饮恨，除了继续装糊涂之外别无他策。"第一次融入"社会"的失败，使得大庭叶藏索性"继续装糊涂"，以消极应对与他人的关系。

幼年时代经历的一件事情，则完全将大庭叶藏的信任之门锁死，使他变得完全拒绝社会。《人间失格》中，大庭叶藏曾自白：

> 父亲所属某政党的一位名人到我家所在的小镇来演讲，家里的下人带着我去剧场一块儿听。剧场里座无虚席，镇上与父亲关系亲厚者几乎全部到场，起劲地拍手助威。演讲结束，听众们三三两两踏着积雪的夜路往家走，一路上将那晚的演讲骂了个狗血喷头。其中不乏与父亲交谊甚笃的所谓"同志"，他们以近乎愤怒的口吻批评父亲的开场致辞一点也不精彩，而那个名人的演讲更是糟糕透了，简直不知所云。而后，这群人顺道来我家小坐，走进客堂间，他们却用一种仿佛喜出由衷的神情跟父亲说今晚的演讲极为成功。就连下人也一样，母亲问演讲会如何，他们竟毫无愧色地回答说："讲得真好！"返家途中，他们明明是一叠声地嘟囔，说再没有比这个演讲更糟糕的了。②
>
> （太宰治，陆求实译，2018：16）

---

① 太宰治.人间失格［M］.陆求实，译.南京：江苏凤凰文艺出版社，2018：15.
② 太宰治.人间失格［M］.陆求实，译.南京：江苏凤凰文艺出版社，2018：16.

"人们的彼此间相互欺蒙，而且不可思议的是，双方竟然都毫发无损，甚至似乎毫不在意彼此的欺骗，如此高明因而也称得上是光明磊落、公平而令人欣愉的人间失信的例子"①，让他不愿意与人交流，他认为"在人类生活中俯拾皆是"。

据阿德勒的理论，"所有失败者——神经病患者、精神病患者、罪犯、酗酒者、问题少年、自杀者、堕落者、娼妓——之所以失败，就是因为他们缺乏归属感和社会兴趣。他们在面对职业、友谊和性等问题时，都不相信可以通过合作的方法来加以解决。他们赋予生活的意义，是一种属于他们个人的意义；他们认为，没有哪个人能从实现目标中获得利益，他们的兴趣因而也只停留于自己身上"②。显然，《人间失格》中，家庭社会没有给予大庭叶藏足够的热情，支持。甚至可以说，大庭叶藏的成长过程中自始至终缺乏与人交流的空间。此外，真实发生在大庭叶藏周围的社会上的种种现象更是无法培养出他的社会兴趣，甚至可以说给予了大庭叶藏在社会兴趣培养层面一次又一次沉重的打击。这一切的一切，都加剧了他心中的自卑情结。阿德勒说过，之所以朝向无用的生命发展，是因为缺乏社会兴趣，缺乏社会兴趣的人就是那些有问题的小孩、罪犯、发疯的人和酒精中毒者。③

## 结语

综上所述，《人间失格》中主人公大庭叶藏由于童年时期缺乏关爱而萌发了自卑情结。但同时，大庭叶藏破碎的一生，与主人公未能正视自我、采取积极的补偿来使自己振作起来有着很大的关系。大庭叶藏渴望超越自卑情结，却采取了欺骗他人的错误的补偿方式；面对自卑情结，大庭叶藏选择将自我意识深埋，采用了一种消极的方式面对外界；融入社会的失败使得他失去了对社会的兴趣，更使自己封锁了起来。正如阿德勒所言，人人都或多或少地持有一些自卑情结。但面对自卑情结，是积极寻求超越，还是消极承受，从这个角度而言，《人间失格》为我们提供了很大的启发。

---

① 太宰治.人间失格［M］.陆求实，译.南京：江苏凤凰文艺出版社，2018：16.
② 阿德勒.自卑与超越［M］.完整全译本.曹晚红，译.北京：中国友谊出版公司，2017：7.
③ 阿德勒.阿德勒的智慧—阿德勒人格哲学解读［M］.刘烨，曾纪军，译.北京：中国电影出版社，2007：208.

# 上田秋成作品中道家思想分析

## ——以《雨月物语》《春雨物语》为中心[①]

**北京第二外国语学院日语学院　张文欣**[②]

[摘要] 江户时代日本盛行老庄注释研究，日本国学家在本国意识形态下吸收老庄思想为己所用。上田秋成不仅受到吸收老庄精髓的贺茂真渊学说影响，晚年秋成本人的思想也更接近老庄"无为自然"等思想。目前国内外对秋成的研究多聚焦于儒佛教和国学思想，对其道家因素研究稍显不足。为明确道家思想对秋成的影响，本文以文本分析方法，考证《雨月物语》《春雨物语》等文本中秋成直接或间接引用道家思想的部分，揭示秋成客观社会批判背后所隐含的道家哲学思想，剖析其对秋成思想构造的影响。

[关键词] 上田秋成，雨月物语，春雨物语，道家

## 引言

上田秋成（1734—1809），日本江户时代后期著名国学者，读本作家。秋成命运多舛，但文学成就甚高，其代表作《雨月物语》被后世誉为怪异小说的顶峰之作，姊妹篇《春雨物语》更被视为其晚年历史观、文学观达到顶点的集大成之作，这两部作品最能体现其批判精神。目前，国内外对秋成思想的研究多集中于儒佛教和国学思想，对其道家因素研究稍显不足。通过研读文本可发现，秋成直接或间接地引用了道家著作[③]来阐

---

[①] 本论文由"北京第二外国语学院研究生科学研究项目"资助。
[②] 张文欣：北京第二外国语学院日语学院硕士研究生，研究方向为日本文学。
[③] 本文论及的"道家思想"主要为老庄思想，必要时涉及《列子》以及道教等内容。

明自己的观点，尤其是晚年之作《春雨物语》受老庄思想影响极为显著[①]。

老子为道家思想创始人，庄子继承并发展老子的思想，后世并称其为"老庄"之学，道家的经典著作有《老子》《庄子》。据资料查证，以典籍为载体的道家思想传入日本的时间推定为5世纪末以前[②]，而关于道家文献在日流传的直接记录，最早见于891年至897年成书的《日本国见在书目录》[③]，尤其在江户时期又出现了众多有关老庄思想的注释、研究成果以及通俗读物，其中贺茂真渊受重老庄之学的渡边蒙庵、服部南郭影响，强烈认同老庄之学并将其融入国学思想中，真渊学中"顺任天地""贵柔和""真心"等都是接受老庄思想的结果[④]，可见道家思想对日本国学影响之大。同时也有学者指出，接受真渊国学思想精髓的"秋成的思想本质是受到了老庄思想的影响"[⑤]。后秋成于1794年移居南禅寺山内常林庵，禅僧对老庄之学的研究，不仅推动江户时期老庄思想的流传，也使得秋成更接近于老庄之学。以下将具体讨论道家思想在秋成作品中的体现。

## 一、自然哲学

日本学者指出："（日本）国学自身便含有老庄思想。（日本）国学与老庄思想的共通点无外乎自然主义。"[⑥] 此强调了老庄之学，尤其是自然观对日本国学的影响。而道家思想中的自然观主要包括人和社会的双重属性，即人的自然本性与宇宙万物的客观自然规律。以下将从两个方面分析道家自然观对秋成自然伦理观的影响。

### （一）个人——自然本性

此处论及的个人自然属性指的是人生来便具有的自然天性，体现为纯粹率直。秋成肯定人的原始本性，屡次论及"直心""真心"，批判"智略"隐蔽下的"私欲"心，提倡"无私心"，为朴素的自然人性论。

首先，见《春雨物语》中《海盗》一篇。海盗"因酒后出言不逊而蒙冤受屈"[⑦] 但

---

[①] 小椋嶺一.秋成与宣长：近世文学思考論序説［M］.東京：翰林書房，2002：404-405.原文：秋成晩年『春雨物語』の思惟の核には、……老荘の思惟が大きく根を下ろしていると考えられる。とりわけ、国学の思惟を反映したものとして解されてきた『春雨物語』は最も老荘の思惟による影響が顕著である。笔者译文：老庄思想在很大程度上影响了秋成晚年之作《春雨物语》的思维核心……尤其是，一直以来被视作体现了秋成国学思想的《春雨物语》，其受老庄思想影响最为显著。

[②] 张谷.道家思想在日本的传播和影响［M］.北京：人民出版社，2013：13.

[③] 张谷.道家思想在日本的传播和影响［M］.北京：人民出版社，2013：24.

[④] 张谷.道家哲学对日本近世复古神道的影响——以贺茂真渊、本居宣长为中心［J］.日本问题研究，2013，27（02）：15.

[⑤] 日本文学研究資料刊行会.日本文学研究資料叢書：秋成［M］.東京：有精堂出版，1972：302.

[⑥] 近衛典子監修・解説.秋成研究資料集成：第十一卷小説論文集［M］.東京：クレス出版，2003：437-438.

[⑦] 上田秋成.雨月物语［M］.阎小妹，译.北京：人民文学出版社，1990：117.

他"逍遥自在"地漂流海上,"每日思酒则饮,思饥则食"①,任其自然天性,突出表现海盗坦荡率性的原始"纯粹性"。海盗虽被误解,但保持自我个性、快活自由之态;《春雨物语》中,《舍石丸》中主人公为直率素朴的勇士,"身高六尺有余,硕大粗壮,饮酒食物,无人可比"②,是一个豪爽不羁之人。但在与主仆争斗中被家奴误解杀人,不得已逃亡西下,中途幸运遇一国守收留庇护。后见识到小传次惊人绝技后,"拜伏在地""叩头求教",承认自己"愚昧无知"③,这也是其个性坦荡磊落的表现,最终因开凿岩洞被当地人"尊拜为舍石明神","受到举国人民的崇仰信奉"。④总体观之,舍石丸是因其洒脱率真之性才能屡屡化险为夷、化敌为友,最终得到受到全民敬仰的大好结局;最后,末篇《樊哙》中大藏曾"弑父杀兄,图财害命,苟且偷生"⑤,是一个做事不考虑后果、直来直去的莽汉,但正是大藏这种淳朴直率的本性,其后才能改邪归正,入道修行,甚至最终成为"陆奥古寺"的"大圣贤佛",为身边小僧与来寺客僧所敬仰。总体来看,以上两位"狂荡"不羁男性身上的率直质朴个性体现了秋成所倡导的"直心"思想,也暗含着秋成对其自身"狂荡"生活方式的肯定,即保持自我个性,不流于世俗。堺光一指出"秋成所说的'狂荡'即为'顺其本性',按照自己原本之意、自由自在的生活"⑥,"'狂荡'这种生活方式,是贯穿秋成一生、显其本质的生活态度。"⑦这也是前述秋成渴望摆脱世俗束缚、自由自在的体现。

其次,秋成在作品中也屡屡论及"直心""真心",其为对自然本性的不同侧重表达。例如,秋成在《和歌魂》中论及"直心",其语言多参考贺茂真渊的《歌意考》,可看出秋成对真渊思想的吸收。⑧但二者"直心"略有不同,秋成在吸收真渊思想基础上,受老庄禅宗影响,其"直心"为"顺其自然""无私心"的统一,更突显正直淳朴之心。"无私心"是秋成作为宗教思想的"自由人"吸收整合多家学说产生的独特思想,表现为原始自然、率直之性等。秋成在晚年随笔集《胆大小心录》中写道:"自古以来无论智者还是才士,没有无私之人。尧让位给舜,舜又让位给禹,虽是好事,但皆出自私心。"⑨这表达了秋成在个人私欲横行的现实社会中对"无私心"的向往和憧憬。日本学者永田广志指出"老庄的'自然'意味着天地的无为—无意识—无欲的性质"⑩,而秋

---

① 上田秋成.雨月物语[M].阎小妹,译.北京:人民文学出版社,1990:114.
② 上田秋成.雨月物语[M].阎小妹,译.北京:人民文学出版社,1990:138.
③ 上田秋成.雨月物语[M].阎小妹,译.北京:人民文学出版社,1990:144.
④ 同上.
⑤ 上田秋成.雨月物语[M].阎小妹,译.北京:人民文学出版社,1990:184.
⑥ 堺光一.秋成の狂蕩と列子との関係[J].論究日本文学,1963(21):42.
⑦ 堺光一.秋成の狂蕩と列子との関係[J].論究日本文学,1963(21):39.
⑧ 萱沼紀子.上田秋成の思想—国学思想からみた[J].日本文学,1973,22(6):39.
⑨ 李芒,黎继德.日本散文精品咏事卷[M].昆明:云南人民出版社,1999:39.
⑩ 永田广志.日本封建意识形态[M].刘绩生,译.北京:商务印书馆,2003:50.

成的"无私心"与老庄自然观的这种"无欲"性质相通。

如上所述，秋成反对束缚，提倡万物回归自然本性，"直心""真心"等阐述与秋成的"无私心"密切相关，这是一种理想境界，但未必会实现。下文将进一步从天道角度对秋成的自然观作出阐释。

### （二）天道——道法自然

秋成在《呵刈葭后篇》中强调"万物均从自然运转①"（本文笔者译），体现出天地间事物均遵循"自然而然"的规律。秋成一生坎坷，4岁被人送养，5岁患天花，38岁遭遇大火，晚年双目染病。历经艰难世事的秋成，深信"万物均从自然运转"，并于《春雨物语》中多次提到顺应"天意"，这是秋成晚年的处世哲学与救赎之道，隐含其对道家思想的肯定与吸收。

《春雨物语》中多次体现秋成对宇宙自然运转规律的顺从之意，例如《独眼神》中写道"有才无才，上天自有分定"②，对个人的命运、才学等皆突出"天定"之意，某种意义上有顺从自然之道而否定个人主观能动性的消极倾向；《海盗》中码头强行搭建，最终被暴风雨摧毁。秋成认为这是"违反了自然规律的结果，以至于到头来对世间毫无利益"③，特意强调人的行为与自然协调一致的重要性，不能破坏自然的和谐。综上所述，秋成从个人、自然两个层面论述自然运转，突显顺势而为之意。在《老子》第25章"人法地，地法天，天法道，道法自然"④，揭示了人、天、地乃至整个宇宙的基本法则和规律，把自然看作宇宙万物所遵循的根本法则。秋成屡次强调"顺从自然运转"之意与其相通。

晚年的秋成与庄子"自然、无为"思想产生共鸣⑤，秋成一生所遇世事艰难，面对接连而至的不幸挫败，秋成无可奈何，甘愿承受，顺应自然。其晚年的处世之道宛如《庄子》"知其所不可奈何而安之若命，德之至也"⑥般，面对无可奈何之事坦然接受，其为德的极致，秋成亦于此寻求内心的慰藉与超脱。这也是秋成相对于"知其不可为而为之"重执着奋斗的儒家天命观，更倾向于道家（尤指庄子）天命论的原因。

如上通过个人、天道两个层次的自然观，揭示秋成社会批判的道家自然主义色彩——从个人的自然伦理，最后上升到宇宙万物，均应"自然而然"。本章以道家之"水"来阐述其思想深意，下面将从道家思想的另一重要载体"鱼"出发进行论述。

---

① 上田秋成.上田秋成全集：第一卷 国学篇[M].東京：中央公論社，1990：242.
② 上田秋成.雨月物语[M].阎小妹，译.北京：人民文学出版社，1990：127.
③ 上田秋成.雨月物语[M].阎小妹，译.北京：人民文学出版社，1990：117.
④ 老聃.老子·庄子·列子[M].张震，点校.长沙：岳麓书社，2006：8.
⑤ 杜洋.上田秋成思想研究[D].北京：北京大学外国语学院，2011：25.
⑥ 老聃.老子·庄子·列子[M].张震，点校.长沙：岳麓书社，2006：36.

## 二、逍遥无待

道家乐"水",而"鱼"亦为庄子阐述哲学思想的载体,"水""鱼"相合,二者完美诠释了道家精髓。秋成在作品多处表达意欲隐遁避世、渴望逍遥自由的诉求。以下主要论述庄周哲学对秋成的影响。

### (一)逍遥自由

秋成在《白峰》《再诣姑射山》中两次引用《庄子·逍遥游》"藐姑射之山,有神人居焉"一文,以"藐姑射之山"暗喻庄子所谓逍遥游的境界,也就是道的境界①,可见秋成对《庄子》逍遥自在精神的理解与接纳。

《梦应鲤鱼》一篇更直接表明秋成对逍遥自由的向往。关于《梦应鲤鱼》的出典,大多认为其改编自《续玄怪录·薛伟》与《醒世恒言·薛录事鱼服证仙》(以下简称《薛伟》《薛录事》)两篇。其中秋成对人物心理、精神世界的描写多参考《薛录事》②。需注意的是这两篇出典均含有颇多道家思想表达,而后者开篇"庄周曾作蝶,薛伟亦为鱼",更直接表明道家思想的影响,这恰与秋成渴望逍遥自由的精神世界是一致的。

在此对照两篇出典原作,着眼《梦应之鲤》两处改动:其一,主人公身份由官人变为画僧,具有画家的艺术性与僧人的超脱俗世性。实际上秋成本人在现实生活中不善谋生,经商失利,从医失败,屡屡碰壁,而文学煎茶等艺术世界才是秋成心灵慰藉之地。这般身份改动既有与秋成本人重合之影,表明秋成"抛开原作中的社会性、政治性问题"③,聚焦于对个人内心世界的关注,更隐含其摆脱外界世俗烦扰的心理诉求。其二,人化鱼时细节改写。由《薛伟》的人"已鱼服"到《梦应鲤鱼》中人彻底变为鱼,并且把(人化)鲤鱼遨游琵琶湖一节作为中心部分描述④,极具亲自然、任自由之感。实际上,兴义法师为秋成寄托自由诉求的化身,因此才使其彻底化为自由快活的鲤鱼本体,三江五湖任遨游。另外值得注意的是,两篇原作在河伯戒令描写上的差异——《薛伟》中仅有一条勿"纤钩而贪饵"劝诫,《薛伟事》则为两条——勿"纵远适以忘归""昧纤钩而贪饵"⑤,即对遨游范围有所限制,并不真正自由无"阻"。《梦应鲤鱼》中秋成舍二取一,可见对"自由无阻"的倾向。这才使得笔下的兴义(秋成化身)能够不受束缚地、在大自然中"逍遥自在"地遨游,更突显出秋成渴望"自由"之深意。高桥庄次指

---

① 张谷.道家思想在日本的传播和影响[M].北京:人民出版社,2013:37.
② 阎小妹."梦应鲤鱼"与原作中国小说[J].日语学习与研究,1986(2):57.
③ 阎小妹."梦应鲤鱼"与原作中国小说[J].日语学习与研究,1986(2):59.
④ 同上.
⑤ 冯梦龙.醒世恒言[M].哈尔滨:北方文艺出版社,2018:336.

出,《梦应鲤鱼》"证实了《庄子》的自然哲学,为狂荡的世界"①,秋成将《薛录事》开篇道家自由哲学融于文中,如庄周梦蝶般寄托梦境以求短暂自由与精神超脱。

加之,鲤鱼实为道教圣物,文中放生之德与道教"贵生"思想紧密相连,乘坐鲤鱼更为"得道成仙"的标志。简言之,鲤鱼的"鱼水乐"与秋成的"逍遥游"憧憬是紧密相连的,彰显了秋成的逍遥思想。

### (二)隐遁避世

秋成在对逍遥自由的渴求下,产生了远避世俗的诉求。秋成别号"鹑居",晚年亦于垂帘题字"鹑居",挂于草庵屋檐下,而"鹑居"二字出自《庄子·天地》"夫圣人鹑居而鷇食,鸟行而无彰",②意为"如鹌鹑般无固定居所"③。秋成以此为号表明自身漂泊不定的生活,更显隐遁避世之心。

秋成笔下的众多人物也隐含了其退世隐居的精神世界。比如,在《尸首笑颜》中五藏面对家庭和爱情的激烈矛盾时,意欲和宗姑娘私奔隐居"深山野林",把逃避现实作为解决问题的方式;在《贫富论》中更写到一类人与古时贤人,"有一类人,虽品行端正,待人诚恳,却在世间受苦受穷,这便是天生命薄福浅之故","古时贤人,不碌碌为尘世所羁,遁迹山林,清静度日。以修身养性,其心是何等清高,的确令人羡慕"。④以二者为对比,表露出秋成对命运坎坷"受苦受穷"之人的同情与哀叹,以及意欲如"古时贤人"般"清静度日"隐遁避世的心理诉求。更值得注意的是,《春雨物语》结尾也多是落发为僧、出家为尼等,以此来摆脱现实生活。例如《血溅宫闱》中平城天皇自责出家;《尸首笑颜》五藏落发为僧,曾次之妻削发为尼;《宫木之冢》宫木一跃投水;《樊哙》大藏悟佛修行。这些为秋成孤独失意之晚年心境的隐射。现实中秋成不善谋生,因经济问题时常想隐居遁世,摆脱现实生活,在文学中寻求自我解脱。中年秋成遭遇大火,家产尽失,旁人对上田家冷漠至极,后为生计弃商从医,但多次误诊使其悔恨不已,后借口患病,废弃医术隐居于郊外,开始多年的隐居生活。晚年秋成移居京都南禅寺,仍频换居所,颠沛流离。在此期间禅僧对老庄的注释研究亦对秋成产生深远影响,使其更加接近老庄思想。秋成在《史论》中写道:"人各有遇或不遇,吾不论吾不知之命禄"。他将人所遇到的无可奈何的遭遇都认为是"命"……在自然面前人只能屈服。⑤秋成以个体顺应自然规律,平静对待人生接连而至的不幸,但也产生虚无、回避乃至于逃避现实的倾向,这也是其思想局限性所在。

---
① 高橋庄次.雨月物語の神仏習合空間—連作複合詩篇の構想—[J].近世文藝,1989,50(0):28.
② 老聃.老子·庄子·列子[M].张震,点校.长沙:岳麓书社,2006:62.
③ 庄子.庄子[M].牧语,译.南昌:江西人民出版社,2017:183.
④ 上田秋成.雨月物语[M].阎小妹,译.北京:人民文学出版社,1990:89.
⑤ 杜洋.上田秋成思想研究[D].北京:北京大学,2011:136-137.

综上所述，秋成自号"鹑居"，暗指漂泊不定，于艺术与现实的矛盾下意欲疏远世俗。但是秋成追求逍遥无恃的精神自由背后也有虚无、回避乃至否定人的主观能动性的消极倾向。

### （三）狂荡一生

秋成虽屡遭不幸，但为人刚直狂荡。其笔下塑造了数个"狂荡"豪爽的男性形象，虽被世俗误解蒙受冤屈，但最终都以较好或妥善的结局收尾，隐含秋成因刚直个性被周围疏远的苦楚，以及对"狂荡"之下直率本性的肯定，符合其"直心"思想。

先看"狂荡"一词的来源。秋成在《自传》中写道："去乡土、离六亲、废家业者，世谓之为狂荡之人矣"①，这与列子《天瑞》中"有人去乡土、离六亲、废家业、游于四方而不归者，何人哉？世必谓之为狂荡之人矣"②极为相似，可看出秋成对列子思想的接受以及对自身为"狂荡之人"的界定。以下是两处对文本中"狂荡"男性的分析，洞察秋成狂荡直率之生活态度。

友人村濑栲亭曾评价秋成为"狷介峭直"之人，这是对其个性、为人等的精准概括。秋成将学问视为个人的"游戏"，其所塑造的狂荡不羁的男性形象与秋成本人有重合之影，这也是秋成晚年于"寒酸孤独"中聚焦于"人"的钻研，以及自我意识的体现。

## 三、相对主义

从秋成与宣长的论争等发现，其思想中带有明显的相对主义和理性主义色彩。秋成的相对主义思维与庄子《齐物论》相对主义哲学不谋而合。以下侧重齐是非与齐万物两个方面深入分析秋成的相对主义思维在文本中的具体表现。

### （一）齐是非

齐是非是指齐同各家是非之争与差异，是庄子齐物论思想的重要组成部分。秋成在《安安言》中写道："是为必是、非为必非乃大愚，正如先人所言，非中有是之弊，是中有非之弊乃自然常理也。"③（本文笔者译）阐述了是非的相对性，这与庄子《齐物论》"齐是非"的思想相吻合。

在秋成与本居宣长的日神论争中更彰显了"齐是非"的内涵。庄子有言："夫自是而非彼，美己而恶人，物莫不皆然。""夫随其成心而师之，谁独且无师乎？"④庄子认

---

① 上田秋成.上田秋成全集：第九卷 随笔篇[M].東京：中央公論社，1990：270.
② 老聃.老子·庄子·列子[M].张震，点校.长沙：岳麓书社，2006：156.
③ 上田秋成.上田秋成全集：第一卷 国学篇[M].東京：中央公論社，1990：37.
④ 庄子.庄子[M].牧语，译.南昌：江西人民出版社，2017：20.

为是非之争源自"成心",即个人的成见。如果把偏执己见当作判别是非的标准,那么每个人都有自己的标准。① 这是各学派产生是非论争之因。江户时期,国学家本居宣长排除"汉意"(彼),宣扬日本"古道"(我),这种"自是而非彼"的绝对信仰,本质是"随其成心"偏见的体现。秋成对这种自我中心的"成心"提出严厉批判,指出其为"皇国臭气"。秋成质疑宣长"苇原中国"之说,点明论及"我国"(我)与"天地间他国"(彼),齐同"彼""我"是非,为相对化客观论。

此外,庄子指出:"道恶乎隐而有真伪?言恶乎隐而有是非?道恶乎往而不存?言恶乎存而不可?道隐于小成,言隐于荣华。"即大道被偏见所遮掩,正确的言论被夸夸其谈所掩盖。② 秋成与宣长的日神论争,实际上是关于古文献本义之争,而文献本义究竟为何缺乏客观的判断标准,才产生众多随其"成心"是非之辩。因此重要的是不经由是非之途而只是如实地反映自然,即因任自然③,反映事物的实情。庄子也进一步深化,提出齐万物思想,将于下文论述。

秋成虽因相对客观论等被视为国学异端,但是后来其作品中相对主义的倾向得到日本史学家普遍认可。这也说明本居宣长之论有狭隘的民族主义倾向,秋成思想相对更符合时代发展潮流。

## (二)齐万物

齐万物是庄子深化齐是非基础上提出的观点,具体指的是庄子认为万物都是统一、浑然一体的,且都在向其对立面不断转化,因而又都是没有区别的。④ 在《雨月物语》《春雨物语》中多处隐含齐同万物思想内涵,是秋成相对主义思维的延续。

首先,齐生死。生死观也是庄子哲学的重要组成部分,庄子言"方生方死,方死方生",破除了生死的差别与对立,体现了自然之道。《樊哙》一篇,壮汉樊哙一路过五关斩六将,无人能挡,却败在武士手下,实则秋成是有意借武士之口表达自身观点。武士道"生死有命,不期长短"⑤,体现出对生死必然性的接纳以及自然顺命的豁达境界,对樊哙"乞求指教百年长寿之法"⑥的执念不屑一顾,映射秋成晚年生死顺其自然的旷达。另外,《庄子》言"来世不可待,往世不可追也。"即来世往世不可控,强调现世当下的重要性。《二世之缘》中以祈求来世的"徒劳"定助与注重现世的"愉快"老母为对比,突出超越生死执念,重视现世、活在当下的幸福。这种相对认识之下也包含秋成

---

① 庄子.庄子[M].牧语,译.南昌:江西人民出版社,2017:22.
② 庄子.庄子[M].牧语,译.南昌:江西人民出版社,2017:24.
③ 同上.
④ 庄子.庄子[M].牧语,译.南昌:江西人民出版社,2017:17.
⑤ 上田秋成.雨月物语[M].阎小妹,译.北京:人民文学出版社,1990:180.
⑥ 上田秋成.雨月物语[M].阎小妹,译.北京:人民文学出版社,1990:179.

对佛教生死轮回与因果报应说的质疑。其次，齐贵贱。在《二世之缘》中消融畜生道与人道的差异——"做牛马未必是苦差""人间也不净是乐园"[①]，在生死面前万物无贵贱之分。小椋嶺一进一步指出，《二世之缘》否定了人类中心主义，人和动物无差别[②]，强调了万物本质为一。最后，齐善恶。在《春雨物语》末篇《樊哙》中大藏为邪与正、恶与善的对立统一体，更为"妖魔"与"佛心"的相对化表现。大藏先是滥赌欠债、弑父杀兄、拦路剪径，无恶不作，后改邪归正，作为陆奥古寺老法师圆寂。秋成于结尾强调"若收心敛性，人人皆有佛心。若放纵性情，人人皆可为盗贼"[③]。收敛与放纵、佛心与妖魔的对立统一为典型相对主义思维的体现。简而言之，庄子之"齐万物要求放弃任何自我中心的态度，看待万物的自然性与自足性，把是非转化成有无问题，具有从认识论向本体论过渡的意味"[④]。齐万物是齐是非的进一步深化表达，强调万物为一的自然本体。这种万物齐同思想体现了对立统一的相对主义思维，但也带有片面性。秋成的客观相对主义和合理主义是基于现实的思考方式，其中含有出身町人阶级的"现实本位"倾向，但是不能忽视庄周相对主义哲学的影响。

以上从"齐言""齐物"出发阐释庄子哲学思想对秋成的相对主义思维和合理主义的影响。必须指出的是，庄子哲学中含有片面性，也有强调回归虚无、进入虚无的倾向，这对晚年秋成的思想也产生了一定影响。

## 结语

江户时期，道家思想在日本已具备相当广泛规模的传播，研究秋成思想不能忽视对道家因素的探讨。本文分析了秋成接触道家思想的途径，明确了老庄思想对秋成相对主义、合理主义等思维的影响。虽然秋成被视为日本国学"异端"具有特殊性，但是放眼日本国学整体，必须指出的是其本质为对抗儒佛而兴起的一种本国意识形态，其是在日本意识形态前提下对老庄思想的吸收。我们要正视道家思想对日本国学的影响，但也应看到日本国学吸收老庄思想为己所用的本质。

---

① 上田秋成.雨月物语[M].阎小妹，译.北京：人民文学出版社，1990：122.
② 小椋嶺一.秋成と宣長：近世文学思考論序説[M].東京：翰林書房，2002：114-117.
③ 上田秋成.雨月物语[M].阎小妹，译.北京：人民文学出版社，1990：184.
④ 陈少明."齐物"三义——《庄子·齐物论》主题分析[J].中国哲学史，2001（4）：40.

# 大江健三郎《治疗塔》中的根据地思想[①]

北京第二外国语学院日语学院　易馨源[②]

[摘要] 大江健三郎作为日本战后文学的旗手之一，他的作品始终关注"人类应该如何生存"等根源性问题，体现了他对历史的理性批判与反思，以及对人类生存境遇的人道关怀。解读大江健三郎文学作品中的思想内涵的重要线索之一，便是贯彻其整个写作生涯的"根据地思想"。在其第一部冠有"近未来科幻小说"之名的《治疗塔》中，更是直接探讨了在人类社会面临整体性灾难和危机时，建设"根据地"的可能性以及实施方法。

[关键词] 大江健三郎，《治疗塔》，根据地思想

## 一、大江健三郎根据地思想的起源

大江健三郎（1935—2023），日本第二位获得诺贝尔文学奖的小说家。他的文学作品始终体现了战后派作家"文学同其社会与时代具有密切关系"的主张，他的许多作品中都涉及人类社会未来发展困境等相关主题，蕴含着深层的人道主义思想、民主主义思想，具有极强的现实意义和当代性。研究大江文学有一个思想不可忽视，那便是贯彻大江文学作品的终生母题之一——根据地思想。

大江健三郎的根据地思想源于其故乡代代相传的农民暴动故事。人类儿时的生长环境对于其成人后的价值取向和审美取向都会产生重要影响，对于大江健三郎来说亦是如此。大江健三郎出生于日本四国地区一个被群山和森林围拥着的小山村。在日本近代史上，这一带也是农民暴动频发的地区，最有名的两次则是被村民们口耳相传的"内子骚

---

[①] 本文是 2023 年北京第二外国语学院研究生科学研究项目"大江健三郎文学中的根据地思想研究"（2023GS14YB010）的阶段性研究成果。

[②] 易馨源：北京第二外国语学院日语学院硕士研究生，研究方向为日本近现代文学。

动"（1750）和"奥福骚动"（1866）。年少时期的大江健三郎，通过自家阿婆对于这些农民暴动故事的生动讲述，萌发了对于边缘地区民众奋起反抗来自中心的压迫的精彩想象。这些将村庄作为革命根据地的想象，也由此深刻反映到了其文学创作生涯之中。

> 而我，则在边缘地区传承了不断深化的自立思想和文化的血脉。对于来自封建权力以及后来的明治政府中央权力的压制，地方民众举行了暴动，也就是民众起义。从孩童时代起，我就被民众的这种暴动或曰起义所深深吸引。……我曾写了边缘的地方民众的共同体追求独立、抵抗中央权力的长篇小说《万延元年的Football》。这部小说的原型，就是我出生于斯的边缘地方所出现的抵抗。明治维新前后曾两度爆发了起义（第二次起义针对的是由中央权力安排在地方官厅的权力者并取得了胜利），但在正式的历史记载中却没有任何记录，只能通过民众间的口头传承来传续这一切。……这种主题，如同喷涌而出的地下水一般，不断出现在此后我的几乎所有长篇小说之中。①
>
> （许金龙，北京演讲，2000：10）

可见，贯穿大江健三郎创作生涯的"根据地思想"源于其村庄的历史以及其儿时对于革命故事的刺激想象。

大江健三郎最早开始对于根据地这三个字有明确概念，则是来自他十多岁时从战败的日本士兵处听到的关于他们攻打中国八路军的描述。

> 不过，我最早知道根据地还是在十来岁的时候。战败后，一些日本兵（回忆）……在侵华战争中，他们分别与八路军和国民党军打过仗，说是国民党军队没有根据地，很容易打，而八路军则有根据地，一旦战局不利，就进入根据地坚守，周围的老百姓又为他们提供给养和情报，日本军队很难攻打进去。……可是日本的暴动者为什么不在山区建立根据地呢？如果建立了根据地，情况又将如何？这是我一直在思考的问题，并且在作品中表现了出来。
>
> （许金龙，大江健三郎与中国，2020：28）

大江健三郎于1954年考入东京大学文科二类。在东京大学的图书馆里，大江健三郎阅读到了《毛泽东选集》，从而对于建立和巩固革命根据地的方法有了更深的了解。这之后，大江健三郎便开始将根据地思想与自己故乡的农民暴动史结合起来思考，再之

---

① 引用自大江健三郎2000年于北京的演讲内容，由南开大学日语学院副教授王新新整理成文字稿《北京演讲2000》。

后，便有了大江健三郎文学中频繁出现的暴动和根据地。

> 许金龙：……我想知道的是，您在文本中构建的根据地/乌托邦是否是以毛泽东最初创建的根据地为原型的？当然，您在大学时代学习过毛泽东的著作，那些著作里有不少关于根据地的描述，您是从那里接触到根据地的吗？
> 大江：正如你所指出的那样，我在文学作品中构建的根据地/乌托邦确实源自毛泽东的根据地。而且，我也确实在毛泽东的著作中接触过根据地，记得是在《毛泽东选集》第一卷的前半部分。
> 许金龙：是在《中国的红色政权为什么能够存在？》那篇文章里？
> 大江：是的，应该是在这篇文章里。围绕根据地的建立和发展，毛泽东在文章里做了很好的阐述。
>
> （许金龙，大江健三郎与中国，2020：28）

由此我们确定，大江健三郎作品中出现的边缘地带的根据地，起源于儿时听到的农民暴动故事，后来接触到毛泽东的根据地思想以及中国革命的独特模式之后，他在自己的文学世界构建根据地的想法便逐渐变得更加清晰。

在大江健三郎的文学世界里出现了许多根据地，而这些根据地随着大江健三郎本人的思想意识变化以及人生经历的丰富，在不同作品中展现出各种不同的表现形式，并且体现了大江健三郎在不同时期思考的不同问题。

黑古一夫在自己的论著《大江健三郎——文学人生解读》[①]中提到大江健三郎作品中的根据地思想时说，大江健三郎初次提及乌托邦思想是在《乌托邦的想象力》一书之中。同年，大江健三郎还创作了以峡谷村庄为共同体的《万延元年的Football》，此时，大江健三郎文学里的根据地思想开始形成。黑古一夫还提到，在这之后，描写20世纪70年代"联合赤军事件"的《洪水淹没我的灵魂》中首次开始尝试在根据地思想中加入"反国家"的可能性。在《同时代的游戏》中，大江健三郎在根据地中塑造了发现国家边缘性的破坏者，用与中心对立存在的"村庄＝国家＝小宇宙"以反抗"中央集权"。在其之后的《倾听雨树的女人们》（1982）、《新人啊，醒来吧》（1982）、《如何杀死树》（1984）等一系列小说中，大江健三郎开始探索实施根据地的可能性，终于，在其第一部被称为近未来科幻小说的《治疗塔》中，大江健三郎开始搭建具有详细生产模型、精神信仰以及呈现模式的根据地，并且此时大江健三郎作品中的根据地搭建已经指向整个地球。

---

① 引用自黑古一夫注，于进江、林啸轩等译《大江健三郎文学人生解读》。

综上所述，根据地思想作为贯穿大江健三郎文学始终的重要思想，随着大江健三郎的个人人生经历的丰富以及大江健三郎本人对于社会不断变化的观察，在与时俱进，在每部作品中与不同主题交融，构成整个大江健三郎文学中"根据地"谱系。因此，我们在研究大江健三郎的"根据地"思想时，不仅需要独立思考每部作品中根据地的不同构造，还要将它们作为一个整体来进行理解。本文论题以大江健三郎第一部近未来科幻小说《治疗塔》为中心，探究大江健三郎在此作品中构建的具有细节的根据地，并结合大江健三郎整体文学创作生涯，探究大江健三郎文学中根据地思想在不同时期的异同点。通过此研究我们可以更加深入了解大江健三郎文学与中国的渊源，以及其对于人类社会深刻的反思。

## 二、《治疗塔》中的根据地思想

《治疗塔》（1990）是大江健三郎的第一部具有科幻色彩的小说，并且在这部《治疗塔》及其续集《治疗塔惑星》的标题之下都被大江健三郎冠以"近未来科幻小说"的副标题。

故事主要讲述未来世界，由于人类之间的战争以及核电站事故等重大世界性灾难，地球的自然环境被破坏，资源枯竭，粮食短缺，人类中开始大肆流行"新癌症"以及各类传染病，地球陷入前所未有的重大危机，人类生存空间遭到极大挤压，在地球即将到来的危机中，全球各个政府集体选择青壮年以及身体机能良好的精英人才作为"被选者"，将向名为"新地球"的行星"大出发"，放弃被毁坏的地球以及许许多多"落后者"，旨在登陆"新地球"延续人类文明。一方面，被选者在航行向新地球时遭遇种种极端困境，当他们终于到达新地球时，他们发现了建造者不明，但猜测是高于人类智慧的生命所建造的具有神秘再生效果的治疗塔。他们利用治疗塔实现了返老还童，计划重返地球，再次对地球实现统治。

另一方面，留在地球上的残留者（也被蔑称为"落后者"）则陷入不得不和被污染毁坏的地球所共生的局面。残留者们共同努力，在被边缘化的满目疮痍旧地球的基础上，重建社会生产，并且重新选举政治领袖。以墒伯父为首的残留者组成共同体，组建反抗小组带头反抗星际飞船的建设，参与星际飞船设计的工程师繁伯父选择不飞往新地球，而是留在旧地球，在全球范围内实践了他心目中理想的社会生产系统（抛弃高度发达的技术并简化所有繁杂结构的生产系统）。在全地球人类陷入恐慌和混乱状态下，新的世界宗教也应运而生，追求比繁伯父构想社会更加没有构造性关系的乌托邦团体也随之产生。故事以作为残留者被留在地球上的小璃与她的亲戚——作为被选者参与到大出发之后返回地球的阿朔之间的恋情为线索所推进。

大江健三郎的写作主题广泛，却有一些固定主题，比如：政治、核能危机，广岛原子弹受害群体，冲绳人民的挣扎，残疾人的难题，等等。《治疗塔》作为一部具有科幻色彩的小说，顺理成章地将大江健三郎对于人类社会的悲观预想建构成小说中的现实。比如核电站事故、局部核战争、艾滋病、星际飞船计划、地球外生物、宇宙意志等，而这些科幻元素也让大江健三郎在这部作品中搭建的根据地与以往选择与权力中心对抗并发起暴动的姿态完全不同。此作品中被边缘化的是整个地球以及地球上的人类，根据地的领袖人物也是十分具有人文主义精神并且充满哲思和智慧的科学家，以旧地球为中心的根据地采取了更加温和且理想的方式，采用了更为原始的生产方式，没有和权力中心的被选者们发生激烈碰撞，在被选者返回地球时选择将他们纳入自己的生产体系，并且继续自己的生产方式，根据地选择和权力中心相互和解。

放眼大江健三郎整个创作生涯，《治疗塔》中的根据地是极为特殊的存在，分析《治疗塔》中的根据地思想，对于理解大江健三郎根据地思想的嬗变以及大江健三郎本人对于乌托邦的具体构建的想象，都有着极大意义。

### （一）根据地——保障残留者的基本生产和生活

在《治疗塔》中的根据地建设将残留者们从被抛弃的情绪中解脱出来，帮助他们度过大出发后的混乱期，保障残留者群体的基本生存，将他们纳入了一个完整的生产体系，让他们得以自给自足并且维持稳定的生活。

在大出发后陷入混乱期的地球是什么样的？《治疗塔》第二章中有如下描写：

> 在混乱期燃烧起来的运动，只有那个时候才有。……同一时间，非洲饿死的孩子数量一举翻了十倍，连联合国教科文组织的统计机构都瘫痪了。甚至有人说，在非洲，所有的孩子都将死去。世界上到处都是大恐慌。……虽然我是个孩子，但墨西哥大暴动的消息我还记得。在墙伯父被关在警察医院或监狱的时候，我在电视上看过暴动情景。……残留者的掠夺队，没有看守人，因此他们撕破了高电压的铁丝网的路障，放跑了警犬群，想办法寻求自己能利用的原材料和先进的科学机器、研究所人员及其家人的功能化的生活用具，最后将这些洗干净就偷走了。①

全球人口因为饥荒以及传染病而大量减少，民众还爆发出强烈的愤怒，因此全球各地暴乱层出不穷，烧杀劫掠、强奸妇女等犯罪大量增加，并且由于缺乏适当的管制，导致整个社会系统一片混乱，毫无秩序，社会机器完全停止运作。出现了全球性的生产原

---

① 本文中该小说引文皆引用自大江健三郎著的《治療塔》（讲谈社文库，2014年出版），中文书名以及中文翻译皆为本文笔者所译。

材料不足，日本无法进口原材料，并且只要试图重组公司就会发现精英技术人员早已被宇宙船团挖走，成为被选者离开了地球，因此失去精英人才的旧地球上的大学也无法培养出优秀的技术人员。

在这样的高度混乱时期，作为星际飞船的设计者的繁伯父，主动留在地球试图整治人类社会，带领人类社会走向更加原始的生产方式。因此他针对"混乱期"的社会问题，提出了自己原创的生产系统——K·S系统。

K·S系统是更加追求原始实用性的一套生产管理系统。繁伯父一步一步将被抛弃在旧地球的残留者的资源整合起来，并且带领他们实施一个更加原始、技术更加精简的新的生产系统。

> 虽然他并没有就问题表层大加干涉，但用媒体上流行的语言来说，他组织了那些没有被选进宇宙飞船团的研究者，这些人并不是因为年龄问题而成为残留者，而是因为他们是各自领域的二三流人才，因此被称为"吊车尾"。然后他对生产流程进行了全面的重新审查。该生产流程的基本原理将在不久之后，在世界范围内传播开来，那就是冠以繁伯父之名的K·S系统，但其实这套原理十分简单易懂："高专业度的东西，向低专业度的方向发展""难的东西，向容易的方向发展""复杂的东西，向单纯的方向发展""非紧急非需要的设备以及装饰化用途的东西，往扁平化发展""精炼是大敌。""目标：原始的实用性。""未来的期望：小规模城市工厂的分散化。"

事实上，在荒废的地球上设计这样的生产模式源自繁伯父对于人类技术发展的怀疑。以下为《治疗塔》第一章中繁伯父所言：

> 到目前为止，一味地进行技术加速真的是必要的吗？我认为我们必须和这种倾向逆行。……技术的发展带来了什么？只有地球环境的污染和资源的浪费。技术的发展，产生了怎样的人？诞生了那些不仅不能通过自己的劳动来丰富自己的灵魂，而且还把"残留者"们抛弃在核战争后被放射能包围的地球上，用星际飞船逃到宇宙的被选者们！

（《治疗塔》第一章）

在病中的繁伯父设计并实施了K·S系统并且呼吁全体残留者找回最原始的生产工作精神，帮助残留者恢复生产，找回稳定生活，将世界从混乱期的饥荒和困顿中拯救出来，为残留者提供了最基础的生活保障。除此之外，他还组织了一场重建运动，引得其他国家纷纷效仿,将全球残留者集合成一个共同体,而这个残留的旧地球则是他们的根据地。

### (二)根据地——给残留者提供精神上的疗愈

《治疗塔》中的根据地还具有极强的乌托邦色彩,帮助残留者从混乱无序的愤怒之中走出来,让残留者形成精神上的共同体,构造属于残留者的精神根据地和独特的宗教信仰。

因自身宗教领袖人物作为"被选中者"参与大出发,而老弱病残的信仰者责备抛弃在旧地球而心生怨恨的原宗教信徒们,因此无法再做到如从前般虔诚,为了疗愈自己的精神和心灵以及维持自己对宗教最后的信任,只能做到自发性地祈祷、简化教义、简化仪式、简化戒律。而这种"简化教义、简化戒律"的宗教变革也成了繁伯父重建地球、为残留者建构根据地的重建运动的重要一环。紧接着,便诞生了将全球有信仰的残留者的精神世界团结到一起的精神根据地即世界宗教。这是残留者们不满那些飞往新地球的宗教领袖而自己创造的,将所有宗教合并的,教义简化的融合式宗教,他们为"地球上所有残留者的未来"祈祷,试图治愈残留者们的精神世界:

> 另一方面,世界宗教诞生了。据说这是一种像戈布林挂毯一样的宗教。如果我们仔细观察,会发现在这种宗教里,所有宗教的简化教条交织在一起,全人类的传统情感似乎形成了挂毯之地的颜色……我希望这将成为世界上所有落后者人民的共同祈祷。
>
> (《治疗塔》第七章)

建设K·S系统的繁伯父的朋友塙伯父是抵抗小组的领袖,抵抗小组是公开反对被选中者进行大出发的团体之一。抵抗小组在旧地球根据地中承担游击队职责的部分,也充分体现了大江健三郎在此作品中受毛泽东根据地思想的启发。

主人公的未婚夫阿朔作为被选者因与抵抗团体有过密交往,被自己所属的星际公社追捕,不得不逃往抵抗小组的残留者们组建的根据地——"北轻井泽的农场",并在这个农场过上隐居生活。这是一个没有任何构造性关系的绝对平等的乌托邦,在这里所有人都能够通过完全自给自足的生活方式,忘记被抛弃、被划分为劣等人群的痛苦,以获得心灵上的平静。

抵抗小组的成员和抵抗小组的领袖——塙伯父持有同样的对科技发展的悲观理念,并认为这种原始共产主义的共同体才应该是社会发展的走向。

这又何尝不是大江健三郎在《治疗塔》中试图构建的自己心目中理想的乌托邦和根据地呢?在《治疗塔》中,整个旧地球被边缘化,成为残留者们的根据地。大江健三郎为旧地球上的残留者们设计了具体的原始的生产方式，以及结合全人类信仰而形成的世界性宗教，创造近乎理想的原始共产主义共同体，都是为了解救全地球民众的物质困顿和精神灾难，从而能够让地球上的残留者能够更好地团结起来，形成一个联系紧密的"人类根据地"。

大江健三郎的文学世界中一直以来的根据地都是以边缘群体反抗中央权力为核心的，但在《治疗塔》中，主要强调了在抵抗之前，怎样在生产和精神以及制度上建设根据地的问题，并且大江健三郎在这三个方面都给出了答案。大江健三郎一直以来对核问题都十分关注，这也直接反映了其对人类社会科技发展所将导向的毁灭性结局的悲剧性预测。在《治疗塔》中，大江健三郎直接通过建设残留人类的根据地而提前给出人类社会遭受毁灭性打击之后的解决方案。

## 三、大江健三郎作品中不断发展的根据地

大江健三郎在他的整个文学宇宙中创造了许许多多的"根据地"，这也成为解读其文学世界的重要思想。除了在《治疗塔》中，大江健三郎提出了搭建人类共同"根据地"的乌托邦式解决方案，早从《万延元年的 Football》开始，大江健三郎便开始在作品中表现自己的共同体思想。在这之后的大江健三郎文学作品中也开始出现各种变体和各种形态。

大江健三郎的根据地思想起源于他内心对于共同体的一种渴望。在《万延元年的 Football》中，大江健三郎给小说主人公取名"根所"，大江健三郎在《面向未来的记忆——自我解释（四）》中说道："我考虑到在四国森林中的村庄里，曾经构成坚固的以共同体为中心的家系……在那里，作为作家的我，一直潜在地渴望对我而言已经失去的、最重要的共同体，将其以小说形式表现出来。"

从《个人的体验》中可以看出，大江健三郎对于根据地的期待："残疾可以被看作一种个性而被他人真正认同，作为人类能够平等地生存下去的社会典型。"其实大江健三郎的根据地思想源于他自身与残疾儿的共生。

20世纪七八十年代大江健三郎作品中，承载根据地思想的作品主要有《洪水淹没我的灵魂》《同时代的游戏》。在《洪水淹没我的灵魂》中，纯粹反感自己身处国家，因此并不采用暴力革命，而只是企图脱离"国籍"，获得真正自由的"自由航海团"在船上建造了自己的诺亚方舟式的根据地，充分反映了大江健三郎此时的根据地思想中蕴含着他对于反国家的追求以及他对根据地这个驶向希望的小型乌托邦真实实现并不抱有信心，因此在小说最后主人公和自由航海团仍旧被体制所消灭。到了《同时代的游戏》时，大江健三郎在文学作品中构建的根据地思想因为接触到关于中国革命的经验而具有

了更多具体的实操性。第五章中关于修筑水淹敌军的水库、预先储备粮食、设立野战医院以及转送难以救治的伤员这三点分别对应《毛泽东选集》第一卷之《中国的红色政权为什么能够存在？》，以及第六章《军事根据地问题》中所提到的根据地巩固方法："巩固此根据地的方法：第一，修筑完备的工事；第二，储备充足的粮食；第三，建设较好的红军医院。"并且在该作品中，处于边缘地位的村民爆发了和天皇的"五十日战争"，这种反抗中央集权的行为也正是大江健三郎在文学中建设根据地的重要目的。在《别了，我的书！》中，大江健三郎的"根据地"则开始摆脱实体，走向精神和人类记忆领域。他通过互联网建立人类精神的新型根据地，将拥有暴动历史记忆的人们的精神世界联结在一起，从而塑造精神上的共同体，并且积极吸纳能够扩大该精神根据地的新人。在《静静的生活》里，则出现了成员联系更为紧密家庭根据地。而当大江健三郎在写他"最后的小说"《燃烧的绿树》三部曲时，他构建了最为简化的根据地中心活动——集中，而这种集中则导向一种绝对平等的治愈力量。

## 四、根据地思想的现实意义

大江健三郎是一位对于人类社会发展以及人类生存境遇始终抱有严肃态度的作家，他对于历史的理性反思态度，以及他对人类社会理想状态的追求都体现了他作为一名富有战后民主主义色彩的文学巨匠。他的文学世界中的根据地思想则是他对于人本主义以及民主主义的追求的显著表现。在自己的文学世界为被边缘化的、被抛弃的、受到心灵创伤的群体提供一个治愈的母体——根据地，为他们提供重建的力量，也是人道主义者大江健三郎的希望。他的文学作品中出现了各种各样的根据地，但每一处根据地都是为了边缘群体发声，关注边缘群体的心灵困境。他作品中构建的根据地作为乌托邦而存在，为"残疾需要被当成特点"而辩护，为"不分性别年龄，人人平等"而辩护，为"边缘地区的历史也需要得到尊重"而辩护，也为"人类必须为自己技术高度发展所带来的恶果——'核'，而承担后果"而辩护。而这些在绝望中燃起希望的"根据地"，在当今时代环境中，仍对我们每个个体具有警醒作用，同时也是一种治愈人类社会的包容力量。

中日思想史的边界

# 日本"村八分"刍议
## ——试论日本集体惩罚制度的社会文化根源

北京外国语大学日本学研究中心  范晓雅[①]

[摘要] 日本社会中常有集体欺负和集体惩罚现象发生,最为人熟知的是日本社会中的校园霸凌,其根源为日本集体欺负的古老形式,即"村八分"。村八分作为一种乡规民约,其形成和维持离不开具体的社会文化背景,日本的传统村落为村八分的形成和发展提供了载体,自然环境、稻作传统、日本化的儒家文化之外,独特的耻感文化为村八分的进一步发展提供了土壤。尽管当代日本已废除村八分制度,但其仍以校园霸凌等方式延续至今。充分了解和认识日本村八分,有助于正确把握日本文化的特征,能够更好地认识日本社会。

[关键词] 村八分,霸凌,传统村落,耻感文化

## 引言

村八分是日本传统社会下层自治的一种形式,类似于中国传统社会中的乡约,是村民自治的隐形制度。古代社会对于个人的保护分为两种,第一是法律契约;第二是由地理、血亲等形成的隐性契约,共同维护着社会秩序。在现代社会演进的过程中,法律精神的完善虽使法律制度得到根本确立,但仍存在隐形的契约以无形之手运作着社会形态。在当代日本,较为明显的是日本村八分通过校园霸凌等形式存续着。通过对日本村八分的探究,剖析日本村八分产生的社会根源以及文化土壤,有助于全方位、多层次地把握日本文化的特征,从而更全面地认识日本社会。

---

① 范晓雅:北京外国语大学日本学研究中心博士在读,研究方向为日本思想和日本文化。

## 一、日本村八分之古与今

在现代日本校园，经常会出现校园霸凌这一现象。所谓校园霸凌，是指在校园内，强势一方对弱势一方不断从身体和心理上进行打击的行为。校园霸凌形式可分为两种：一种为显性欺负，比如强势者对弱势者施加暴力，或索要钱物；另一种为隐性欺负，即强势者对弱势者施以精神上的侵害，比如孤立、轻视、取笑、中伤等。对于日本儿童来说，"在童年的后期，他日益要放弃个人的满足，其补偿是得到'世人'的赞许和接纳，其惩罚则是遭'世人'的讥笑。……因此，在他整个一生中，被伙伴排斥比挨打还要可怕。……实际上，由于日本社会很少可能保持秘密，'世间'对一个人的所作所为几乎巨细皆知，如果不同意，就有可能把他排斥掉，这绝不是主观想象"①。

据日本文部科学省统计，2019 年度日本全国公立及私立的小学、初中、高中以及特别学校中被认定为校园霸凌的事件高达 61 万多起，创下历史最高纪录。2022 年据文部科学省调查统计，2021 年度被认定为校园霸凌事件的数量为 615 351 件，比 2020 年增加了 98 188 件。多年来，日本校园霸凌现象始终无法根本消除，究其根源，就要提及日本集体欺负的古老形式——村八分。此外，在日本社会各界、各领域，均能发现集体欺负和惩罚现象。这就是本文将要介绍的日本古老的集体欺负形式——村八分。

关于村八分，《大辞林》中这样定义：1. 江户时代以来，在村落进行的制裁之一。对于因违反规约而扰乱村庄秩序的人及其家属，全体村民商定予以绝交。一般来说，葬礼和火灾这两种情况是例外。2. 孤立他人。②

维基百科则是这样定义：所谓村八分，是在村落（村社会）中，对违反成规和秩序的人实施的制裁行为，是居住在一定地域的居民团结起来进行的断绝交往（共同绝交）。转而，指的是将特定的居民从地区社会中排斥，或在集团中排斥（欺凌）特定成员的行为。③

据《国际大百科事典》中所解释，村八分是指：为了维持乡村社会的秩序，绝交处分是作为制裁最显著的惯例。是在全村范围内对户主或其家庭实施的，在违反村或组的共同决定事项、违反共用地使用惯例和农事作业共同劳动的情况下实施。

---

① 鲁思·本尼迪克特. 菊与刀 [M]. 吕万和，熊达云，王智新，译. 北京：商务印书馆，1990：199.
② 松村明. 大辞林（第四版）[M]. 4 版. 東京：三省堂，2019：2681：1. 江戸時代以来、村落で行われた制裁の一。規約違反などにより村の秩序を乱した者やその家族に対して、村民全部が申し合わせて絶交するもの。俗に、葬式と火災の二つの場合を例外とするからという。2. 仲間はずれにすること。
③ フリー百科事典『ウィキペディ(Wikipedia)』(2020/04/19 15:35 UTC 版)：村八分とは、村落（村社会）の中で、掟や秩序を破った者に対して課される制裁行為であり、一定の地域に居住する住民が結束して交際を絶つこと（共同絶交）である。転じて、地域社会から特定の住民を排斥したり、集団の中で特定のメンバーを排斥（いじめ）したりする行為を指して用いられる。

"八分"是成年、结婚、丧事（尸体放置的话会有尸臭甚至引发传染病）、建房、火灾（置之不理的话会延烧）、疾病、水灾、旅行、分娩、祭拜法事十种交际中，除火灾、丧事之外的八种交际断绝。决定对那个家不进行扶助，停止使用村的共有财产和参加村落捐赠。①

由此，可以概括出村八分的含义："村八分"是日本传统中对于村落中破坏成规和秩序者进行消极的制裁行为的俗称。

其次，作为村八分的处理措施及其现状是什么呢？作为村八分的处置措施，会停止其使用"入会地"②，故难以得到柴料与肥料之外，也无法使用属于入会地的水资源，实际上就是无法在村落中生活下去。而且，村落中的法律与秩序并不是合法且客观公正的，而是充斥着自江户时代以来就存在的、是按照地域掌权者的私人主观利益来制定的，可以说依旧是封建的、旧式的，也就无从说起能够维护公平的活动秩序。最终，由于村八分行为给客体带来肉体和精神上极大损害，因此，1909年日本法院判决村八分为恐吓或者损害名誉行为。

关于村八分的骚动事件其实有很多，比较著名的有1952年发生在静冈县上野村的"上野村村八分事件"。③ 在此不做赘述。从这些事件中可以看到，因受到集体惩罚而诉诸法院并得到公正判决的案例，在日本国内并不多见，更多的受害者往往选择逃避、沉默，甚至自杀。鉴于村八分等集体欺负和集体惩罚现象在日本企业、社会团体和校园等多有发生，日本政府采取了一些措施，但短时间内并无显著效果，可见根除难度之大。

而任何一项乡规民约的形成和维持均离不开其具体的社会文化背景，探讨村八分的成因之前，需要先了解日本的传统村落。

---

① ブリタニカ・ジャパン株式会社 編著：『ブリタニカ国際大百科事典 小項目事典』，東京：ブリタニカジャパン株式会社、2007年：「村八分」：村社会の秩序を維持するため，制裁として最も顕著な慣行であった絶交処分のこと。村全体として戸主ないしその家に対して行なったもので，村や組の共同決定事項に違反するとか，共有地の使用慣行や農事作業の共同労働に違反した場合に行われる。「八分」ははじく、はちるの意とも、また村での交際である冠・婚・葬・建築・火事・病気・水害・旅行・出産・年忌の10種のうち、火事、葬を除く8種に関する交際を絶つからともいわれ、その家に対して扶助を行わないことを決めたり、村の共有財産の使用や村寄合への出席を停止したりする。八分を受けると、共同生活体としての村での生活は不自由になるため、元どおり交際してもらう挨拶が行われるが，これを「わびを入れる」という。農業経営の近代化に伴い、各戸が一応独立的に生計が立てられるようになってからは、あまり行われなくなった。

② 入会地（いりあいち）とは、村や部落などの村落共同体で総有した土地で、薪炭・用材・肥料用の落葉を採取した山林である入会山と、まぐさや屋根を葺くカヤなどを採取した原野・川原である草刈場の2種類に大別される。笔者释义：所谓入会地，即乡村、部落等村落共同体所拥有的土地，分为采集薪炭、用材、作肥料用落叶的山林——入会山和采集茅草、盖屋顶用茅草等的原野、河滩——除草场这两大类。

③ 静岡県上野村村八分事件：1952年に静岡県富士郡上野村（現：富士宮市）で発生した、不正選挙の告発に端を発し、告発者一家が村八分にされた人権侵害事件。笔者释义：静冈县上野村庄八分事件是1952年发生在静冈县富士郡上野村（现富士宫市），以不正当选举告发为开端，告发者一家被侵害事件。此外，还有三里冢斗争、新泻关川村村八分事件、爱知县丰田市八草町村八分骚乱等事件。

## 二、村八分产生载体之传统村落

日本的城市化只有近百年的历史。明治维新时,日本全国90%的人口居住在农村。即便是到了20世纪40年代,仍有80%的日本人是在农村出生和成长起来的。明治维新之后,工业的发展,带来了人口向大都市的集中,日本第一次人口的大迁移就是在此条件下进行的。原有的城市格局被打破,大片郊区并入城市,大量的农村村落变成城市的町。在如此剧烈的城市化进程中,日本原有的农村村落最终走向解体,但村落的文化传统并未就此消失,而是随着农村人口向城市大量涌进,强烈地影响着现代日本社会和日本人的社会心态,现代日本社会是在村落传统的浸透下发展起来的。

村落共同体作为传统日本社会的结构要素,始于德川时代在大名支配领地设立的"村"(乡村)制度。明治维新前夕,这样的村落在日本全国有十万个左右。此后,明治政府仿效西方地方自治制度,废藩置县,建立市町村制。其目的之一就是对日本传统的村落共同体进行整合。由于村落作为现代国家的末端行政单位规模过小,明治政府通过一系列的立法和整治,不断推进市町村的合并,并作为日本的基础自治体开始发挥作用。进入昭和时代后,市町村进一步被合并,此后,依据1953年制定的《町村合并促进法》展开的"昭和大合并"确定町村的人口规模要在8 000人以上,今天日本市町村的大框架就是那时确定的。

日本的村落共同体虽然在明治时代以后迭经变动,但始终未能改变原来自然村的自治功能。在探究村八分成因之前,先看一下日本传统村落的管理体制。

首先,日本村落自治管理体制下的村方三役与村寄合制度为村八分的实施提供了可能性。日本村落传统的自治性组织是村方三役和村寄合制度。所谓村方三役,即名主、组头和百姓代,他们是负责村落行政自治的农民官吏。名主即村长,负责管理村落的一应账簿、年租收入、社会治安及一切行政性事务。组头是名主的助手,负责执行、落实具体事务。百姓代为监督职,相当于村民代表,对名主和组头实行监督,在租税方面代表一般村民利益。农村村落的组织形式村寄合即村落集会,是村落自治的最高决议机构。村落的山林、水域、田地,用水的经营、管理、监护,是村落自治的主要内容。在农业管理上,指派耕种、管理官田和村田的劳力,确定插秧期、农休日等,神社是村落的公有财产,也由村落自治组织管理。

其次,为了维持、发展村落的生产、生活,日本村落自治管理中还存在多种多样的内部基层组织。它们形式各异,机能不同,支撑着村落的生存和发展。

在日本传统村落普遍存在的几种基层组织有:村组——最小的村落组织;以地区近邻关系结合的近邻组——如旧藩体制下的"五人组"和明治时期的"伍户组""十户组",第二次世界大战中的"邻组"等;源于宗教的讲组织——日本的"讲"原本为听佛经、祭神佛的信徒集团。基于宗教信仰而结成的讲组织，随着宗教的世俗化，开始以农民相互协作亲睦或经济目的为中心而逐渐演变，成为与地区生活的实际需要相适应的村落"讲组织"。

这些存于日本传统村落中的基层组织有如下功能：一是生活上的互助，例如，义务承担道路、水利、公共设施的建设，义务为各家各户换屋顶，婚丧大事的合作互助，天灾人祸的合作互助，生产资料的共同使用和储备；二是组织生产，如水的利用及灌溉设施的管理，插秧时的互助，公用田的管理，对山林的共同管理，对工作日、休息日的统一安排等；三是信仰上的祭祀。

再次，村落制定了人人必须遵守的行为规范。在传统的地缘关系制约下，村落成员从维护本村落的利益出发，形成了各种行为规范。日本人的村境意识十分强烈，认为村落和村境的形成是神的划分，村落地域是有神灵保护的神圣之地，村内与村外的界线十分严格。村落一般以山、河或村边住户附近为界。村界上挂有大稻草人、草鞋、灵旗、神柱等咒物作为标志，拒恶魔、灾难于村外。很多村在村界上立道祖神加以祭祀。在日本民间信仰中，道祖神是防止外部入侵，抵御瘟神、恶魔的神。所以，村落举行送瘟疫、害虫及祈雨的仪式活动、祭神、外出人的迎送都到村界为止。日本人认为，村界以外是一个不属于自己的世界，村界是严格区分自乡与他乡、一个世界与另一个天地的象征。村境观念对日本人性格和世界观的形成有着重要影响。

基于村境意识，日本人严格控制外来人入村落户并形成惯例。外来定居意味着参加村落的共同生活，享受村落的共同财产和利益。村落的自律性和封闭性，表现出对外来户内在的排斥。入村落户要履行严格的手续，一般是在村落祭祀活动的集会上或在定期召开的村寄合等重要的集会活动时接纳。村落的等级观念十分严重，入村时间的早晚是等级高低的重要标志之一。

最后，村八分可谓十分严厉。村八分的制裁是对村落内成员的惩罚，是村落具有强制力的手段之一。根据违反村规、村约的性质，一般可采取体罚、罚钱、罚粮、没收财物、拆房子、扒屋顶、课以劳务等。一般程序是在村寄合等村民大会上讨论，一旦通过，将结果通知本人或张榜公布。在村制裁中，最为典型的是村八分。假如村民做了见不得人的事情，除了火事、丧葬，其他八个方面（冠、婚、病、出生、死人周年、旅行、建筑、水灾）的事情，都得不到别人的关照，而且极有可能被驱逐出村。这在自给自足的农村村落，等于是断绝了生路。村八分利用疏远和使人孤独的手段，让"背离"集团的人感到离群的不安和无助的恐惧，在惩罚的同时，也让人知道集体的作用和威力。

从如今的校园霸凌追溯到古代的"村八分"，集体欺负和集体惩罚现象在社会不同领域、不同时期均不同程度地存在，俨然形成了一种"制度"。可以发现，这种集体欺负和集体惩罚由来已久，并有着深刻的社会文化背景。

## 三、村八分发展之社会文化土壤

第一，岛国的自然环境是日本村八分产生的自然条件。日本四面环海，这种独特的地理条件，将日本与其他国家和民族隔离开来，使日本人产生一种彻底的孤立感。加之地震、海啸、火山、台风等自然灾害频发，有"自然灾害博物馆"之称。除此之外，日本也是一个国土面积狭小、自然矿产资源严重匮乏的国家。资源的匮乏和自然环境的恶劣使得日本人自古以来就有一种危机感。

无论是远古时代的刀耕火种，还是绳文时代的狩捕采集，人类获取生活资料难度较大，个体从事生产活动必须得到他人帮助才能克服困难。自农耕技术和铁器从中国传入日本后，水稻耕作开始大面积推广，兴修水利、插秧收割等大型劳动更是必须由集体协力完成。由此自发形成的农村共同体，不断强化了日本人"抱团取暖"的意识，在与自然灾害斗争的过程中也逐渐形成了彼此间的相互依存意识。因此，与游牧民族相比，日本人有着强烈的内聚力和归属感。人与人之间互相认同，具有少见的一体感意识。共同分享喜悦、共同面对灾难的思想，早已深深地扎根于日本社会之中。

第二，稻作文化促进了日本村八分的形成。温带海洋性季风气候使得日本列岛雨量丰沛，四季分明。这有利于水稻的种植和栽培。稻作文化是促进日本人集团意识形成的重要原因。弥生时代（公元前300—公元250）生产力水平低下，而收割水稻的时期又短促，如果不合作就不能按时节完成收获任务。所以从弥生时代起日本人就有了在劳动中相互协助的传统。这便是集团意识的最初形式。同时，日本人属于稻作文化圈，自古以来日本人就在高温潮湿的自然环境中共同栽培水稻。

与西方人的庄园式耕作不同，日本人一直过着耕地共有、共同劳作的集团生活。水稻的耕作、灌溉设施的建设、苗圃的栽培、收获等都必须共同的劳动才能完成。因此，日本人以家族或者村落为单位经营着共同的生活。村民的命运是紧密联结在一起的。这使日本人从古代起就以村落为单位结成一个个利益共同体。在同一个集体中，人们相互关心相互帮助，集体利益高于一切。因为，个人在服从集体利益的同时自身的利益也得以保障。为维持生存的需要，日本人习惯于为了集体的利益而牺牲个人的利益。那种有悖于集体利益的行为自然会受到集体的制裁。这便为村八分的形成提供了适合的温床。

第三，来自中国的传统哲学思想——儒家文化在日本本土化后，在日本村八分的形成中起到了至关重要的作用。日本的文明时代开始于2000年前的弥生时代，弥生时代起，传说徐福东渡日本，为日本带去了冶炼、农耕等技术和中国传统文化中的一些习俗和文字。从此，日本文化才真正意义上踏出了它的第一步。在之后的飞鸟时代，当时执政的圣德太子大力引进中国文化，539 年，圣德太子执政时为了消除贵族间的权势纷争，保障国家安定统一，制定了日本历史上第一部法律《十七条宪法》。其开宗第一条就是："以和为贵，无忤为宗。"此后历代君主都以不同形式贯彻了《十七条宪法》的宗旨。

"和"意识奠定了日本文化的基调，逐渐成为日本文化中人与人和、人与自然和、人与社会和的思想。在日本，"和"并非单纯意义上的合作与协调。正如"互相妥协""互相让步"两词涵盖的意义那样，同一团体的成员将各自的主张与个人利害融合于集体之中，全员拧成一股绳，为实现共同的目标而齐心协力。日本人的自发合作意识和自我牺牲精神正蕴含于其中。为了"和"，在社会生活中人们特别注意在各个方面都与他人保持一致，与整个群体保持协调一致，甚至可以不讲是非，不讲原则。对此，日本学者柳田国男也有过这样的评价：日本人有"一种根深蒂固的观念，即静观社会的潮流，只要顺着大家去的方向就很安全。打个比方，日本就像鱼和候鸟一样，是一个随群性很强的国家"。因此那种不顾集体利益、只想满足个人欲望的人会受到严厉的谴责、排斥。

而且，在日本文化中，"和"的意识似乎已经逾越了儒家思想中"团结""和谐""和睦"的亲情伦理范畴，而更多地强调集体中个体间的"调和"与"协调"，为了集体的"和"甚至可以放弃个人的是非和伦理观念。即便是同族之人，如果某家触犯了村规民约，亦会将之孤立起来，施以村八分制裁，而不会因此背上有违伦理道德的思想负担。

但是村八分的核心指向是隐形的乡村契约，类似于中国古代的乡约。所谓隐形，是因为村八分并未上升为一种国家法典性质或者提倡的互助行为，而是形成于村落的盟约。日本传统社会单位——人或者家庭承担风险，组织大型活动等的能力都较弱，不能支撑起自我社会生活的方方面面，而这种乡村契约则是一种约束。久而久之就形成了文化心态及其表现为集体意识。

最后，耻感文化也在一定程度上促进了村八分的发展。羞耻感在日本人的伦理中占有重要地位，是决定日本人思维与行动的重要精神动力之一。美国人类学家本尼迪克特在对日本国民性进行分析时认为相对于西方的罪感文化，日本文化属于耻感文化，并将其特征归纳如下：一是缺乏恒定的是非标准，这使日本人能够在没有精神痛苦的情况下从一种行为方式转向另一种行为方式；二是他律性的道德观。耻感文化下的道德观不是自主性的、自律性的，而是他律性的，日本人的道德不是靠"内心良知"的约束，而是靠"外部"的强制来加以保障的；三是名誉感，虽然罪感文化以及其他文化背景下的个人并非不具备名誉感，但是耻感文化下的个人趋于把名誉看得比正义、善行更为重要。

　　基于本尼迪克特对耻感文化特征的定义，可以说村八分至少有两点符合耻感文化的特征。第一，是非观念淡漠，道德界限不明确。无论个人行为是否正确、合乎道理，只要是有悖于集团的利益就被人们视为耻辱，加以排斥和惩戒。只有与集团利益保持一致，才会得到周围人的认可和接受，才称得上是符合道德规范。第二，道德评判的标准具有他律性而非自律。一个人如果过分强调其个人利益，尽管其行为本身可能并无过错，但是因为他的行为已凌驾于集团利益之上，集体的其他成员就会视其为异类，并对其加以约束和制裁。受到制裁之后，当事人才会意识到自己已脱离了集体，自己的行为已违反了社会道德规范，并由此产生耻辱感，进而对自己的行为加以约束，以求和大家保持一致。

　　类似的现象在当今日本继续存在，如校园霸凌问题，虽然其他国家也广泛存在，但在日本尤为严重。一个班就是一个集体，在这个集体里学习优异，同时和大家都能保持友好关系的同学就是他们的带头人，只要是带头人认为集体里有谁违反了规矩，那么集体中的其他人都会把这名学生排斥在外。即使有不愿意去欺凌其他人的学生，但是由于害怕自己也被排斥在外，也不得不跟随。受到霸凌的学生实在无法忍受这种孤立，而自己本身又无法改变这种现状，所以宁愿自杀。

　　这种文化特质在日本社会上也存在，所以在日本文化里有"内"和"外"的概念。在集体内部，日本人会严格遵从上下级关系，懂礼貌讲文明；但在集体之外，日本人就相对冷漠，所以日本人在内部非常团结，但是给外人则留下了排他性极强的印象。

　　通常来讲，日本人认为对于已有的规矩必须遵守。但是所有人都要做到完全遵守规矩，这是一件几乎不能完成的事情。换言之，一定会有人打破规矩。而打破规矩的人会受到怎么样的处分呢？伴随着日本耻感文化而来的惩罚机制应运而生，村八分就是其中的一个例子。

## 结语

　　前已述及，村八分制裁手段主要存在于江户时代的日本农村。但是，村八分有着极其深刻和久远的社会历史、民族文化等多方面的根源和基础。毫无疑问，这种文化心理约束着日本人的行为，同时也体现了日本文化的一些特征———耻感文化、集团意识等。这对于认识现代日本社会的一些问题仍有启示意义。

　　当然，随着社会的进步，村八分这种制裁制度，从法律的角度上讲应该叫作"集体绝交"，是侵害人权的违法行为，相当于现代社会的胁迫罪。事实上，随着村落共同体限制力量的不断减弱，村八分这一制裁措施已名存实亡。但是，村八分的意识却并没有从日本人的思想中剔除。如今这种习俗已经演变成在工作单位、学校、地区等共同体中，将不守规矩和秩序的人排斥于外的不成文的规定。

比如刑满释放的犯人回到社会，会被普通民众自然隔离；在某个班集体中，被认为能力或性格与其他人不一样的学生会被自然隔离在日常交流之外。这种以完全隔离为惩罚措施的行为，对于其他文化中的人来说也许并不可怕，但是对于以集体为基本单位而生存的日本人来说无疑是最严厉的惩罚。承受不了这种惩罚的日本人将会选择自杀这种方式来寻求解脱，这也是日本自杀率高居全球榜首的原因之一。

在日本企业、校园等集体内，霸凌事件一直屡禁不绝，日本政府虽然针对这一系列事件采取了一些措施，但并不能根除这一现象，这是源于集体惩罚这一根植于日本国民中的陋习，短期内根除较为困难。要杜绝并根除这种村八分遗留社会风气，日本任重而道远。

# 关于净土宗练供养的考察

北京第二外国语学院日语学院　张　潇[①]

[**摘要**]"练供养"（練供養）为净土宗的一种死者供养活动，以模拟阿弥陀佛到人世迎接逝者进入极乐世界的野外假面宗教剧"迎讲"为根源，表达了对极乐净土的企望。平安时代中期，练供养被认为是死前对"往生"的排练。此后，练供养逐渐增加了传教与供养先祖的内容。明治维新后，随着日本近代化与高等教育的发展，佛教教团与学界就往生相关的生死观问题发生争论，众多僧侣与学者不再接受净土与阿弥陀佛的真实性，因此练供养的宗教意义也随之减弱。第二次世界大战后，普通人的信仰弱化，佛教法事逐渐变为生活中的日常活动。然而在佛教意识减弱的同时，与逝者相关的某些意识仍旧残存，逝者供养与佛教葬礼等日常活动仍与人们的生活紧密关联。通过对练供养的考察，从净土宗的视角来分析日本人生死观的变迁。

[**关键词**] 净土宗，练供养，生死观

## 引言

现代日本社会中，普通人的信仰程度变得浅淡，佛教法事逐渐转变为日常活动。然而在宗教色彩逐渐弱化的同时，日本社会仍旧残存着各种逝者供养仪式，它们从与逝者相关的宗教性追忆活动，转变成与日本人生活紧密相关的日常活动。净土宗是日本佛教的重要流派之一，将对极乐净土的追求作为其宗旨。净土宗追求死后的极乐往生，其众多供养法事与逝者和"往生"的概念相关。笔者在广岛大学留学时以地域文化作为专攻方向，曾随指导教授参加日本冈山县净土宗练供养仪式。该仪式令笔者印象深刻，进而对练供养产生了研究兴趣，因此展开了对净土宗练供养的考察研究。

---

[①] 张潇：北京第二外国语学院日语学院2021级硕士研究生，研究方向为日语语言文学专业日本社会与文化。

练供养是净土宗的供养法事之一，其源头为模拟阿弥陀佛前来人世迎接死者往生场面的野外假面宗教剧"迎讲"，表达了对于极乐净土的追求。练供养是连接生者和逝者的世界的一座桥梁，从对练供养的发展与变迁的研究中，我们或许可以一窥净土宗中的日本人生死观的变迁。通过考察练供养的变迁与净土宗生死观的争论过程，笔者试图探究净土宗中的日本人生死观如何变化，并由此为出发点展开论述。

## 一、关于净土宗练供养的研究

"净土"这一概念与地狱或者秽土相对应。净土宗认为，极乐净土是与地狱的娑婆世界相对应的世界，那里不存在任何痛苦，只存在无尽的快乐。伴随着佛教的发展，"极乐净土"的思想观念也传入了日本。在佛教经典《无量寿经》中有描述，极乐净土位于西方，是超越人类想象的乐园，只要信仰者称颂阿弥陀佛的名号，佛即会伸出救赎之手，将信仰者迎入极乐净土，并且助其成佛。[1]这一理论即是净土宗的思想内核。

净土宗的发展与末法到来有紧密联系。在5世纪前后，"三时说"思想从中国传向日本。佛教中的三时指正法、像法和末法三个时代。正法为佛涅槃后的一千年，只存在佛的教、行与证。像法为正法之后的千年，虽残存着佛的教诲与修行，但失去了对佛法的领悟。末法为像法之后的一万年，只存在佛的教诲，失去了佛的修行与对佛法的领悟。[2]

宽仁二年（1018），藤原道长因健康状况不佳深感不安，次年便出家并下令建造法成寺。万寿四年（1027），权力和名望鼎盛一时的藤原道长逝去，他的时代走向了终结。此外，加之北方外敌和疫病的影响，民众情绪变得更加不安，末法时期已经接近的传闻之风越发强烈。在这样的环境下，永承七年（1052）时，末法时代的第一年到来了。在动荡的年代，人们因对死亡抱有强烈的不安，逐渐开始青睐宣扬追求往生极乐净土的净土宗。在末法时代，被尊称为惠心僧都的源信著成了《往生要集》，该书被称为总结了前往极乐净土方法的指南书。《往生要集》以"厌离秽土、欣求净土"为主题，也就是远离被烦恼污染的人世，发自内心地祈求净土。

在源信所著的《往生要集》中，他描述了地狱的恐怖景象与极乐净土的完美景象，并描述了往生极乐净土的方法。源信指出，信仰者若希望往生极乐净土，则需要祈求阿弥陀佛到人世进行迎接，也就是需要"来迎"的仪式步骤。因此，源信以假面剧对阿弥陀佛进行来迎仪式场景做出演绎，并记录下来。[3]这种仪式即为被后世称为来迎会和练

---

[1] 吴善花.日本人の死生観と浄土の思想（一）[J].新日本学，2008（10）：70-71.
[2] 末木文美士.日本仏教史~思想史としてのアプローチ[M].東京都：新潮社，1996：133-134.
[3] 関信子.極楽へいざなう野外仮面宗教劇「迎講」[J].春秋，2013（551）：13.

供养的法事的雏形。

练供养的舞台设置在露天场地，假定西侧为极乐世界，东侧为娑婆世界（死后世界）。从细节上讲，法事场地可以设置在寺庙院内、山脚、架在湖泊或河流上的桥梁、海面和水边等场所。代表娑婆世界的"娑婆屋子"多为临时搭设，在其中放置代表逝者的物品。在进行练供养时，扮演阿弥陀佛或菩萨的人员佩戴假面，从极乐世界走向娑婆屋子迎接死者，接着返回极乐世界。法事的举办日期多为 15 日（满月之日），但也有众多不属于此规定日的法会，比如春、秋季节的彼岸日（春分、秋分及前后 3 天，共 7 天时间）。举办时刻为黄昏或者日落，其原因为往生与日想观（以膜拜落日为途径在心中冥想阿弥陀净土的修行方法）紧密相关。到目前为止，从日本东北地区到九州地区，保存着平安时代和镰仓时代菩萨假面的寺庙超过 100 处。[①]

## 二、平安时代到近世时期的练供养

### （一）练供养形式的变迁

由源信发起的迎讲在极短的时间内普及到各地，从当时的贵族阶层慢慢扩散到了平民阶层。从平安时代到现代，持续举办练供养的千年中，法事形式的变迁可以总结为以下几点。

1. 主角的变迁

平安时代，迎讲的主角为佩戴阿弥陀假面的"阿弥陀"，这样的阿弥陀佛便于移动，因此现代练供养中也有出现。随着练供养的普及，观众也逐渐增加，为在仪式中彰显阿弥陀佛的存在感和尊严感，逐渐开始使用有服饰装扮的阿弥陀佛塑像。由于塑像无法自行移动，仪式中后改为使用人可以钻入其中的"被り仏の迎講阿弥陀像（可装扮的迎讲阿弥陀佛像）"。然而在后世的仪式中，演练人临终时阿弥陀佛来迎流程的仪式目的逐渐弱化，法会的主旨转变为对祖先的供养祭祀，对阿弥陀佛仅保存有敬畏之意，因此法会中不必每次都需要阿弥陀佛塑像出场。

2. 名称的变迁

在源信所处时代，迎讲是小规模的、带有演练性质的宗教剧，其目的是在末法世界中做好往生极乐的准备，只在净土宗信仰者群体中举办。在平安时代后期，迎讲发展为大规模的宗教剧，传播净土宗信仰的目的逐渐增强，法会被人们称为迎接会或来迎会。此后，法会中开始举办假面装扮队列游行，法会的目的一是穿着阿弥陀佛的假面进行演

---

① 関信子. 極楽へいざなう野外仮面宗教劇「迎講」[J]. 春秋，2013（551）：13.

出,二是对祖先进行祭祀,其名称转变为"练供养"。

### (二)练供养与净土宗传统的生死观

日本自古以来便有这样的信仰,人死后灵魂与肉体分离,能够前往死后世界与祖先的灵魂相见,并且认为灵魂可以寄居在所有的生命和物品中,能够在人世与死后世界中循环往复。现今在日本各地举办的各种祭祀,包括"祖霊迎え"和"祖霊送り"等法会,都是从死后世界将祖灵或神灵迎接到人世后再送回的仪式,自古以来便持续举办至今。①

日本佛教并没有否定传统日本生死观中的灵魂供养,也没有否定灵魂在生死两个世界中往来的观点,反而吸收了这种传统生死观,提出"六道轮回"与"往生"的概念,主张应当截断轮回的生死循环,从而获得永远的生命与快乐。

往生指灵魂离开人世、前往死后世界的过程。在早期印度的佛教中,生老病死被认为是苦,信仰者应寻求从苦中解脱。此后,佛教接受了印度教中轮回的来世观,人生老病死之苦不再只有一世,如果不寻求解脱,则需要在永恒的轮回中反复受苦。在宗教中,虽然早有各种形式的逝者追悼和祭祀活动,但大乘佛教的佛陀观在逝者祭祀活动中引入了新的要素。大乘佛教认为,祭祀逝者时应使其往生向来世的净土,也就是超越天界的佛界。从这种信仰中,以追求往生为核心思想的新信仰形式出现了。②

在《往生要集》中源信认为,阿弥陀佛拥有永恒的生命,人类死后不论是何身份都能够脱离六道轮回,往生向极乐净土。练供养即是在临终时模拟阿弥陀佛和菩萨一同迎接逝者灵魂的仪式,因此练供养承担着联结生与死的功能,是往生的重要步骤。

## 三、近代净土宗中的争论

### (一)关于往生思想的争论

从平安时代到近现代,练供养的形式虽然有过变迁,但它的往生思想与仪式过程一直受到净土宗信仰者的认可。明治维新后,近代思潮对传统的佛教思想造成了重大的冲击,佛教教团内部关于往生思想的争论随之而来,练供养的意义也拥有了新的解释。

1.明治时期净土思想的改革

明治初期,所谓的复古神道成了"尊皇攘夷"运动的中心思想,日本建立了以神道为中心的国家体制。虽然日本发起了轰轰烈烈的废佛运动,但很难在民间彻底消除掉佛

---

① 吴善花.日本人の死生観と浄土の思想(二)[J].新日本学,2009(11):62-63.
② 末木文美士.主旨「仏教における死生観」[J].死生学研究,2003(2):251.

教的影响。日本于1872年设置教部省，将神佛融合作为全新的方针，同时使用高等教育来对国民进行教化。由此一来，日本佛教走向了近代化，其中最具代表性的是清泽满之主张的将净土信仰改革为宗教哲学。清泽满之否定了来世极乐净土的概念，并且否定了朴素净土观，即他否定了极乐净土对存在性，也否定了其中存在阿弥陀佛的可能性。另外，清泽满之认为人可以自由地在精神上达到无限的境界，不必将往生与救赎直接与阿弥陀佛和净土相关联，从而消除了阿弥陀佛与净土的崇高特性。①

在清泽满之的理论之后，金子大荣在其著作《净土的观念》中提出了净土观的三种模式：观念的净土、理想的净土、实际存在的净土。观念的净土为"本身虽不可见、但以可见之物为根基的净土"。理想的净土为"描绘出了应有的最圆满理想的世界"。实际存在的净土为"存在于不知名之处、并要求大家前往那里的世界"。对于这三种模式的净土观，金子对"实际存在的净土"提出了意见："由普通认识而来的净土实际存在的思想，是一种单纯聆听教法、以经书为证据就主张净土存在的观念"②，并对这种盲目听信古人之言的朴素净土信仰观提出了批评。

2. 明治时期后反对往生思想的意见

大正十二年（1923）八月，因创作了《净土宗批判》，净土真总西本愿寺的僧侣野野村直太郎被判为异端者，进而被剥夺了僧籍。③事件发生的第二年，野野村直太郎所担任教职的龙谷大学也对他做出了开除教职的处分。究其原因，是野野村直太郎从根本上否定了净土宗的思想，受到了教团与学界的共同批判。此事件为近代日本佛教史中占重要地位的"野野村直太郎异端事件"，它引发了近代净土宗中关于生死观问题的争论风暴。

明治时期，由于近代知识学说从西欧传入日本，近代科学、哲学、宗教学等新的知识体系逐渐建立，在日本佛教中也开始了被称为"新佛教运动"的思想改革运动，受到社会变动的影响，众多僧侣和知识分子不再信任阿弥陀佛与净土的存在性，以野野村直太郎为首，对于传统净土宗生死观的批评意见逐渐强烈。

意见1：比起死后更应当以生前的现实为重点

野野村直太郎在《净土宗批判》中写道：

"我幼年生长于净土宗信仰者的家庭中，不知何时我的所见所闻让我墨守成规，我的墨守成规让我破绽百出，而这必然会变为不安的心情。这份不安名为'往生是

---

① 末木文美士. 净土思想論 [M]. 東京都：春秋社，2013：224-225.
② 東真行.「浄土の観念における」批判の射程 [J]. 印度学仏教学研究，2015，64（1）：94.
③ ワルド・ライアン. 現在と未来——近现代净土真宗における死生観の問題について——野々村直太郎の異安心事件を中心に [J]. 死生学研究，2008（2）：146.

头等大事'与'死后是头等大事',我在坎坷求学的青春期中昼夜都在恐惧战栗。(中略)这种家庭的信条,与其称之为对封建的预习,更应当被称之为封建的余毒。今日我细细地去思考这件事,只觉得它非常无意义而且麻烦。"①

从野野村直太郎的描述中我们可以看到,一方面,净土宗过于强调死亡的思想使他产生了极度的不安,而且对他的生活造成了极大的负面影响,对于当下的现实世界没有积极的意义。另一方面,支持近代净土思想的滑谷快天认为,"如各位所周知,当下近代思想的特征是所有东西都以现实为中心进行解释说明,因此宗教也应当不去谈未来或者过去,必须要将重点放在人生前的现实世界中"。② 这一意见也强调出净土宗思想将重点转向生前世界的必要性。

意见 2:阿弥陀佛与净土不存在,"往生"是迷信思想

野野村直太郎认为,净土宗自从立教以来就向着迷信化发展,依靠阿弥陀佛来完成的救赎与作为死后世界的净土,以及死后前往净土的往生,这些思想与近代思潮无法契合,阿弥陀佛与净土的存在性无法依靠近代科学来解释,净土的位置和性质都不能拿出具体的证据,因此野野村直太郎将其判断为神话或者迷信。这样一来,如果阿弥陀佛与净土不存在,那么迎接逝者往生的主角和往生的目的地也不复存在。③

意见 3:往生思想是统治阶级压迫人民的工具

野野村直太郎并非只否定了净土宗的传统生死观,也不是简单希望在净土宗中推行非神话化和非迷信化,指出应当从日本佛教中排除掉印度佛教的"负面影响"。他认为,三世思想并非原始佛教的内容,而是后世之人为了巩固种姓制度而强加的思想。与此同时,野野村直太郎还指出,往生思想和死后的世界被封建主义体制的日本所接受,成了统治阶级压制人们的思想机制。④ 换言之,统治阶级利用往生思想引发出人民对于死亡的恐惧,凭借对达成往生的宗教手段的控制,从而能够对人民进行支配。

---

① 野々村直太郎.净土教批判[M]//森龍吉.真宗史料集成:第十三卷(真宗思想の近代化).京都:同朋社,1977:687-688.(原文:幼少にして浄土教信者の家庭に生育し、見聞はいつしか因襲となり、因襲は終に破綻となり、破綻は固より不安となった。この不安は『往生の一大事』だの、『後生の一大事』だの、と厳かに名乗りつ、学窓多事の青年期を通じて夜となく昼となく、余を脅威し戦慄せしめたものである。(中略)家の宗旨ということは封建的の予習よりもムシロ余毒といふべきで、今日よくよく考へて見ると誠に無意味なソシテ厄介なものである。本文笔者翻译。)
② 滑谷快天.「正信」を中心とせる批判[M]//竹林史博.曹洞宗正信論争(全).神奈川:青山社,2004:488-505.
③ 柏原祐泉.近代仏教八十年の変遷[M]//柏原祐泉.真宗近代仏教史の研究Ⅲ:近代篇.京都:平楽寺書店,2000:417.
④ 野々村直太郎.净土教批判[M]//森龍吉.真宗史料集成:第十三卷(真宗思想の近代化).京都:同朋社,1977:694.

3. 明治时期后支持往生思想的意见

野野村直太郎的《净土宗批判》出版后，直接引发了教团与学界的严厉反驳。反对近代新佛教运动、支持阿弥陀佛与净土存在性的意见可以归纳为以下几种。

（1）生死观问题不可回避

新佛教运动认为在尚未解决生前的现实问题时，讨论死后问题是没有意义的，从中可以看出其对死后生活的无视与不关心。正是为了探究人死后去向的问题，才更应该追寻阿弥陀佛与净土存在性问题的答案。

（2）阿弥陀佛与净土的存在无法被证明也无法被证伪

伊藤义贤在《净土宗批判的批判》中写道："众生的生死往来之相与死后生活一样，是普通人或者任何人都未曾实验过的事情，然而否定未曾实验过的事情，从科学角度上看也是存在错误的，对于死后生活和轮回转生等超科学现象，现在就提出否定或许并不正确。"①伊藤义贤的反驳或许有诡辩论的嫌疑，但确实针对"证据性"一点对野野村直太郎提出疑问，指出了科学手段对于超科学现象的解释能力仍旧不足。

（3）往生思想存在积极意义

针对往生思想是统治阶级压制人民的工具的看法，伊藤义贤认为，宗教的功能和作用是多种多样的，可以应用到现实世界、未来、往生、即身成佛、治病、祈福和消灾除厄，这些作用都是平等相同的。②

往生思想的本质是承认死后的世界，只有存在死后世界，拥有宗教信仰的人们才能慎重地在现世中经营生活，才能对人生抱有责任感。另外，净土宗的往生思想最初诞生于知识分子与贵族阶级，之后才传入民间，身为所谓"压迫者"的贵族也信仰往生思想。将往生思想判断为"压迫工具"的言论，是将日本净土信仰的历史事实单纯化③，并简单地将其等同于愚民政策。

（二）关于灵魂的存在性与往生的意义

1. 净土宗部分流派的意见

一方面，近现代关于往生思想真伪的争论持续不断；另一方面，日本佛教各流派的生死观也发生了变化，引发了关于往生的更深层的争论。讨论往生的前提是，必须承认往生的主体——灵魂或魂魄的存在性。因此，与阿弥陀佛及净土存在性问题相平行，灵魂的存在性与往生的意义的问题出现了。为探究这两个问题的答案，堀江宗正对现代日

---

① 伊藤義賢.浄土教批判の批判[M].山口：竹下学寮出版部，1925：79.
② 伊藤義賢.浄土教批判の批判[M].山口：竹下学寮出版部，1925：24.
③ 弓波瑞明.浄土教批判の検討[M].京都：文化時報社出版部，1924：30.

本佛教的部分流派进行了调查，在净土宗中大致分为以下几种见解：[1]净土宗不否认灵魂的存在，认同净土的存在，认同往生和前往极乐世界；净土真宗本愿寺派和真宗大谷派则明确否定了灵魂的存在，认为往生这一过程应当是通过念佛而产生的一种心理状态，往生的主体是"改变后的我"或"人心创作之物"，而净土是超越迷茫世界的开悟世界，并非物理上的实体。

从以上三个净土宗流派对于净土与往生的意见来看，净土宗内部对于这两个问题并没有统一的定论，并且在往生主体的问题上，三个流派虽有正反两种意见，但区别仅仅停留于语言描述，并未就其本质做出彻底的解释。

2. 灵魂与往生思想争论的历史原因

在净土宗中，虽然产生了关于灵魂与往生思想的争论，然而争论并没有得出明确的结论，在这一现象背后有两个主要原因。

（1）明治时期破除迷信运动的影响

明治时期为推进思想上的近代化，开始了从佛教中去除迷信要素的运动以及新佛教运动。另外，随着西方科学传入，文献学等新领域得到了发展，可以从新的途径去解决灵魂问题和往生问题。

（2）葬式佛教与以明治政府民法为基础的家制度的确立

在整顿户籍、确定姓氏后，家的观念正式确立，葬式佛教的重要性也凸显出来。虽然一部分佛教流派否定了灵魂的存在性，然而众多普通信徒依旧相信灵魂的存在，在葬礼或临终时依旧有宗教需要。因此，佛教教团将教义与民众的信仰相结合，选择了一种暧昧的易于被民众接受的说法。[2]

3. 净土观变化对练供养的影响

从以上两场争论可知，近代以来因社会变动导致的佛教信仰与近代合理主义的冲突越发激烈。日本佛教，尤其是净土宗内部的生死观发生了巨大的动摇。练供养作为表现往生思想的宗教剧和佛教法会，它的真实性也遭到了质疑。在练供养的宗教色彩逐渐淡化的同时，文化及民俗的意义则逐渐增强。另外，加之战争的影响，战时及战后举行练供养的寺院数量急剧减少，部分寺院的练供养仪式完全中断。笔者所参加的日本冈山县弘法寺练供养在昭和四十二年（1967）的寺院火灾后，由于经费和场地原因暂停举办，阔别三十年后于平成九年（1997）重新举办并一直持续到现在，但其规模较近代以前已经大幅度缩小。

---

[1] 堀江宗正. 霊といのち——現代日本仏教における霊魂観と生命主義[J]. 死生学・応用倫理研究, 2015 (20)：203-210.

[2] 堀江宗正. 霊といのち——現代日本仏教における霊魂観と生命主義[J]. 死生学・応用倫理研究, 2015 (20)：225.

## 四、现代的练供养

### （一）现代生死观的变化

日本的现代社会逐渐淡化了死亡与逝者的话题，生的哲学十分繁盛。第一，人们将关注重点放置于现实生活。在现代社会中，人们的关注点集中于科学与经济的发展，只有依靠现实世界才能实现理想，期待死后的来世则被视为逃避和欺瞒的行为。[①] 第二，逝者的存在感减弱。从近代开始，人们逐渐不再认可灵魂的真实性，不再相信死后的世界，已经接受现代合理主义的人们无法再保持从前的朴素宗教信仰。由于高等教育的普及，现代社会强调重视个人主体性及信条的生活方式，逝者的存在感和相对的地位下降了。[②]

另外，死亡与日常生活的联系绝对无法斩断。近现代以来，逝者的葬礼和祭祀等法事主要由佛教承担，这种形式的佛教被称为葬式佛教。日本人使用往生和成佛等语言表现替代死去，从这种现象可以看出日本人认可死是接近于往生或成佛后去往某个地方。对于日本人来说，他们"不将死亡与日常生活断绝开来，不强调死亡的残酷性与戏剧性的非日常性"。[③]

因此，现代的净土宗强调练供养的文化价值，强调它作为传统艺术活动的仪式感。净土宗在保存练供养祭祀祖先与逝者意义的同时，不仅为逝者祈祷冥福，也开始为生者祈祷安全与幸福。

### （二）日本冈山县弘法寺练供养的记录

2019 年 5 月 5 日，笔者随留学指导老师参加了日本冈山县千手山弘法寺的练供养法会，以下内容为当日弘法寺练供养的流程，[④] 从中可以了解现代练供养的基本形式。

1. 理趣三昧法要

地点：遍明院本堂。

时间：14 时 15 分开始。

内容：在遍明院本堂颂唱歌理趣经，进行游行前的法要。在演奏雅乐的同时，僧侣与幼儿从右侧开始游行。

---

[①] 末木文美士.死者と向きあう仏教の可能性」[J].死生学研究，2009（11）：119.

[②] 池上良正.日本における「死者の身近さ」をめぐって——民俗・民衆宗教研究の視角から [J].死生学研究，2006（8）：310.

[③] 竹内整一.日本人の死生観について[J].死生学研究，2010（13）：21.

[④] 千手山弘法寺聊供養保存会.弘法寺の聊供養について（本材料为2019年5月5日法会现场发放的资料册，本文笔者翻译）.

2. 将中将姬运送到娑婆世界（游行前的准备）

内容：导师（僧侣）将代表逝者的中将姬人物造像运送到娑婆世界，"引头"者边摇铃边带领队伍，在逝者造像上方撑起"大伞"。

3. 去路的游行

地点：遍照阁（极乐世界）至楠木广场（娑婆世界）。

时间：15时15分。

内容：受阿弥陀佛之命，"圣众"前往娑婆世界迎接中将姬（逝者），进行"来迎"的一行人从极乐世界出发，下石阶后通过行道桥走向娑婆世界。行道桥为架设的桥，象征人世与死后世界的连接点。扮演圣众的10人均佩戴假面。队列的详细配置如表1所示。

表1 队列的详细配置[①]

| 人员 | 人数 | 职责 |
| --- | --- | --- |
| 棒付 | 1 | 执锡杖负责警卫之役 |
| 花稚儿 | 数十 | 手中捧花 |
| 法螺 | 2 | 吹奏法螺，宣告队列前进信号 |
| 铜锣 | 2 | 敲铜锣 |
| 铙钹 | 2 | 敲铙钹 |
| 僧侣 | 数十 | 跟随队伍 |
| 稚儿 | 数十 | 跟随队伍 |
| 本稚儿 | 2 | 儿童的代表，由中学生扮演，执玉幡 |
| 天童 | 2 | 由男童扮演，戴天童面 |
| 地藏 | 2 | 由成年男性扮演，戴地藏面，执锡杖 |
| 菩萨（六观音） | 6 | 由成年男性扮演，戴菩萨面，其中一人执莲台 |

4. "来迎引接"的仪式

地点：楠木广场。

时间：15时40分。

内容：一行人通过行道桥，到达在娑婆世界中等待的中将姬身边。导师将中将姬像交付于迎接逝者的菩萨手中，菩萨将中将姬像放置于莲台之上，完成"来迎引接"仪式。

5. 回程的游行

地点：楠木广场至遍照阁。

时间：16时。

---

① 千手山弘法寺跏供养保存会. 弘法寺の跏供养について（本材料为2019年5月5日法会现场发放的资料册，本文笔者翻译）。

内容：将中将姬平安救赎的一行人走向阿弥陀佛所在之处，开始"往生"。

6. 阿弥陀佛（来迎佛）的迎接

时间：16时15分。

内容：极乐净土中注视队列的阿弥陀佛，站立在石阶之上迎接中将姬。手捧中将姬像的表观音接近后，来迎佛弯曲身体上部3次，来迎队列表示欢迎并被来迎佛迎接后，游行剧目结束，依次走进殿堂。中将姬被迎入净土世界中，最后来迎佛亦回归净土世界。

7. 谢幕

游行结束后，扮演来迎佛及菩萨的僧侣进行展示谢幕。

## 结语

由上可以看出，练供养的性质由临终仪式的排练转变为往生的祈祷仪式，最后定型为具有宗教意义的生活性活动。在参与者的信仰层面，练供养的往生概念最初为一种牢固信仰，经过佛教教团和学界对其真实性的争论，逐渐转变为一种心理状态与信仰境界。从练供养仪式与往生概念的变迁中，可以观察到净土宗中的日本人生死观亦发生了变化。从平安时代到近代，净土宗信仰者肯定往生与净土的存在，对死亡抱有恐惧感，追求死后的救赎。近代以来，对于传统净土宗生死观的疑问逐渐增加，佛教教团和学界围绕净土与往生概念展开了激烈的争论。由此，现代社会不再认可传统净土宗生死观，而因葬式佛教与文化活动方面的习惯，与往生概念相关的练供养宗教仪式继续举办。

本文通过考察净土宗练供养的历史，分析其形式上的变迁，并指出现代练供养的主旨意义已经改变，其宗教色彩与近代前相比也大大减弱。然而，本文对于近代前练供养仪式与意义的细节研究尚不全面，或在今后的研究中有补充的可能。

# 日本江户时代"兰学"的特征和影响探析

北京第二外国语学院日语学院　秦燕苹[①]　杨梦琪[②]

[**摘要**]江户时代中后期，面对欧美列强的试探和天主教的冲击，坚守锁国政策的日本不得不重新审视西方文明，日本国内掀起了一场借由荷兰语来学习近代西方科学技术和思想文化的"兰学运动"，这是日本对西方文化的第一次全面性、系统性的学习。兰学以医学为中心辐射至其他学科领域，兰学的发展促进了日本国力的增长，并为此后的明治维新打下了重要基础。虽然兰学随着日本社会环境变化最终受到了幕府打压，但不可否认，兰学推动了日本转变发展模式，对日本近代化进程的开启起到了重要作用。本文试图从兰学产生的背景条件、兰学的发展及特征、兰学的影响这三个方面出发，对日本江户时代兰学的特征和影响进行探析。

[**关键词**]兰学运动，兰学家，近代化

## 一、兰学产生的背景条件

江户时期，德川幕府为禁止天主教传播、控制对外贸易，在1633年至1639年先后五次下达宽永锁国令。通过这五次锁国令的颁布，德川幕府禁止天主教在日本的传播和西班牙、葡萄牙商人的来日贸易，同时严格限制日本人出国和回国，违反者将被处以极刑。到1639年为止，日本与西班牙、葡萄牙两国完全断绝来往，锁国体制正式确立。在如此严厉的锁国形势下兰学仍旧能够蓬勃发展，得益于当时的社会经济、政治环境、思想认识这三方面的因素。

---

[①] 秦燕苹：北京第二外国语学院硕士研究生，日语语言学专业，研究方向为日本社会与文化方向。
[②] 杨梦琪：北京第二外国语学院硕士研究生，日语语言学专业，研究方向为日本社会与文化方向。

## （一）社会经济因素

德川幕府的建立使得日本成为一个统一国家，为进一步巩固统治，德川幕府极力维护政治上的等级稳定，并推进农业生产，鼓励农民开垦荒地。社会环境的稳定和农业生产力的提高，使得商品经济在以城下町为中心的城市圈逐渐发展壮大。商品经济的发展促使商人和手工业者不断向城市聚集，使城市规模不断扩大且数量持续增加。至17世纪末，日本已有城市300多个，其中江户、大阪、京都为全国性的大城市，以这些商业城市为中心形成了全国性市场，由此资本主义萌芽在日本渐渐破土。[①] 与此同时，资本主义萌芽导致了新社会阶级的产生，下级武士和商人形成了繁荣的町人文化圈，他们对于推进产业发展和探索新技术有着强烈的积极性。农业生产力的发展和资本主义萌芽的出现使得他们对于先进的科学技术产生了强烈需求，为此后兰学的发展打下了社会经济基础。

## （二）政治环境因素

分析江户时期日本社会内部可以发现，商品经济的发展使商人从中大获其利，幕府收支逐渐失衡，武士生活陷入贫困。由于江户时代"参勤交代"制度（大名需在幕府所在的江户和各自领地之间轮流居住）的存在，往返履职地之间的路费和府邸建设与维护等耗资巨大，从而导致大名在经济上入不敷出。为应对这一情况，幕府第八代将军德川吉宗下令进行一系列改革，包括厉行节约、反对浪费、殖产兴业、提倡开荒等。[②] 这样一来，为了增加生产、扩大收入，重视实学的德川吉宗便把目光投向了兰学，鼓励和支持日本人学习荷兰语，引进西方科学技术。德川吉宗还放缓了禁书令，允许引进与天主教无关的科技类书籍，并从荷兰进口仪器和船舶等，这些举措为引进西方科学技术和兰学的发展提供了政治条件。

从外部政治环境来看，江户时代中后期日本面临着欧美列强的试探和威胁，急需提升国力以应对危机。其中，除西班牙、葡萄牙、荷兰等早期西欧国家纷纷试图进入日本外，俄国、英国、美国与日本的冲突也日益尖锐。[③] 与此同时，鸦片战争的结果也使日本受到了极大的震动，幕府目睹了清政府的战败，立即意识到本国亦处于危机当中，然而日本当下的海防和军事力量却远远不足以抵御外敌。因此，幕府虽未放弃锁国政策，但为增强国力、吸收西方先进科学，选择了对保持政教分离、没有传教倾向的荷兰给予

---

[①] 刘茧，王帅.试论日本兰学运动的兴起及影响［A］//《决策与信息》杂志社、北京大学经济管理学院."决策论坛——管理科学与经营决策学术研讨会"论文集（下）［C］.《决策与信息》杂志社、北京大学经济管理学院：《科技与企业》编辑部，2016：252-253.

[②] 曲利杰.德川吉宗与日本兰学［J］.中共青岛市委党校青岛行政学院学报，2016（6）：123-128.

[③] 喻冰峰."兰学"在日本出现的原因探析［J］.日本问题研究，2003（3）：58-61.

特权，承认其往来通航的合法性并允许日本人研究荷兰的学说。

### （三）思想认识因素

一方面，古学派（江户时期日本儒学派别之一，否定朱子学）打破了以"理"为先的朱子学派的思想禁锢，思想上的灵活通变使得日本接受西洋科学技术成为可能。

江户时代，幕府将儒学中的朱子学奉为指导思想，以四书五经为绝对的权威经典，强调纲常伦理之道。朱子学秉持"天人合一"的自然秩序观，认为所有事物的存在和运行皆以"理"为法则，朱子学通过思辨生成的"天理"统驭封建政治和社会伦理秩序，以使这种秩序合理化。① 在《朱子语类》第九十五卷，有"未有天地之先，毕竟也是理，有此理，便有此天地"的描述，朱子学将自然规律解释为抽象的思辨概念"理"，对于认识世界的探索总结为"格物穷理"。

随着商品经济的发展，面对下层武士的贫困问题和城市町人阶层兴起等一系列的社会新局面，江户儒学者试图从古文辞学角度出发，对儒学经典进行解读，从而促使了古学派的诞生。作为古学派代表的伊藤仁斋、荻生徂徕等人主张打破朱子学以"理"为中心的自然秩序观。伊藤仁斋认为："非有理而后生斯气，所谓理者，反只是气中之条理。"② 荻生徂徕则提出："盖先王之教以物不以理，……物者，众理所聚也。"③ 古学派将儒学限定于政治范畴，并且将对哲学思想的研究和对自然界的研究分离开来，为系统地接受和研究兰学开辟了道路。

另一方面，南蛮学的传播也为兰学被日本社会接受提供了思想基础。

早在16世纪中期，葡萄牙和西班牙等南欧天主教国家就为传播基督教向日本输入了如宗教、哲学、文学、绘画等社会思想和文化艺术，以及医学、建筑、军事、地理学、造船、航海术、采矿冶金术等西方先进的科学技术，并且对日本人的思想和生活等各个层面产生了重要影响，当时的日本人接触到了西方先进的科学技术并认识到其优越性，从而为兰学在日本的兴起打下了基础。1754年，天主教耶稣会传教士和葡萄牙商人进入日本，在传统思想的影响下，当时的日本人将他们称作"南蛮人"④，其传入的医学也被称作"南蛮医学"。⑤ 耶稣会传教士的行医活动主要以治疗当时日本流行的"癞病"为中心，并且取得了显著的效果。虽然由于德川幕府对天主教势力的打压，南蛮医学迅速失势，但日本社会依旧对西方医学和科学有了初步的认可和信任，形成了接受兰学的思想认识基础。

---

① 赵德宇. 兰学述论［J］. 日本研究论集，1996（00）：270-284.
② 伊藤仁斋.〈语〉〈孟〉字义：卷上［M］// 日本思想大系36，东京：岩波书店，1980：26.
③ 同上。
④ 南蛮人是指当时经由东南亚来到日本的西班牙和葡萄牙人。
⑤ 李文明. 试论日本的南蛮医学［J］. 日本研究论集，2007（00）：305-316.

## 二、兰学的发展及特征

兰学在日本知识分子阶层当中兴起之后便逐渐蓬勃发展起来,其过程呈现出三大特点:中心性——即以医学为中心向多学科领域发散;多样性——包括涉及领域多、发展地区广、学习者阶层广;曲折性——即屡次遭到幕府打击限制以及后期发生变容让位于"洋学"。

### (一)兰学的中心性——以医学为主向多学科领域发散

兰学以荷兰语和荷兰语著作为中心进行研究,因此通晓荷兰语的人才和荷兰语著作的译著在兰学的传播中拥有至关重要的作用。其中,对荷兰医学的研究又可称作兰学中心的中心。日本兰学从医学起步,1774 年由杉田玄白、前野良泽、桂川甫周等翻译完成的《解体新书》标志着兰学的兴盛。该书不仅开辟了一条通向近代学术的道路,还引起了日本学界格局的变化,即兰学与儒学、国学并驾齐驱,成为近世日本三大学问体系之一。① 医学的发展也影响和带动了其他学科,当时,走在科学发展前列的多为与医学相关的学科,如本草学、药学、物理学、化学等,它们随着近代西方医学的引入而逐渐发展起来。本草学、药学与医学有着直接关联自不必说,而物理学和化学则是由医学的特点决定的,因为从西方传入的近代实验医学要求对基础医学问题给予理论上的解释。② 在兰学家看来,医学虽是一门实用学科,它的理论基础却是在物理、化学、生理学之中。③ 其次是语言学的发展,当时的兰学学者学习和研究西方的科学技术都是凭借荷兰语开展,对荷兰语的钻研必不可少。在翻译《解体新书》之后,对荷兰语的学习和研究便普及开来,青木昆阳撰写了《和兰货币考》《和兰话译》《和兰文字略考》等著作,野吕元丈撰写了《阿兰陀本草和解》和《阿兰陀禽兽虫鱼和解》。在这些研习荷兰语的知识分子及其弟子的努力下,至 18 世纪末,日本人对西方文明的关心从对异国情趣的追求,转化为对西洋学术的系统学习。④1778 年,大槻玄泽出版了分为上下卷的《兰学阶梯》一书,上卷叙述兰学的起源、发展、重要性以及学习者应注意的事项,下卷则介绍荷兰文的文字、发音、拼字的原则以及翻译的要领等。⑤《兰学阶梯》作为入门书籍,能够让初学者了解兰学的大致轮廓,在后续开设的兰学学塾中起到了教科书的作用,对于系统性学习和推广兰学作出了巨大的贡献。

从兰学家的身份来看,多数兰学家都是医生这一点也可以侧面印证医学的中心地

---

① 赵德宇.日本近世洋学与明治现代化[J].南开大学学报(哲学社会科学版),2010(3):11-20.
② 钟放.试论医学在兰学中的核心地位及其原因[J].日本研究集刊,1999(2):176-185.
③ 李廷举,吉田忠.中日文化交流史大系·科技卷[M]//杭州:浙江人民出版社,1996:213.
④ 盛斯才.兰学与明治维新[J].文史天地,2020(9):83-87.
⑤ 同上。

位。1795年1月1日，大槻玄泽在芝兰堂召集兰学家共同庆祝公历元旦，世称"新元会"，1796年和1798年亦有两次兰学家的集会。这两次集会名簿中所记的兰学家共有104人，身份可考者67人，其中藩医、官医26人，町医8人，藩主7人，幕臣7人，庶民6人，通词3人，其他10人。① 从上述统计数据来看，医生占总数的一半以上。许多著名兰学家医生，他们以医学为主要的研究方向，同时兼修其他学科，比如《解体新书》的翻译者之一前野良泽是内科医生，但他的研究却涉及了物理、天文、地理等不同领域。

### （二）兰学的多样性——涉及领域多、发展地区广、学习者阶层广

首先，从兰学所涉及的领域来说，包括医学、药学、本草学、物理学、化学、天文学、地理学、语言学、军事、哲学、思想文化、社会风俗、政治制度等，十分广泛。事实上，这样广泛的涉猎并不是一蹴而就的，而是有一个逐渐发展壮大的过程。在发展初期，兰学的重点主要放在科学技术方面。当时的幕府重视实学，下令引入先进的西方科学技术和知识，兰学者和翻译者们投身于荷兰语著作的翻译工作。但文化的传播是整体性的。历史上，人类在征服自然斗争中的每一次进步，都反过来影响人类对自我认识的进程，因而一定的科学技术必然和一定的思想意识相联系。近代科学的发展是近代资产阶级思想发展的有力杠杆，是近代资产阶级反封建斗争的强大武器。② 兰学在自然科学领域发展到了一定程度后，兰学家将目光投向了哲学思想和社会学思想，其中代表人物为山片蟠桃和司马江汉。山片蟠桃从物理学和天文学的角度出发，探索认识世界的观念，指出应当以唯物的观念认识自然界和人类社会。司马江汉则从天文学中的天体运行规律出发，提出了社会平等观，并对当时日本社会务虚不务实等弊端进行抨击。在前人的思想基础之上，学者们不断扩大对地理学的研究，日本逐渐意识到自身作为岛国而面临的外部危机，渡边华山依照兰学知识，明确提出了社会变革理论，主张向西方学习科学技术，改变"专于内患、不虑外患"的海防体制。③

其次，从地区上看，兰学传播和发展的地区也越来越多。以江户为中心发展开来的兰学在大槻玄泽等人的努力下不断发展壮大并迅速向周边扩散，京都、大阪、长崎均成为兰学兴盛地区。当时兰学家讲授兰学知识、从事兰学研究的学塾称为"兰塾"或"兰学塾"。兰学塾以1786年大槻玄泽在江户开办的芝兰堂为起点，以江户为中心不断向外扩展，到19世纪初已遍布长崎、大阪、京都等地，成为一股新兴的教育力量，在江户时代的学塾教育中占有不可小觑的一席之地。

---

① 钟放. 试论医学在兰学中的核心地位及其原因[J]. 日本研究论集，1999（2）：176-185.
② 周维宏. 试论兰学对日本近代思想界的影响[J]. 历史教学，1985（7）：20-25.
③ 赵德宇. 兰学述论[J]. 日本研究论集，1996（00）：270-284.

最后，兰学的多样性还体现在学习和研究之人的身份上。兰学塾的特点之一便是学生的身份和来源地十分复杂。据海原彻的统计，111名适塾（由当时的名医、兰学大家绪方洪庵创建的兰学塾）的塾生出身中：藩士15人，占13.5%；官医、藩医、陪臣医46人，占41.5%；町医34人，占30.6%；农民13人，占11.7%；町人、神官3人，占2.7%。① 由此可见，兰学塾的学生来自不同阶层。从塾生的来源地看，几乎涵盖日本全境。到了19世纪末，兰学群体已经遍布长崎、江户、大阪、京都以及各个藩国，据统计，杉田玄白的天真楼学生分别来自38国（行政设置的一种），其中东海道诸国26人，东山道诸国25人，北陆道诸国18人，山阴道诸国6人，山阳道诸国6人，南海道诸国10人，西海道诸国12人，畿内山城1人。② 这些来自不同阶层和地区的学生带着热忱慕名而来努力学习兰学知识和技术，也体现了当时兰学的传播之广、影响之深，正如杉田玄白所说的那样——"兰学犹如滴油入水而布满全池""遍及海内流布四方每年都有译著问世"。③

### （三）兰学的曲折性——屡受打击与逐渐变容

兰学的发展过程并不是一帆风顺的，随着兰学在各个学科领域的传播，在巩固了日本近代科学基础的同时，一些有识之士开始对幕府的封建统治提出批判，甚至出现了"社会平等观"等此类对抗幕府统治的思想。可想而知，幕府便不再能容忍兰学的进一步发展，转而施以打压与限制。到了幕末时期，在内外条件的促使下，兰学逐渐转变为幕末洋学。

首先，1790年德川幕府实行宽政异学之禁。随着兰学的传播，西方自由、平等、民主的思想观念深入人心，这与日本封建等级制度是相对立的，因此兰学被幕府斥为异端邪说。然而考虑到兰学的影响深远，想要完全禁止是不可能的，于是幕府便将它限制在官府统治之下，试图让其只作为技术工具发挥作用即可。此后由于日俄关系紧张，幕府急需翻译人才来提供国际情况，便设立了"兰书译局"，这标志着幕府彻底实现了对兰学的统制和垄断，兰学成了为统治者服务的工具，逐渐失去了其批判性。

其次，西博尔德事件是对兰学的又一次沉重打击。德国医生西博尔德1823年8月来到日本长崎的出岛，当时来日外国人不被允许离开出岛，但医生的身份使西博尔德得到了统治者的信任和准许，他得以前往长崎的城镇开展行医活动。1824年，西博尔德在长崎创办了鸣泷塾，教授西方医学，许多兰学者曾师从于他。1828年，西博尔德回国时，于其行李中发现了他人赠送的日本地图和带有将军家家纹的葵纹和服等禁止带出

---

① 杨晓峰.兰学塾教育及其影响[J].日本问题研究，2001（2）：34-39.
② 同上.
③ 杉田玄白.兰学事始[M].东京：岩波书店，1982：182.

日本的东西。于是，西博尔德遭到软禁，之后被遣返回国，并且被禁止再度来日。涉及此事的兰学家一律被处以严厉处罚甚至付出生命的代价，这一事件给兰学的发展带来了很大的打击，兰学家们也人人自危，有些甚至放弃了兰学研究。

最后，是 1839 年的蛮社之狱。在当时的内外危机之下，兰学家们经常聚在一起探讨兰学、讨论时政，并在文章中针对一些事件发出对幕府统治的批判之声，例如高野长英的《戊戌梦物语》、渡边华山的《慎机论》等。还有一些兰学家揭露了锁国政策的危害，主张开国与其他国家进行往来。他们的言论动摇了幕府的统治，因此众多兰学家遭到逮捕，他们或被遣返原籍，或被流放荒地，抑或是遭到终身拘禁。这一事件对兰学和兰学家来说又是一次极大的迫害，自此兰学开始走向衰落。

有学者认为，到明治维新止，近世的洋学经历了前后相继的南蛮文化、兰学、幕末洋学三个阶段。[①] 的确，兰学在日本的顺利兴起离不开南蛮文化的铺垫；到了幕末时期，鸦片战争清朝的失败、佩里来航等事件使得日本的统治者越发意识到通过学习西方科学技术来增强自身实力的重要性。同时，幕末洋学的知识来源也从兰学时代的荷兰语书籍扩展到了英、法、德、俄等多种语言的著述。[②] 这样一来，在内外条件促使下，兰学逐渐转变成为幕末洋学。由此可见，兰学从兴起到发展再到变容是一个十分复杂和曲折的过程，这不是一门一成不变的学问或仅仅只风靡一时的学术热潮，兰学上承下启的复杂性质和曲折发展，使它在日本近代化过程中必定留下浓墨重彩的印记。

## 三、兰学的影响

虽然日本兰学的发展十分曲折，但它对日本有着广泛而深刻的影响，无论在科技文化领域、思想领域还是教育领域，兰学都对日本近代化进程起到了重要的推动作用。

首先，在近代科学技术方面，兰学大量引进西方先进科技，推动了日本近代科学的发展，在学术领域开辟了新天地。兰学以医学为起点，首先将近代西方医学引入日本，打破了一直以来汉方医学的统治局面。西方医学的精准性和显著的治疗效果使得日本医学获得了长足的进步，并使日本知识界进一步认可了实证科学。医学领域之外的自然科学也得到了大力发展，包括物理、化学、地理，以及测量、修船造船、制铁技术等，这些技术知识对于重视实学的幕府来说至关重要，它们一方面提高了经济生产水平，缓解了当时幕府的财政危机；另一方面则随着兰学者们的努力研究与传播，使得日本近代科学的发展也迈开了有力的步伐。后来的兰学逐步扩展至人文社科领域，弥补了前期其只注重科学技术的缺陷，使之逐渐成为一门综合全面的学问，且改变了

---

① 赵德宇. 日本近世洋学与明治现代化 [J]. 南开大学学报（哲学社会科学版），2010（3）：11-20.
② 同上。

江户时期日本的学术格局，兰学与儒学、国学并驾齐驱成为江户三学之一。得益于科技的发展，日本在思想意识和物质两方面的实力获得了增长，为此后的明治维新打下了科学技术上的重要铺垫。

其次，在思想观念方面，兰学加速了日本传统封建思想的崩溃，使日本认识世界的方式发生了变化，为日本摆脱锁国状态、加入世界发展潮流提供了思想上的助力。随着科技的引入，西方的社会思想也不可避免地随着兰学的发展与传播渗透进了日本社会。兰学在地理学和航海学上的拓展，帮助日本进一步地了解了世界形势，极大地改变了过去日本对世界的狭隘认知，从而使得日本以世界格局的角度进行发展。与此同时，随着对世界认知的改变，日本国内传统的观念也遭到了质疑。日本开始将政治制度向西方模式靠拢，逐渐抛弃了以中国为模板的发展方式，这对于明治初期以欧洲为模板，改革自身政治制度起到了铺垫作用。除此之外，兰学的研究范围还扩展到了政治领域及海防策略和军事演练策略，并提出了批判幕府闭关锁国的"开国论"等理论，这在一定程度上动摇了幕府的封建统治。在西方国家强烈向外扩张的时代，兰学使日本意识到国际形势之危急，继续锁国已经不再现实，兰学的发展对于日本由锁国向开国的转变产生了重要的推动作用。

最后，在近代教育方面，兰学的传播促进了日本近代教育的发展，并为日本培养了大量专业人才。兰学的学塾传授了先进的西方技术文化，兰学塾的广泛建立为幕末、明治初期洋学教育的发展奠定了基础，同时也为明治政府开展近代教育提供了经验，其教育方针也被幕末和明治初期兴办的洋学塾所继承。[①] 兰学塾培养了众多掌握西方科学技术的实用型知识人才，例如日本著名的启蒙思想家福泽谕吉就曾求学于兰塾，与其他兰塾同窗共同翻译了从荷兰舶来的大量资料，通过对这些资料的学习和研究，福泽谕吉对世界局势有了更加深刻的把握，这对于此后他提出"脱亚入欧"等理论也存在一定的助力。与福泽谕吉相似，大村益次郎曾出任兰学塾之一的"适塾"的塾长，对兰学和西方思想文化有着深入了解的他于明治时期后投身于近代化军队建制，被称为"明治军神"和"日本军制之父"。再如大鸟圭介，他也曾是适塾的学生，后来则负责明治初期日本教育制度及法律的起草工作。这些具备兰学素养的知识分子凭借优秀的个人能力及对日本发展独到的眼光和思想，在此后的倒幕运动和明治维新中起到了至关重要的作用。

## 结语

江户时代中后期，日本的生产力和经济基础已有一定的积累，一方面形成了新的町

---

① 杨晓峰. 兰学塾教育及其影响 [J]. 日本问题研究, 2001（2）: 34-39.

人阶层和町人文化圈，对于科学技术产生了新的需求；另一方面，在思想上则破除了传统思想的桎梏，为接受新思想提供了可能性。在西方列强环绕的局面之下，日本的知识分子抓住了兰学这一契机，通过兰学开始接触西方科技文明。兰学起始于围绕荷兰和荷兰语的学术学习，最先在医学领域取得了重大进步，进而延伸至广泛的科学研究领域，最终发展至社会思想领域和国政军事领域。兰学的传播首先引发了日本知识界和思想界的进步，进而转化为日本综合国力和社会经济方面的实力增长。兰学所培养出的知识分子对于日本近代的改革与转变起到了重要作用，兰学的发展为日本的近代化奠定了思想、物质和人才的基础，是日本近代化过程中极为重要的一个环节。不可否认的是，兰学在发展的过程中仍存在一定的局限性和软弱性，在政府的打压之下展现出疲软应对的态势，最终沦为幕府统治者的附庸，失去了作为一门学科的独立性和思想批判性，最后于江户时代末期至明治时代前期逐渐式微。因此，辩证地看待兰学的发展和影响，也是我们准确把握其历史地位的关键之一。

# 关于山鹿素行思想的文献综述研究

北京第二外国语学院日语学院  赖梦瑶[①]

[**摘要**]  山鹿素行（1622—1685）是日本江户时代（1603—1868）的兵学家、古学思想家。山鹿素行的思想形成过程可以分为五个时期：第一时期——修学时代；第二时期——三教一致时代；第三时期——朱子学中心时代；第四时期——古学时代；第五时期——日本学时代。山鹿素行的士道论、古学、中朝主义等思想在日本思想史上占据重要的地位；从思想脉络上看，山鹿素行在不断脱离朱子学的影响。但是，因他自幼的儒学素养，又使他无法脱离中国儒学的束缚。本文采用文献分析法和文献归纳法探讨山鹿素行思想与中国儒学的关系。

[**关键词**]  山鹿素行，中国儒学，士道论，古学，中朝主义

## 一、作为武士之"职分"的士道论

山鹿素行师从甲州流兵家小幡景宪（1572—1663）、北条流兵学开创者北条氏长（1609—1670），著《武教全书》（明历二年，1656），成了山鹿流兵学的始祖。与《叶隐》不同，山鹿素行提出了儒学色彩浓厚的士道论，为生活在元和偃武时代（1615—1853）的武士提供了生存的理由——教导三民。

> 凡云士之职，顾其之身，得主人而尽奉公之忠，交朋辈而厚信，慎身之独而专为义也。而于己身父子兄弟夫妇之不得已交接也。是亦云天下之万民不可不有之人伦，然农工商乃以其职业无眼，常住相从而不得尽其之道。士乃不事农工商之业而

---

[①]  赖梦瑶：北京第二外国语学院日语学院社会文化硕士研究生，研究方向为江户思想史。

专修此道，三民之间苟有乱人伦之辈则速罚，待以正人伦于天下。①

山鹿素行认为农、工、商三民因忙于自己的生计，无暇学习人伦之道，因此，不耕、不造、不沽的"士"就必须代替三民以正人伦，并对三民施以教导，而这就是士的职分。除此之外，士作为人伦的指导者，必须对主人尽忠，与朋友深交，独善其身。职分论是山鹿素行在士道论中不断强调的重点。谷口真子在《武士道与士道——围绕山鹿素行的武士道论》中通过分析山鹿素行的《圣教要录》《中朝事实》《武教小学》《山鹿语类·士道篇》来明确山鹿素行所描述的武士形象。山鹿素行所说的武士是"圣人之道"的模范，是三民之师。他们要自觉承担武力，勤奋修习武艺，支持主君，具备道德。从内外两个角度来说，要将二者统一，实现精神和肉体的规范化。作为三民之师，武士需要向三民展示"道"，惩罚乱人伦者，维护社会秩序。山鹿素行指出，日本的武士不同于中国的士大夫，武士是文武兼备的特别存在。山鹿素行武士道的特征是在作为帝王之学的兵学之上加上武士生存方式的具体方法。②前田勉认为，山鹿素行的思想从重视名誉、冲动、血气之勇的武士道转变为要求武士驾驭自己的职分论。《武教全书》中描绘了作为战斗者的武士形象；《山鹿语类》则全面展开职分论，即武士需要抑制自己的主观判断和行动，致力于成为能够统御自己的为政者。③

关于山鹿素行的士道论，目前有三个思考的视角。

第一个视角是与《叶隐》相比较，探究山鹿素行士道论的精神本质。张晓明在《关于山鹿素行士道论的研究》这篇论文中，将山鹿素行的士道论与《叶隐》做对比，从理论之源、精神本质、生死观、仇讨观的角度，探究新旧武士道理论的不同之处。④山鹿素行士道论的理论根源来自中国的儒学与朱子学，是"道之自觉"，他明确地反对殉死。对于复仇，山鹿素行重视复仇的结果，重视有道理、有计划的行动态度。张晓明在《"逆转"与不同中的新旧武士道论——以山鹿素行士道论和〈叶隐〉武士道论为中心》中，从山鹿素行士道论与《叶隐》武士道论的概念切入，分析新旧武士道论逆转的原因。张晓明认为，通过新旧武士道论的比较，可以清晰地看到江户时代武士道论是由一个稳定的外壳和不断变化的内核组成的构造。这个变化的核是按照武士生活方式的改变而不断地变化着的。探寻这一动向，就能够准确地把握武士道论从江户时代到明治的变

---

① 原文：「凡そ士の職と云は、其身を顧に、主人を得て奉公の忠を尽し、朋輩に交て信を厚くし、身の独りを慎で義を専とするにあり、而してこれが身に父子兄弟夫婦の得已ざる交接あり。是れ亦天下の万民各々なくんば不可有の人倫なりといへども、農工商は其職業に暇あらざるを以て、常住相従て其道を不_得_尽。士は農工商の業をさし置て此道を専つとめ、三民の間苟も人倫をみだらん輩をば速に罰して、以て天下の人倫に正しきを待つ。」广瀬丰.山鹿素行全集思想篇：七卷 [M].东京：岩波书店，1941：10-11.

② 谷口真子.武士道与士道——围绕山鹿素行的武士道论 [D].东京：早稻田大学，2012.

③ 前田勉.山鹿素行士道论的展开 [J].爱知教育大学日本文化研究室：日本文化論丛，2010（18）：1-19.

④ 张晓明.关于山鹿素行士道论的研究 [D].南宁：广西大学，2013.

迁过程。①

第二个视角是探究山鹿素行的士道论与中国的儒学、朱子学的关系。新渡户稻造言："关于严格意义上的道德教义，孔子的教育训条是武士道最丰富的渊源。"②如上所言，山鹿素行的士道论承袭了孔子的儒学，士道论的"道"是以孔子为师，致力于"圣人之道"。但是张晓明在论士道论与儒学的关系时，认为山鹿素行的士道论的基础是儒学思想，更确切地说是朱子学思想。山鹿素行的士道论就是他在批判并脱离朱子学的"形而上学的道德观"的基础上，继承朱子学"现实的道德观"而形成的。③山鹿素行作为古学派的先驱，主张回归周公、孔子之学，开批判朱子学之嚆矢。但在士道论中，山鹿素行对朱子学有改变，亦有承袭。山鹿素行在士道论中强调的武士之"日用"条目与朱子学的"八条目"——格物、致知、正心、诚意、修身、齐家、治国、平天下有异曲同工之妙。明历二年（1656），山鹿素行著《武教小学》。在这本书中，他提出了武士日常生活之基准。山鹿素行虽然批判朱子学，但是保留了对武士教育训条有益的朱子学实践论。

> 有宋晦庵，著述小学，人生而八岁至十四岁，教以洒扫、应对、进退之节。以爱亲、敬长、亲友之伦，且以嘉言善行为终篇。其功伟也，盛也。然，俗殊时变，用倭俗之士尤泥著，则阖国慕异域之俗，或学礼仪用异风，或成祭礼用异样，皆是不究理之误。学为格物致知，而非为效异国之俗。况士之道，其俗殆足用异俗乎。于幼稚之时习之，化其习为智，欲与心不成，诚先圣之实也。④

山鹿素行承认并赞同朱子学的基本教育方针，但是山鹿素行并未照搬朱子学有关中国士大夫的习俗，而是根据日本风俗，让武士进行作为模范的日常生活实践。

第三个视角是山鹿素行士道论对后世的影响。唐利国在《近世日本兵学与幕末的近代化转型——从山鹿素行到吉田松阴》中以山鹿流兵学为例，揭示长期被忽视或者被低

---

① 张晓明."逆转"与不同中的新旧武士道论——以山鹿素行士道论和《叶隐》武士道论为中心[J].日本问题研究，2015，29（4）：1-10.
② 新渡户稻造.武士道[M].矢内原忠雄，译.东京：岩波书店，2007.
③ 张晓明，乔莹洁.再探日本江户时期的武士道——以山鹿素行士道论和《叶隐》武士道论为中心[J].日本问题研究，2011，25（1）：35-41.
④ 广濑丰.山鹿素行全集思想篇：一卷[M].东京：岩波书店，1942：481-482.（原文：「有宋の晦庵、小学を述作して、人生れて八歳より十四歳に迄るまで、教ぶるに灑掃・応対・進退の節、親を愛し、長を敬し、友を親しむの倫を以てし、且つ嘉言善行を以て終篇となす。其の功偉なるかな、盛なるかな。然れども俗殊に時変ず。倭俗の士用ふる所尤も泥著して、則ち闔国に居て異域の俗を慕ひ、或は礼儀を学ぶに異風を用ひ、或は祭礼をなすに異様を用ふ。皆是れ理を究めざるの誤なり。学は物に格り知を致す為にして、而も異国の俗を效はんが為にあらず。況や士たるの道は、其の俗殆ど異俗を用ふるに足らんや。これを幼稚の時に習ひ、其の習ひ智と化し、心と成らんことを欲するの事は、誠に先聖の実なり。」）

估的日本近世兵学在幕末日本转型期的思想意义。山鹿素行吸收儒学而创立的山鹿流兵学是日本江户时代兵学的代表性流派，旨在适应武士由战斗者向统治者转变的时代需要，是一门涵盖军事学、伦理学和政治学等的综合学问，武士道论亦是其中一个不可或缺的组成部分。①黄滢在《论吉田松阴与山鹿素行的思想关联——以国体论、士道论和对外观为中心》中表明山鹿流兵学对吉田松阴的思想产生了影响，使其在知识上具有开放性、变革性，更加重视政略与伦理性。②吉田松阴自幼继承的家学就是山鹿流兵学，他精读《武教全书》，著《武教全书讲录》。除此之外，乃木希典也研读山鹿素行的《谪居童问》《山鹿语类》《武教小学》等，给予了山鹿素行很高的评价。从他们之后的行动中也可以窥见山鹿素行的武士道论对近代日本产生了深远的影响。

## 二、批判朱子学之嚆矢

江户时期，日本国内安定，德川幕府重视文教政策，朱子学成为当时的官学。山鹿素行八岁时，师从朱子学巨擘林罗山，从此与儒学结下不解之缘。四十岁时，他的思想由信奉朱子学转向古学。山鹿素行于宽文年间（1661—1673）写成了《山鹿语类》与《圣教要录》，形成了他独特的儒学体系——圣学。"予者师周公孔子，不师汉唐宋明之诸儒，学志圣教，而不志异端。"③山鹿素行将"汉唐宋明"之儒学视为异端，表明直接向周公、孔子学习的志向。但也就是这部使他成为古学鼻祖的《圣教要录》让他遭受了流放之苦。山鹿素行为何要批判朱子学？批判朱子学的契机是什么？他自己又是如何形成自己的圣学的？

宽文二年（1662），山鹿素行阅读朱熹和吕祖谦所编的《近思录》，对书中周濂溪的"无极而太极"感到困惑。

> 八月十九日在宿，见近思录。周子曰：无极而太极。予曰，易之系辞，有太极生两仪，而无无极之言。周子首说无极。……孔子于《易》未曾言及无极也。比于周子无极之道理者，犹若画蛇添足矣。④

---

① 唐利国. 近世日本兵学与幕末的近代化转型——从山鹿素行到吉田松阴[J]. 日本学刊，2021（S1）：139.
② 黄滢. 论吉田松阴与山鹿素行的思想关联——以国体论、士道论和对外观为中心[D]. 长春：东北师范大学，2019.
③ 广濑丰. 山鹿素行全集思想篇：十一卷[M]. 东京：岩波书店，1940：6.
④ 广濑丰. 山鹿素行全集思想篇：十一卷[M]. 东京：岩波书店，1940：421.（原文：八月十九日在宿、近思録を見る。周子曰く、「無極而太極」予曰く、易の繋辞に、太極生両儀と出でて、無極の言無し。周子はじめて無極の説を出せり....孔子易に於いて無極の沙汰なし。無極の道理あるべきを論ぜざるにあらざれば、周子の無極は蛇に足を添ふるに比すべきか。）

周濂溪于《太极图说》中说无极,山鹿素行感到了违和,不赞同周濂溪的逻辑顺序。因为朱子吸收和继承了周子的学问,所以山鹿素行批判朱子学。但是,山鹿素行在建立圣学之时,全盘否定了朱子学吗?"唯朱元晦,于圣经有大功。"① 由此可推知,山鹿素行对朱子思想是有极高的评价。石桥贤太在《山鹿素行的周濂溪批判——以与对朱子的评价对比为中心》中认为,在比较山鹿素行思想与朱子思想的不同之前,应考察朱子思想与周濂溪思想的关系。周濂溪的学问缺乏实践性,与重视现实的朱子相比,有着天壤之别。虽然山鹿素行对朱子予以了很高的评价,但也未全面肯定朱子的学问,而问题就在朱子未能摆脱周濂溪的影响。山鹿素行对朱子学并未采取全盘否定的态度,对朱子学的实学价值还是给予了非常高的评价。② 窦兆锐也在《关于山鹿素行圣学的成立——围绕朱子学的受容与变容(朱子学中心时代)》中指出,山鹿素行从朱子学中吸收到的是"治国平天下"的实学精神和以"修养论"为体,以"政治论"为用的"体用一致"思维模式,但并非直接拿来用的。③ 也就是说,山鹿素行是在对朱子学进行吸收和改造的过程中形成自己的圣学的。朱子学的原理论由理气论和心性论构成,通过比较朱子和山鹿素行对它们的阐述,探究山鹿素行的古学特点。

首先,朱子的理气论讨论的是"理"与"气"孰先孰后的问题。

> 问:昨谓未有天地之先,毕竟是先有理,如何?
> 曰:未有天地之先,毕竟也只是理。有此理,便有此天地;若无此理,便亦无天地,无人无物,都无该载了!有理,便有气流行,发育万物。④

理是先天地而存在的,是永恒的、至高无上的。又曰:

> 宇宙之间一理而已,天得之而为天,地得之而为地,而凡生于天地之间者,又各得之以为性。

(《朱文公文集》卷七十)

首先,朱子认为,理是唯一的存在,是天地万物存在的基础。其次,朱子的理具有

---

① 广濑丰.山鹿素行全集思想篇:十一卷[M].东京:岩波书店,1940:15.(原文:唯だ朱元晦、大いに聖経に功あり。)
② 石桥贤太.山鹿素行的周濂溪批判——以与对朱子的评价对比为中心[J].文学部纪要·哲学,2018(60):65-82.
③ 窦兆锐.关于山鹿素行圣学的成立——围绕朱子学的受容与变容(朱子学中心时代)[J].冈山大学大学院社会文化科学研究科纪要,2013(36):3.
④ 黎靖德.朱子语类:卷第一[M].北京:中华书局,1986:1.

共通性，也具有特殊性。

> 太极只是天地万物之理。在天地言，则天地中有太极；在万物言，则万物中各有太极。未有天地之先，毕竟是先有此理。动而生阳，亦只是理；静而生阴，亦只是理。①

> 伊川说得好，曰："理一分殊。"合天地万物而言，只是一个理；及在人，则又各自有一个理。②

由此可见，朱子认为宇宙是一理，万物又各自有一理。万物的一理体现在宇宙的一理之中。山鹿素行是接受第一个观点的，即他也认为理是宇宙万物的存在基础。

> 天能覆，地能载，日月运，四时行，云行雨施。生各品物者，阴阳五行。阴阳五行，推其源，则一理。③

但是，山鹿素行反对理先气后说，他认为理、气不可分，二者是彼此相连的东西。理也并非超越气的存在，而是构成万物的气的机能。除此之外，山鹿素行对理也有自己的理解。

> 有条理之谓理，事物之间，必有条理，条理紊则先后本末不正，性及天皆训理，尤差谬也，凡天地人物之间，有自然之条理，是礼也。④

由此可见，山鹿素行的理并非具有共通性，而是具体的、有特性的。那么对于朱子的心性论，山鹿素行又是如何解释的呢？

"人之所以生，理与气合而已。天理固浩浩不穷，然非是气，则虽有是理而无所凑泊。故必二气交感，凝结生聚，然后是理有所附着。"⑤朱子认为对于人来说，理与气缺一不可。并且，"性者，即天理也，万物禀而受之，无一理之不具"⑥。他主张"性即理"，将性分为气质之性与本然之性，二者具有不相离、不相杂的特性。关于性之善恶，

---

① 黎靖德．朱子语类：卷第一［M］．北京：中华书局，1986：1．
② 黎靖德．朱子语类：卷第一［M］．北京：中华书局，1986：2．
③ 广瀬丰．山鹿素行全集思想篇：二卷［M］．东京：岩波书店，1942：28．（原文：天能く覆ひ地能く載せ、日月運り四時行はれ、雲行き雨施して、品物各々其の生を遂ぐる者は陰陽五行のみ。陰陽五行、其の源を推す時は則ち一理のみ。）
④ 广瀬丰．山鹿素行全集思想篇：十一卷［M］．东京：岩波书店，1940：42．
⑤ 黎靖德．朱子语类：卷第四［M］．北京：中华书局，1986：65．
⑥ 黎靖德．朱子语类：卷第五［M］．北京：中华书局，1986：96．

"心有善恶,性无不善。若论气质之性,亦有不善"①,朱子坚持的是"性善说"。

但是,山鹿素行认为心性是人的一种肉体机能,如感觉、认知。他反对将天命之性与气质之性分开进行讨论,"师曰:人之性只是性也,推其本则为天命使人禀受此理气之妙用也。谓气质之性时,须论天命之性,故唯曰性耳。论及天命、气质,更无功于圣学而足以起纷扰之说也"②。与朱子学先天的"性善说"不同,山鹿素行虽然承认性善,但是他所论性善并不是无条件的,他的性善是形而下的事,事善则性善。

可以看出,对于朱子学的理论,山鹿素行不是绝对性否认,而是改造性重构,使其符合自己的逻辑自洽。其原因正如窦兆锐所说,山鹿素行的思维是根植于形而下的现实社会,山鹿素行将对于气的形而上的理变容为形而下的气之理,而这正是素行学成立的起点。③

## 三、归回日本的中朝主义

山鹿素行于宽文九年(1669)著成《中朝事实》,其内容是"日本型华夷思想"的代表。《中朝事实》中的"中华""中国"指的是日本,"外朝"指的中国。山鹿素行认为:

> 恒观沧海之无穷者,不知其大;常居原野之无畦者,不识其广,是久而狃也。岂唯海野乎?愚生中华文明之土未知其美。专嗜外朝之经典,嘐嘐慕其人物,何其放心乎!何其丧志乎!将尚异乎④。

由此可观,山鹿素行对仰慕中国之人感到不满,他认为日本同样拥有优秀的文明,但本国人却不自知,反而盲目崇拜异国"风俗"。山鹿素行著写《中朝事实》的目的就是让日本人重新认识到日本的优越性。众所周知,山鹿素行也曾是中华文明的"追随者",但从他对本国的自我赞美中可以看出,他有了从崇拜中华到重新审视本国、崇拜本国的思想转向。那么促使山鹿素行发生转变的原因是什么呢?

董灏智在《江户古学派的"日本优越论"》中从两个角度分析了山鹿素行提出"日

---

① 黎靖德.朱子语类:卷第五[M].北京:中华书局,1986:89.
② 广濑丰.山鹿素行全集思想篇:十卷[M].东京:岩波书店,1940:240.(原文:師曰く、人の性は只だ性なり、其の本を推せば便ち天の命人をして此の理気の妙用を禀受せしむるなり。気質の性と謂ふときは、須らく天命の性を論ずべし、故に唯だ性と曰ふのみ。天命.気質を論じ来るも、更に聖学に功なく紛擾の説を起すに足れり。)
③ 窦兆锐.关于山鹿素行圣学的成立——围绕朱子学的受容与变容(朱子学中心时代)[J].冈山大学大学院社会文化科学研究科纪要,2013(36):13.
④ 广濑丰.山鹿素行全集思想篇:十三卷[M].东京:岩波书店,1940:7.

本为中国"这一论调的原因。第一个原因是"明清鼎革",江户时代日本人对此最直接的反应就是"华夷变态"。第二个原因是受到了南明乞师者朱舜水的影响。作者认为朱舜水对日本的赞美之词在帮助日本重新塑造"中华"形象的同时,更刺激了日本学者塑造自己为"中华"形象的举动。正因如此,山鹿素行《汉和中朝事实》的出现反而让人觉得顺理成章。① 可以说,这两种原因唤起了山鹿素行的自他意识。

山鹿素行也通过对"中国"一词的重构说明日本更应被称为"中国"的理由。黄俊杰在《论中国经典中"中国"概念的涵义及其在近世日本与现代台湾的转化》中指出,日本儒者对"中国"一词进行意义重构的方法有以下两种:第一,日本儒学将"中国"一词从政治意义转化为文化意义;第二,以普遍性理念瓦解"中国"一词的特殊性意涵。山鹿素行就属于前者,他的"中国"一词指文化意义的"得其中",并不是指政治意义的中国。山鹿素行解构了中国经典中以"中国"一词指中国兼具政治中心与文化中心之旧义,并成功地论述日本因为文化上及政治上"得其中",故远优于地理意义上的中国,更有资格被称为"中国"的理由。②

窦兆锐在《"日本中华思想"的理论建构与历史影响——以山鹿素行为中心的考察》中分析了"日本中华思想"的理论基础。山鹿素行的"日本中华思想"是建立在对朱子学的批判与改造之上,他否定朱熹的道统系谱,借弟子之口自封圣人道统的唯一真传,通过中华道统的东传实现日本道统的自立。除此之外,山鹿素行的"日本中华思想"还具有强烈的占有性和扩张性。③

前田勉在《山鹿素行〈中朝事实〉的华夷观念》中指出,《中朝事实》中存在两种华夷观念,一种为"中国(儒学)华夷观念",另一种为"日本型华夷观念"。作者从"皇统论""武威论""水土论"的角度出发,阐述山鹿素行的"日本型华夷思想"。从中可以窥探出山鹿素行虽强调日本的"中国"地位,想排除中华文明的辐射,却摆脱不了"中国(儒学)华夷观"的影响。④ 山鹿素行作为一名儒者,仍然遵从儒家区分华夷的观点,承认自己生于中华文明之上、师周公孔子,并且以礼来区分华夏与蛮夷。在儒家思想史上,礼乐文明是判定华夷身份的标准。没有礼,"中华"就会转变为"夷狄"。山鹿素行虽然强烈地想摆脱日本"夷狄观",但他同样也对于传统上的中国抱有炽热的情怀。

---

① 董灏智.江户古学派的"日本优越"论[J].史学月刊,2017(04):129-133.
② 黄俊杰.论中国经典中"中国"概念的涵义及其在近世日本与现代台湾的转化[J].开放时代,2010(9):58-63.
③ 窦兆锐."日本中华思想"的理论建构与历史影响——以山鹿素行为中心的考察[J].社会科学战线,2022(3):130-137.
④ 前田勉.山鹿素行《中朝事实》的华夷观念[J].爱知教育大学研究报告:人文·社会科学编,2010(59):47-54.

石桥贤太在《关于山鹿素行〈中朝事实〉的定位考察——关于思兼神的评价》一文中以一种独特的视角去分析山鹿素行著《中朝事实》的目的。作者着眼于山鹿素行对思兼神的评价来解读《中朝事实》。①思兼神是《日本书纪》中出现的神，山鹿素行认为他视野开阔并且行动符合孔子"学而不思则罔，思而不学则殆"的思想。山鹿素行借用神代事迹，阐述自己关于学问的"想法"。因为明清交替，日本国内对中国的评价急转直下，对儒学的态度也大不如前，山鹿素行感受到了中国儒学在日本的危机。《中朝事实》以《日本书纪》中的神代、古代日本的事迹为题材，看似是为了宣扬国家主义，实则是为了在日本维护儒学的有效性。

## 结语

山鹿素行生活于江户时代初期，当时东亚变动、明清交替；日本国内政局虽较为安稳，但是失去"建功立业"的机会的武士需要在新社会中重新找到一种平衡；朱子学成为官学，崇拜中华文化之风日渐兴盛。在这样的社会背景下，山鹿素行用自己的学问知识对当时的现实社会一一地做出了解答，即何为武士、何为"圣学"、何为日本。山鹿素行将武士的生存之道与中国儒学相结合，为武士找到了存在的意义。他批判、解构朱子学，主张回归周公、孔子的"圣学"；最后，山鹿素行想要回归日本的"神代"，重塑本国的形象。在做出解答的过程中，山鹿素行虽一步一步地想要脱离中国儒学的束缚，却无法逾越中国儒学的范畴。正如张晓明所说，山鹿素行的思想具有"临界"与"转向"的双重意义，一方面他要依靠"中华"思想资源确立"本邦"的主体性，另一方面他又要摆脱"中华"的思想意识以确立纯粹"本邦"的主体。②但是，山鹿素行对中国儒学实践性的反思，也意味着日本本土儒学的觉醒，他的思想也对之后的国学、幕末运动产生了深刻的影响。

---

① 石桥贤太.关于山鹿素行《中朝事实》的定位考察——关于思兼神的评价[J].文学部纪要，2023（65）：119-135.

② 张晓明.重新审视山鹿素行的日本思想史地位——临界与转向的双重意义[J].日本问题研究，2022，36（5）：37-46.

# 关于伊藤仁斋对"四书"诠释的研究综述

北京第二外国语学院日语学院　刘笑言①

[**摘要**] 伊藤仁斋是日本江户时代（1603—1868）古学思想的代表人物，早期崇尚朱子学，后在批判其"四书体系"的基础上对《论语》《孟子》《大学》《中庸》进行了新的诠释，确立"语孟二书"的权威，否定"学庸"在宋儒中的高贵地位。他将"血脉"和"意味"的方法论贯穿于"四书"的诠释之中，以孔孟之道为评判标准，对朱子学建立的"四书体系"进行反省和批判，复古儒学，旨在回归孔孟思想的核心价值。

[**关键词**] 伊藤仁斋，古学思想，四书

## 引言

伊藤仁斋（1627—1705），名维桢，字源佐，号仁斋，又号古义堂、棠阴。伊藤仁斋是日本江户时代的著名哲学思想家、古学派的代表人物，主张复古之学，反对朱子学。对于儒家经典的诠释和理解，伊藤仁斋与朱子学派有所不同，他强调对经典的逐字逐句的解读，认为只有孔孟之学才是真正的儒学，而朱熹在诠释四书时添加了太多的个人想法和过度理解，偏离了经典的本义。因此伊藤仁斋强调直接阅读和理解经典，主张去除朱子学的烦琐体系，回归到原始的儒学思想。

伊藤仁斋并非从一开始就是批判朱子学的，他早期尊崇朱子学，"余十六七岁时读朱子《四书》，窃自以为是训诂之学，非圣门德行之学，然家无他书，《语录》《或问》《近思录》《性理大全》等书，尊信珍重，熟思体玩，积以岁月，渐得其肯綮"②。其子伊藤东涯（1670—1736）曾在《先府君古学先生行状》中写道："自是覃心于伊洛之学，

---

① 刘笑言：北京第二外国语学院硕士研究生，研究方向为日本思想史。
② 伊藤仁斋.古学先生文集6卷[M].京都：古義堂，1717.

专读性理大全朱子语类等书，日夕研磨，诣其精奥。"① 也就是说，伊藤仁斋最初接触儒学是通过阅读朱子的著作，而不是直接研究《论语》《孟子》等。他曾深入专注地阅读和研究朱子学的经典著作和理论体系，日夜钻研，体悟其中的深意和哲理。伊藤仁斋撰写的《读予旧稿》中记载：

> 予自十六七岁溺好宋儒之学，尊信《近思录》、《性理大全》等书，手之口之，目熟心惟，昼夜不辍，廓然晓通，略有所得。于是著前三论，自以为无愧于宋诸老先生。其后三十七八岁，始觉明镜止水之旨非是，渐渐类推，要之实理，衅隙百出，而及读语孟二书，明白端的，殆若逢旧相识矣，心中欢喜，不可言喻焉，顾视旧学，若将误一生。②

起初，伊藤仁斋对朱子学非常热衷，尊重并信赖朱子学理论，并希望能够在其领域有所成就。然而，随着研究的深入和修行的实践，他开始怀疑朱子学的理念是否真正可信，并逐渐意识到朱子学体系中存在着各种微小的问题和矛盾。直到阅读了《论语》和《孟子》两部书，他才理解了儒学的真正含义。伊藤仁斋由最初的尊崇朱子学逐渐转向怀疑朱子学，最终批判朱子学，形成了"反朱子学"的古学思想。伊藤仁斋在批判以"四书体系"为支柱的朱子学的基础上对四书进行了新的诠释，他试图摒弃一些朱子学中过于烦琐和僵化的观念，对朱子学体系进行重构，旨在回归儒家经典的本义和核心价值。他重新诠释四书的过程和成果也体现了他的古学思想。因此，本文以文献综述的方式，梳理关于伊藤仁斋与《论语》《孟子》《中庸》《大学》诠释的研究，进而明确伊藤仁斋古义学的思想架构。

## 一、古义思想的"语孟体系"

伊藤仁斋将《论语》和《孟子》作为古义思想的核心，运用血脉与意味的方法论对其进行新的诠释。而对于血脉和意味的概念，他在《语孟字义》中这样解释：

> 学问之法，予岐而为二，曰血脉，曰意味。血脉者，谓圣贤道统之旨，若孟子所谓仁义之说是也。意味者，即圣贤书中意味是也，盖意味本自血脉中来，故学者当先理会血脉，若不理会血脉，则犹舸之无柁，宵之无烛，茫乎不知其所底止，熬论先后，则血脉为先，论难易，则意味为难，何者血脉犹一条路，既得其路程，则

---

① 伊藤東涯. 古學先生伊藤君碣銘 [M]. 林羲端九成, 1707.
② 伊藤仁斋. 古学先生文集 6 卷 [M]. 京都：古義堂, 1717.

千万里之远，亦可从此而至矣①。

根据伊藤仁斋的阐述，所谓血脉，指的是圣贤道统的精髓，就像孟子所说的仁义之道。而意味则指圣贤书籍中所包含的深意。伊藤仁斋重视"孔孟之血脉"，强调："读孟子者，当先知血脉，而意味自在其中矣。读论语者，当先知其意味，而血脉自在其中矣。"②董灏智认为孔孟二人传承了尧舜汤武等古圣先王之道，但宋儒却曲解了圣人的精神，没能很好地继承和理解其中的血脉和意味。"语孟二书"是"孔孟之血脉"的载体，伊藤仁斋在重新阅读和解释四书的过程中，将"四书体系"简化为"语孟体系"。关于《论语》和《孟子》的关系，伊藤仁斋又强调："论语为最上至极宇宙第一书""孟子之书，为万世启孔门之关钥者也。"③也就是说，伊藤仁斋认为《论语》是道理最深奥的书籍，而《孟子》就是理解孔子思想和儒家学说的重要钥匙。这两部书籍在儒家经典中占据着重要的地位，并相互关联。对此，张晓明（2022）认为《孟子》主要论述了《论语》中的"仁义"之说，这体现了二者血脉之所在。伊藤仁斋与朱熹不同，格外强调孔子、孟子绝对权威的道统地位。伊藤仁斋将《论语》与《孟子》升格至《大学》《中庸》之上，朱子学的"四书体系"被彻底破坏，以"语孟体系"为支柱的古义思想逐渐形成。

伊藤仁斋对于理学家所重视的《大学》和《中庸》持有明显的否定态度。尤其是对于被视为四书五经之首的《大学》，他称其"非孔氏之遗书"。伊藤仁斋在《大学非孔氏之遗书辨》中提及："孔孟之学，以仁为宗，而凡学者莫不从事于此，《大学》独属之于人君，而无为学者道之者，是亦与孔孟之旨异矣。""作大学者不知其意在，见诗书多有明德之言，而漫述之耳，岂非不识孔孟之意乎？""盖战国之时，人人言'利'，虽被儒服者，每忧其术之不售，必以利啖人，所谓'生财有大道'，又曰'以义为利'，盖用此术也。大学非孔氏之遗书彰彰然明矣。"④这些观点都体现了伊藤仁斋对《大学》的强烈批判，从他的论述来看，孔孟之学的血脉所指即为仁义，所有的学者都应当从事于仁的实践。然而，《大学》这本书却只适用于君主，强调利益，其内容和价值取向都与孔孟之学的宗旨不符，缺少了"孔孟之血脉"。张晓明（2021）在《东亚儒学的复古思潮与伊藤仁斋的古义学——以〈孟子〉的诠释为中心》中总结：伊藤仁斋对朱子学的"四书体系"进行了彻底的变革，在"血脉"和"意味"的方法论的指导下，他全面否定了《大学》在"四书体系"中与《论语》《孟子》和《中庸》的平等地位，将"语孟

---

① 関儀一郎.日本儒林叢書 第6冊［M］.東京：東洋図書刊行会，1929.
② 関儀一郎.日本儒林叢書 第6冊［M］.東京：東洋図書刊行会，1929.
③ 伊藤仁斎.孟子古義［M］.京都：文泉堂，1720.
④ 吉川幸次郎，清水茂.日本思想大系33：伊藤仁斎・伊藤東涯［M］.東京：岩波書店，1971.

二书"中所寓含的"仁义"确立为权威。①

综上所述,在伊藤仁斋的古学思想中,孔孟之道是儒学的本源,语孟二书承载了孔孟之血脉,是理解孔孟之学"意味"的钥匙。因此在重新诠释四书的过程中,仁斋将语孟二书置于权威地位,升格于《大学》《中庸》二书之上,此举破坏了朱子学的"四书体系",古义思想的"语孟体系"得以形成。

## 二、伊藤仁斋对《论语》的诠释

伊藤仁斋将《论语》视为宇宙第一的书籍,认为其中包含了孔子思想的精髓,并称"从前学者皆以《论语》徒为孔门一时问答之语,而不知其高于六经之上矣。道之所以不明不行于天下后世者,职此之由,学者不可不审诸"②。伊藤仁斋将孔门的宗旨归纳为"仁",对《论语》的诠释主要围绕着对"仁"的理解展开。田畑真美(2002)讨论了伊藤仁斋对"仁者"的态度:伊藤仁斋认为《论语》并不是用来定义"仁"的书籍,它鲜明地探讨了仁的实态,即完成了仁的人=仁者。伊藤仁斋在《论语古义》中提道:"为人之实心,而其德不可量也。"③这表示在对待他人时,应该抱有纯粹而真诚的感情,不应考虑个人利益,这便是仁者的态度。伊藤仁斋所理解的仁者是真实无欺地面对他人,超越自我与他人之间的隔阂,成为爱的主体。伊藤仁斋曾提道:给予他人帮助应该在自身能力所及的范围内进行,而不应为了顺从他人而舍弃自己,自我牺牲。他的论点强调了自我和他者之间的关系是相等的。如果完全舍弃自我,就会被轻视。也就是说,在珍视自我的同时,与他人相互依存,并保持自我和他人之间的平衡关系是非常重要的④。

上述观点在《日本重要哲学家著作编译和研究》⑤一书中也有所体现:作者认为伊藤仁斋往往从他者的视角出发看待问题,他曾在《童子问》中表达过"互相亲爱的话家庭就能和睦,很多事便可以成功"的想法,因此伊藤仁斋的"仁"是在相互爱的交互中实现的。此外,作者指出伊藤仁斋在思考问题的时候从不与日常脱离,能够发现自我和他者均能领会之处。对于"仁"的定义,伊藤仁斋论述道:

> 问仁为圣门第一字者,其旨如何?曰,仁之为德大矣,然一言以蔽之,曰爱而已矣。在君臣谓之义;父子谓之亲;夫妇谓之别;兄弟谓之叙;朋友谓之信,皆自

---

① 张晓明.东亚儒学的复古思潮与伊藤仁斋的古义学——以《孟子》的诠释为中心[J].日语学习与研究,2021(3):49-58.
② 伊藤仁斋.童子問[M].東京:岩波書店,1970.
③ 伊藤仁斋.論語古義[M].京都:奎文館,1712.
④ 田畑真美.伊藤仁斎における「仁者」について:『論語』雍也篇三〇を中心に[J].道徳と教育,2002.
⑤ 史少博,土田健次郎,許家晟.日本重要哲学家著作编译和研究[M].北京:中国社会科学出版社,2015.

爱而出。盖爱出于实心，故此五者自爱而出则为实，不自爱而出则伪而已。故君子莫大于慈爱之德，莫戚于残忍刻薄之心。孔门以仁为德之长，盖为此也。①

在《论语》和朱子学中，对于仁并没有明确的定义，而对于伊藤仁斋对仁的定义，作者解释道：伊藤仁斋用爱来阐述仁，他认为如果没有按照爱的准则行事，就无法被认定为是至高无上的道。在他的定义中，爱以血缘关系为基础，而这种强调家族关系的爱与墨家所倡导的普遍平等的爱是相对立的。总体而言，这是以家族为基础，维持社会秩序并实现社会整体统一的爱②。

关于伊藤仁斋用爱来解释仁这一点，刘姝（2014）认为仁与爱之间由实心相连，伊藤仁斋将《论语》中忠信的概念转化为实心，将五伦关系中的具体情感转化为爱。然而，后来的儒家学者有些专注于探讨人的性命之道，有些强调追求虚静之道，还有些将仁理解为理或性。这些观点相对脱离了人伦日用的实际，偏离了孔孟思想的初衷③。

## 三、伊藤仁斋对《孟子》的诠释

伊藤仁斋视《孟子》为《论语》之义疏，他曾这样评价《孟子》：

孟子之书，为万世启孔门之关钥者也。孔子之言，平正明白，似浅而实深，似易而实难，浑浑沦沦，蟠天根地，靡知其所底极。至于孟子，谆谆然指其向方，示其标的，使学者知源委之所穷。故性命道德，仁义礼智等说，皆当以孟子之言，为之脚注。而解其义，切不可从字面，求其意趣焉。盖孔子之时，犹白日中天，有目者能行，故其教人，之告之以修为之方，而不待复详解其义，孟子之时，犹暗夜行道，必待明烛，故不得不明解其义，示所向方焉。若夫欲观孔子之道，而不由孟子者，犹渡水无舟楫，岂得能济乎。呜呼，孟子之书，实后世之指南夜烛也。④

伊藤仁斋认为，孟子的著作对后世起到了指引和启示的作用，帮助人们更好地理解和实践孔子的道德思想，如果不熟读《孟子》就无法理解《论语》的真谛。伊藤仁斋首先从性善问题展开对《孟子》的诠释。朱谦之（2000）在《日本的古学及阳明学》中写道："《论语》言教而道在其中，《孟子》言道而教在其中，但在道和教之外，还有性之

---

① 伊藤仁斎.童子問[M].東京：岩波書店，1970.
② 史少博，土田健次郎，许家晟.日本重要哲学家著作编译和研究[M].北京：中国社会科学出版社，2015.
③ 刘姝.伊藤仁斋"仁学"思想研究[D].武汉：武汉大学，2014.
④ 伊藤仁斎.孟子古義[M].京都：文泉堂，1720.

一字。"① 而伊藤仁斋这样区分性、道、教：

> 道至关大矣，固不待论，然不能使人为圣为贤，所谓非道弘人是也。其所以使人为圣为贤，开来学而致太平者，皆教之功也，所谓人能弘道是也。故道为上，教次之；然而使人之性顽然无智，如鸡犬然，则虽有百圣贤，不能使其教而之善；惟其善，故其晓道受教，不啻若地道之敏树，故性亦不可不贵，此性道教之别也。②

道虽然是至关重要的，却不能使人成为圣贤。而能够传播道德，使人成为圣贤的就是教育。因此，道德是至高无上的，教育紧随其后；然而，若人本性愚顽，即使有百位圣贤的教导，也无法领悟而行善。只有具备善良的品性，才能理解道并接受教，因此，性、道、教三者是不可或缺的。朱谦之（2000）总结："仁斋以道为上，教次之，性为尽道受教之地。道是世界观，教是其教育哲学，性是其人生观和社会哲学。"③

贾晰（2022）指出："伊藤仁斋认为，《论语》主要关注对弟子的教化方法，但其中也蕴含了对'性'的揭示；而《孟子》则专注于探讨人性的善恶问题，但其所言之性善是为了更好地阐明孔子所提倡的仁义。因此，《论语》和《孟子》侧重点虽然有所不同，但它们是血脉相连的。并且，孔子和孟子对于'性'的阐释看似不同，但实际上却是相辅相成、互相贯通的。"④ 孔子强调"性相近，习相远"，注重教的作用。对于孔子不言性善的行为，贾晰（2022）认为仁斋的看法是如果人们能够按照孔子的教导行事，那么无论他们的本性如何，只要他们遵循各自的志向并勤奋学习，就能够实现自己的理想，踏入圣贤的境地。因此，孔子并非一定要强调性之善。这一观点体现了在伊藤仁斋古义学中教的重要地位，教是成为圣贤的必要途径。孟子曰："恻隐之心，人皆有之"，主张"人无有不善"，但又认为"人之可使为不善，其性亦犹是也"。"若夫为不善，非才之罪也。"也就是说，孟子虽然主张人性本善，但他并不否认孔子"性相近"的观点，而是在此基础上强调性善。伊藤仁斋在《语孟字义》中有过这样的论述：

> 夫天下之性，参差不齐，刚柔相错，所谓性相近，是也。而孟子以为，人之气禀，虽刚柔不同，然其趋于善，则一也。犹水虽有清浊甘苦之殊，然其就下，则一也。盖就相近之中，而举其善而示之也。⑤

---

① 朱谦之. 日本的古学及阳明学 [M]. 北京：人民出版社，2000.
② 伊藤仁斎. 童子問 [M]. 東京：岩波書店，1970.
③ 同①。
④ 贾晰. 德非性与性趋善——从德·性论探析伊藤仁斋古义学之返古开新 [J]. 日本问题研究，2022(5)：47-61.
⑤ 伊藤仁斎. 語孟字義 [M]. 奈良：大和文華館，1683.

对于这段论释，张晓明（2021）指出：在伊藤仁斋的思想中，程、朱二人将孔子的观点归类为气质之性，将孟子的观点归类为天命之性，这本身就存在一个矛盾。他认为孔孟是同一血脉的思想传承，他们的核心思想不可能相悖。孔子所说的性相近实际上是在阐述人性的差异，同时也指出了孟子所论的"性善"并没有背离气质之性的本质。伊藤仁斋认可了人性的多样性，同时通过趋于善来解释孟子关于性善的观点[①]。

此外，伊藤仁斋强调"盖天地之间，一元气而已"。张晓明（2021）认为伊藤仁斋在解释孟子的性善论时，指出"气一元论"与"性善"是相互关联的关系。他主张在讨论性善问题时应当以气质之性为基础，而不是程朱理学中将本然之性与气质之性对立起来的观点。伊藤仁斋采用了"气一元论"的观点，这一观点在古义学中树立了基本的思维方式，并对程朱理学中的本然之性和气质之性的二元对立进行了变革，特别是在思考性善问题时。他的观点使得孟子的性善观与孔子的性相近说得以保持一致。孟子的性善论是围绕四端所展开的，他定义："恻隐之心，仁之端也；羞恶之心，义之端也；辞让之心，礼之端也；是非之心，智之端也。"伊藤仁斋认同孟子四端的观点，廖晓炜（2016）指出，伊藤仁斋认为孟子的性善观点是基于人性中天生的道德意识，即人先天就有辨别善恶是非的能力。伊藤仁斋曰："虽盗贼之至不善，然乍见孺子之将入于井，必有怵惕恻隐之心，人有嗜欲可以受嘑尔之食，可以搂东家之处子，然必有羞恶之心为之阻隔，不敢纵其贪心，非心之善其能然乎？"[②]他特别强调孟子所说的四端之心所包含的为善能力，换句话说，四端之心是指具备良知和良能的本然善性[③]。

孟子曰："凡有四端与我者，知皆而扩而充之矣，若火之始然，泉之始达。"朱谦之（2000）提及伊藤仁斋在《语孟字义》中写道："所谓所不忍所不为者，即恻隐羞恶之心也，达云者即扩充之谓，盖谓使恻隐羞恶之心，无所不至无所不通。孟子之意岂非甚明白的当，其用功亦甚亲切易简哉！"[④]他认为，如果能将人性扩充到极致，那么每个人都有能力成为像尧舜一样的圣人，从而实现封建社会理想中所谓的"王道"社会。也就是说，通过人性的充分发展，可以创造一个道德高尚、和谐繁荣的理想社会[⑤]。因此，伊藤仁斋非常看重王道思想。

根据张崑将（2007）的论述，孟子的王道政治论由性善论阐发，由孔子的内圣之学扩展而来[⑥]。伊藤仁斋极度尊崇孟子思想，但他所认为的"王者之德"却与孟子不同，

---

① 张晓明.东亚儒学的复古思潮与伊藤仁斋的古义学——以《孟子》的诠释为中心[J].日语学习与研究，2021（3）：49-58.
② 伊藤仁斋.語孟字义[M].奈良：大和文華館，1683.
③ 廖晓炜.人伦、性善与仁爱：伊藤仁斋孟子学的特点及其局限[J].中国哲学史，2016（2）：114-121.
④ 伊藤仁斋.語孟字义[M].奈良：大和文華館，1683.
⑤ 朱谦之.日本的古学及阳明学[M].北京：人民出版社，2000.
⑥ 张崑将.日本德川时代古学派之王道政治论：以伊藤仁斋、荻生徂徕为中心[M].上海：华东师范大学出版社，2007.

他论述道：

> 以善服人者，霸者之事也；以善养人者，王者之德也。以善服人者，有意于服人，故人不服为；以善养人者，欲人智善，而无意于服之，故天下自不得不服为。诚伪之所分，其效有霄坡之异矣。①

张崑将（2007）阐述伊藤仁斋对于"王者之德"的理解与孟子的思想存在较大的差异。伊藤仁斋认为"王者之德"并不是基于内在道德价值判断，而是通过外在具体的行为表现，使人民能够安居乐业之"德"，也就是说，伊藤仁斋对于王者之德的标准是"善于养人之德"。然而，伊藤仁斋并不忽视仁义之道，他提倡"王道即仁义"，认为仁义是王道的核心要素。但问题在于他所理解的"仁"和"义"这两个概念与孟子的原意并不相同。孟子认为，建立仁政的基础是王者内心的"不忍人之心"，并将其扩充为实际的政治行为，即"不忍人之政"②。对于伊藤仁斋来说，王者之德是建立在外在具体行为表现上的，他注重王者的养民之德，强调王者应该善于服人，关注人民的利益和福祉，"王者乐天下之乐，忧天下之忧，以民为其赤子，故民亦亲戴其上"③。孟子则强调王者应该从内心的恻隐之心出发，去感知他人的苦难和需要，并以此为基础来实施仁政，认为王者的内心觉醒和行动实践在建立仁政方面起关键作用。

## 四、伊藤仁斋对《大学》《中庸》的诠释

前文提到伊藤仁斋将"语孟二书"置于权威地位，从血脉与意味的角度来看，伊藤仁斋认为《大学》非孔氏之遗书，《中庸》为《论语》之衍义。董灏智（2013）在论文《日本近世古学派的"四书观"——以伊藤斋为中心》中论述："伊藤仁斋对《大学》和《中庸》的出处《礼记》进行了否定，但《礼记》是在秦人焚烧经书之后才形成的，是汉人附会的产物。伊藤仁斋撰写了《大学定本》来重新诠释《大学》，他认为程朱理学对《大学》内容的调整是篡改，并不符合原意。伊藤仁斋以郑玄的《礼记·大学篇》为底本，对程朱的改动进行了校正，将《大学》分为十章，并调整了内容的顺序。在《大学》的诠释中，伊藤仁斋选择了'三纲领'而放弃了'八条目'，并代之以'六条目'。此外，伊藤仁斋在《大学定本》中对'格物致知'进行了新诠，曰：'格物云者，即先本始而后末终之谓，指诚意等六者，得先后之序而言。……致知，谓推致其心之所知

---

① 伊藤仁斋.孟子古義[M].京都：文泉堂，1720.
② 朱谦之.日本的古学及阳明学[M].北京：人民出版社，2000.
③ 伊藤仁斋.童子問[M].東京：岩波書店，1970.

也.'这也就是说,他将'格物'简化为'审事物之本末先后而正之',而'致知'则是明此道理。"①

伊藤仁斋指出:"圣人之道不出乎人伦日用之间,而中庸为极故其为教也。"②董灏智(2015)在论文《伊藤仁斋对〈大学〉与〈中庸〉的"去四书化"》中提及:"伊藤仁斋否定了《中庸》的原文内容。据他的观点,原本长度为四千二百余字的《中庸》一书,只有九百三十余字是可取之处。伊藤仁斋质疑了宋儒所赋予《中庸》作为孔门心法经典地位的论述。在《中庸》的诠释中,他将其中的第一句'天命之谓性,率性之谓道,修道之谓教'理解为'道为人伦日用之道'。此外,伊藤仁斋还批判了宋儒对《中庸》中关于'喜怒哀乐未发'的解释,认为这是古《乐经》的错入。"③伊藤仁斋在《中庸发挥》中写道:"言人莫不有父子君臣夫妇昆弟朋友之伦,亦莫不有亲义别叙信之道,皆循其性,而非有所矫揉造作,故曰循性之谓道。明礼义,谨孝弟,以为之教,故曰修道之谓教。"④董灏智(2015)认为,尽管伊藤仁斋不同意宋儒的心性之学,但他难以回避先秦儒家思想中关于人性的讨论,特别是孟子的"性善论"。伊藤仁斋认同孟子的性善观点,否定了朱子学中的"心统性情"和"已发未发"之论,也解构了"性即理"的观念⑤。

## 结语

总之,伊藤仁斋从另一个角度对"四书"做出了诠释,质疑了"学庸二书"在程朱理学中的权威地位,将朱子学的四书体系简化为由《论语》《孟子》二书所构建的语孟体系,以孔孟之血脉贯穿古学思想体系,并强调"意味"的重要性。对于《论语》,伊藤仁斋主要解释了"仁"的含义,将"仁"与以血缘为基础的"爱"联系在一起,反对将"仁"阐释为"理"或"性"的观点;对于《孟子》,伊藤仁斋在把握《论语》的"意味"基础上从性善、扩充四端、王道政治论等方面进行了详细的论述;对于《大学》和《中庸》,伊藤仁斋对其进行了去四书化,反对朱子学对其的解释方式。然而,伊藤仁斋对于四书的诠释在日本思想界中却饱受争议,荻生徂徕称其摒《学》《庸》《系辞》而不用,判先王与孔子教而二之,则一何与被浮屠中日莲相似。⑥廖晓炜指出伊藤仁斋

---

① 董灏智.日本近世古学派的"四书观"——以伊藤仁斋为中心[J].社会科学战线,2013(12):98-101.
② 伊藤仁斋.大學定本[M].京都:古義堂,1713.
③ 董灏智.伊藤仁斋对《大学》与《中庸》的"去四书化"[J].东北师大学报(哲学社会科学版),2015(6):113-116.
④ 伊藤仁斋.中庸発揮[M].京都:古義堂,1714.
⑤ 董灏智.日本近世古学派的"四书观"——以伊藤仁斋为中心[J].社会科学战线,2013(12):98-101.
⑥ 井上哲次郎.日本古学派之哲学[M].王起,译.北京:中国社会科学出版社,2021.

的反理学和去形而上学的立场导致了对孟子心性论的诠释缺乏深度[①]。张晓明认为古学派对"理"的批判无法解构朱子学体系，只是中日社会形态和政治体制的不同体现[②]。

虽然伊藤仁斋对四书的诠释存在着一些争议和漏洞，但其旨在回归孔孟思想的核心价值，强调道德修养和人伦日用之道的重要性。这一点无疑为后世学者提供了新的思考角度，推动了孔孟之学在日本的复兴和发展，对日本儒学的发展也产生了一定积极的影响。

---

[①] 廖晓炜.人伦、性善与仁爱：伊藤仁斋孟子学的特点及其局限[J].中国哲学史，2016（2）：114-121.
[②] 张晓明.儒学日本化的一个典型——以古学对《孟子》评价的分歧为中心[J].日本学研究，2022（1）：196-207.

# 东亚文化交涉学视域下日本所藏敦煌文献研究的考察[①]

北京第二外国语学院日语学院　安　琪[②]　王凌岳[③]　付亮朝[④]　陈若婕[⑤]

[**摘要**] 从1900年在敦煌莫高窟藏经洞发现敦煌文献算起，敦煌学的发展已历经百余年。从目前情况来看，日本保存的敦煌文献数量较少，但纵观百年国际敦煌学研究史，日本敦煌学得到了长足的发展，取得了丰硕的研究成果。东亚文化交涉学是一门新兴学科，该学科以"东亚"这一超越国家、民族，具有某种统合性的文化综合体为研究对象，以其内部的文化的形成、接触、传播及变迁等为关注点，以人文学领域的多维性、综合性的视角全面剖析文化交涉的诸多方面。从东亚文化交涉学角度切入，在日本所藏敦煌文献、大谷探险队与敦煌文献、京都大学敦煌研究年报与敦煌文献、中日敦煌文献研究成果著作等方面探究敦煌学在日本的发展及其对中国敦煌研究者观点产生的影响。日本自古以来就与中国交流频繁，具有东方文化基础。通过对日本敦煌学研究成果的梳理，从文化交涉学的角度进行研究，不仅有助于整理敦煌学发展脉络，还能丰富中日两国文化交流与融合变迁研究。

[**关键词**] 东亚文化交涉学，日本敦煌学，敦煌文献

## 一、日本现存敦煌文献资料

日本所藏敦煌文献情况十分复杂，许多分散在私人手中，据前人统计，流失在日本

---

[①] 本文为北京第二外国语学院大创项目"东亚文化交涉学视域下日本所藏敦煌文献研究的考察"的结项成果。
[②] 安琪：北京第二外国语学院日语学院本科生，研究方向为日本文化。
[③] 王凌岳：北京第二外国语学院日语学院本科生，研究方向为日本文学。
[④] 付亮朝：北京第二外国语学院日语学院本科生，研究方向为日语语言学。
[⑤] 陈若婕：北京第二外国语学院日语学院本科生，研究方向为中日历史交互。

的敦煌文献约有1000卷，大部分由大谷探险队从中国偷运回日本，另一部分是由随后来到中国访问的个别日本学者搜集偷带出境。除一部分私人收藏外，日本大部分的敦煌文献及收藏品都藏于日本大谷大学、龙谷大学、国立国会图书馆、京都国立博物馆、三井文库、书道博物馆、天理图书馆、有邻馆、东洋文库、大东急纪念文库等地方。整体分布广泛，类别明显，而较分散，情况复杂。我们将搜集的目录与资料进行整理合并并分析，得出以下分布数据与规律：

日本所藏敦煌文献以佛教文书为主，占据80%以上；其次分别是政治类文书、历史类文书、经济类文书；还有少数文学作品以及医学、道教、儒学著作。在佛教文献中，以经卷、佛法的数量最多，其中《法华经》《妙法莲华经》《大般涅槃经卷》《摩诃般若波罗蜜经》的收藏数量较多，版本多样，对研究我国佛教的发展脉络有重大的意义。以上佛教文献较为完整的收录在京都国立博物馆、京都家政女学校、国会国立图书馆等机构。在政治类文书中较为重要的就是《李柏文书》，在1908年被橘瑞超在楼兰遗址发现并带回，是研究中国西域概况及行书发展的重要文书。在经济类文书中，京都龙谷大学及奈良有邻馆收藏有案牍、信札及少量文书，如《给田文书》《买地券》等，对研究我国唐代土地制度及市场交易有重要意义。

根据搜集的目录及文献，笔者按照收藏机构或收藏者进行了分类整理（见表1、表2）。

**表1 日本现存敦煌文献资料（按收藏机构分类）**

| 序号 | 题名 | 卷数 | 收藏机构 |
| --- | --- | --- | --- |
| 1 | 「天寶二年交河郡市估案」斷片 | 一卷 | 大谷大學 |
| 2 | 『大般若波羅蜜多經』卷第二百七十五 | 一卷 | 大谷大學 |
| 3 | 『大乘入楞伽經』卷第一 | 一卷 | 大谷大學 |
| 4 | ウイグル文『天地八陽神呪經』 | 一卷 | 大谷大學 |
| 5 | ウイグル文『文殊師利成就法』 | 一卷 | 大谷大學 |
| 6 | ウイグル文アビダルマ論書 | 一卷 | 大谷大學 |
| 7 | クホータン語『ザンバスタの書』 | 一卷 | 大谷大學 |
| 8 | サンスクリット『白傘蓋陀羅尼經』 | 一卷 | 大谷大學 |
| 9 | チベット字サンスクリット法身偈 | 一卷 | 大谷大學 |
| 10 | トカラ文寺院出納文書 | 一卷 | 大谷大學 |
| 11 | 阿毘曇經 | 一卷 | 大谷大學 |
| 12 | 寶梁經 | 一卷 | 大谷大學 |
| 13 | 寶梁經卷上 | 一卷 | 大谷大學 |
| 14 | 寶梁經卷上 | 一卷 | 大谷大學 |
| 15 | 悲華經 | 一卷 | 大谷大學 |

续表

| 序号 | 题名 | 卷数 | 收藏机构 |
| --- | --- | --- | --- |
| 16 | 悲華經卷第二 | 一卷 | 大谷大學 |
| 17 | 悲華經卷第二 | 一卷 | 大谷大學 |
| 18 | 北魏·華嚴經卷第四十七 | 一卷 | 大谷大學 |
| 19 | 比丘含注戒本·本草集註 | 一卷 | 大谷大學 |
| 20 | 比丘尼波羅提木叉戒本 | 一卷 | 大谷大學 |
| 21 | 大般涅槃經 | 一卷 | 大谷大學 |
| 22 | 大般涅槃經卷第卅 | 一卷 | 大谷大學 |
| 23 | 大般涅槃經卷第卅 | 一卷 | 大谷大學 |
| 24 | 大般涅槃經卷第卅 | 一卷 | 大谷大學 |
| 25 | 大般涅槃經卷十一、十二 | 一卷 | 大谷大學 |
| 26 | 大般涅槃經卷十一、十二 | 一卷 | 大谷大學 |
| 27 | 大般若波羅蜜多經 | 一卷 | 大谷大學 |
| 28 | 大方廣佛華嚴經 | 一卷 | 大谷大學 |
| 29 | 大方廣佛華嚴經卷第四十七 | 一卷 | 大谷大學 |
| 30 | 大方廣佛華嚴經卷第四十七 | 一卷 | 大谷大學 |
| 31 | 大方廣佛華嚴經卷第四十七 | 一卷 | 大谷大學 |
| 32 | 大方廣佛華嚴經卷第四十七 | 一卷 | 大谷大學 |
| 33 | 大方廣佛華嚴經卷第四十七 | 一卷 | 大谷大學 |
| 34 | 大方廣佛華嚴經卷第四十七 | 一卷 | 大谷大學 |
| 35 | 大通方廣經 | 一卷 | 大谷大學 |
| 36 | 大通方廣經卷中 | 一卷 | 大谷大學 |
| 37 | 大通方廣經卷中 | 一卷 | 大谷大學 |
| 38 | 大通方廣經卷中 | 一卷 | 大谷大學 |
| 39 | 大通方廣經卷中 | 一卷 | 大谷大學 |
| 40 | 大疑神瑞寫無量壽經 | 一卷 | 大谷大學 |
| 41 | 大智度論 | 一卷 | 大谷大學 |
| 42 | 大智度論卷第一、二 | 一卷 | 大谷大學 |
| 43 | 大智度論卷第九十五 | 一卷 | 大谷大學 |
| 44 | 大智度論卷第九十五 龍樹菩薩造 | 一卷 | 大谷大學 |
| 45 | 大智度論卷第九十五 | 一卷 | 大谷大學 |
| 46 | 大智度論卷第九十五 | 一卷 | 大谷大學 |
| 47 | 大智度論卷第九十五 | 一卷 | 大谷大學 |
| 48 | 大智度論卷九十五（首闕） | 一卷 | 大谷大學 |
| 49 | 大智度論卷一、卷二 | 一卷 | 大谷大學 |

续表

| 序号 | 题名 | 卷数 | 收藏机构 |
|---|---|---|---|
| 50 | 敦煌本阿毘曇經卷第廿六 | 一卷 | 大谷大學 |
| 51 | 敦煌本大無量壽經卷上 | 一卷 | 大谷大學 |
| 52 | 敦煌出土十誦比丘尼波羅提木叉戒本 | 一卷 | 大谷大學 |
| 53 | 敦煌千佛洞から發掘した寫經の一部 | 一卷 | 大谷大學 |
| 54 | 法華觀世音經 | 一卷 | 大谷大學 |
| 55 | 法華經卷第三 | 一卷 | 大谷大學 |
| 56 | 法華經卷第五 | 一卷 | 大谷大學 |
| 57 | 法華經卷第五 | 一卷 | 大谷大學 |
| 58 | 法華經卷第七 | 一卷 | 大谷大學 |
| 59 | 佛本行集經 | 一卷 | 大谷大學 |
| 60 | 佛本行集經 | 一卷 | 大谷大學 |
| 61 | 佛本行集經卷第一 | 一卷 | 大谷大學 |
| 62 | 佛說孛經抄 | 一卷 | 大谷大學 |
| 63 | 佛說大乘稻芉經 | 一卷 | 大谷大學 |
| 64 | 佛說救疾經 | 一卷 | 大谷大學 |
| 65 | 佛說無量壽經 | 一卷 | 大谷大學 |
| 66 | 佛說享門品經 | 一卷 | 大谷大學 |
| 67 | 佛說享門品經 | 一卷 | 大谷大學 |
| 68 | 佛說享門品經 | 一卷 | 大谷大學 |
| 69 | 佛說延壽命經 | 一卷 | 大谷大學 |
| 70 | 給田文書 | 一卷 | 大谷大學 |
| 71 | 華嚴經卷第二十、二十一 | 一卷 | 大谷大學 |
| 72 | 華嚴經卷第二十、二十一 | 一卷 | 大谷大學 |
| 73 | 華嚴經卷第四十七 | 一卷 | 大谷大學 |
| 74 | 繪入りウイグル文『スダーナ本生話』 | 一卷 | 大谷大學 |
| 75 | 金剛般若波羅蜜經 | 一卷 | 大谷大學 |
| 76 | 金剛般若波羅蜜經 | 一卷 | 大谷大學 |
| 77 | 金剛般若波羅蜜經 | 一卷 | 大谷大學 |
| 78 | 金剛般若經 | 一卷 | 大谷大學 |
| 79 | 金剛般若經 | 一卷 | 大谷大學 |
| 80 | 金剛般若經 | 一卷 | 大谷大學 |
| 81 | 金剛般若經 | 一卷 | 大谷大學 |
| 82 | 金光明經卷第六 | 一卷 | 大谷大學 |
| 83 | 金光明最勝王經 | 一卷 | 大谷大學 |

续表

| 序号 | 题名 | 卷数 | 收藏机构 |
| --- | --- | --- | --- |
| 84 | 金光明最勝王經 | 一卷 | 大谷大學 |
| 85 | 金光明最勝王經卷第六 | 一卷 | 大谷大學 |
| 86 | 金光明最勝王經卷第六 | 一卷 | 大谷大學 |
| 87 | 救疾經 | 一卷 | 大谷大學 |
| 88 | 救疾經 | 一卷 | 大谷大學 |
| 89 | 救疾經 | 一卷 | 大谷大學 |
| 90 | 孔雀王呪經 | 一卷 | 大谷大學 |
| 91 | 孔雀王呪經 | 一卷 | 大谷大學 |
| 92 | 孔雀王呪經 | 一卷 | 大谷大學 |
| 93 | 孔雀王呪經 | 一卷 | 大谷大學 |
| 94 | 藍達王經 | 一卷 | 大谷大學 |
| 95 | 藍達王經 | 一卷 | 大谷大學 |
| 96 | 李柏尺牘稿（重要文化財）（斷片群の一部） | 一卷 | 大谷大學 |
| 97 | 連珠花文紙畫（假稱） | 一卷 | 大谷大學 |
| 98 | 妙法蓮華觀世音經 | 一卷 | 大谷大學 |
| 99 | 妙法蓮華觀世音經 | 一卷 | 大谷大學 |
| 100 | 妙法蓮華觀世音經 | 一卷 | 大谷大學 |
| 101 | 妙法蓮華經 | 一卷 | 大谷大學 |
| 102 | 妙法蓮華經卷第三 | 一卷 | 大谷大學 |
| 103 | 妙法蓮華經卷第三 | 一卷 | 大谷大學 |
| 104 | 妙法蓮華經卷第五 | 一卷 | 大谷大學 |
| 105 | 妙法蓮華經卷第五 | 一卷 | 大谷大學 |
| 106 | 妙法蓮華經卷第五 | 一卷 | 大谷大學 |
| 107 | 妙法蓮華經卷第五 | 一卷 | 大谷大學 |
| 108 | 妙法蓮華經卷第五 | 一卷 | 大谷大學 |
| 109 | 妙法蓮華經卷第七 | 一卷 | 大谷大學 |
| 110 | 妙法蓮華鏡卷第七 | 一卷 | 大谷大學 |
| 111 | 摩訶般若波羅蜜經 | 一卷 | 大谷大學 |
| 112 | 摩訶般若波羅蜜經 | 一卷 | 大谷大學 |
| 113 | 摩訶般若波羅蜜經 | 一卷 | 大谷大學 |
| 114 | 毘尼心 | 一卷 | 大谷大學 |
| 115 | 菩薩藏修道衆經抄 | 一卷 | 大谷大學 |
| 116 | 菩薩藏衆經抄卷第十二菩薩藏（修道） | 一卷 | 大谷大學 |
| 117 | 菩薩藏修道衆經抄卷第十二 | 一卷 | 大谷大學 |

续表

| 序号 | 题名 | 卷数 | 收藏机构 |
| --- | --- | --- | --- |
| 118 | 衆經抄卷第十三 | 一卷 | 大谷大學 |
| 119 | 千臂千眼大悲陀羅尼神呪經 | 一卷 | 大谷大學 |
| 120 | 千臂千眼大悲陀羅尼神呪經 | 一卷 | 大谷大學 |
| 121 | 千臂千眼大悲陀羅尼神呪經 | 一卷 | 大谷大學 |
| 122 | 十方千五百佛名 | 一卷 | 大谷大學 |
| 123 | 十方千五百佛名 | 一卷 | 大谷大學 |
| 124 | 十方千五百佛名 | 一卷 | 大谷大學 |
| 125 | 十方千五百佛名 | 一卷 | 大谷大學 |
| 126 | 十輪經 | 一卷 | 大谷大學 |
| 127 | 十輪經卷第五 | 一卷 | 大谷大學 |
| 128 | 十輪經卷第五 | 一卷 | 大谷大學 |
| 129 | 十輪經卷第五 | 一卷 | 大谷大學 |
| 130 | 十誦比丘尼波羅提木叉戒本 | 一卷 | 大谷大學 |
| 131 | 十誦比丘尼波羅提木叉戒本 | 一卷 | 大谷大學 |
| 132 | 十誦比丘尼波羅提木叉戒本 | 一卷 | 大谷大學 |
| 133 | 十誦比丘尼波羅提木叉戒本 | 一卷 | 大谷大學 |
| 134 | 隋·大通方廣經卷中 | 一卷 | 大谷大學 |
| 135 | 突厥（ルーニック）文字文書斷片 | 一卷 | 大谷大學 |
| 136 | 維摩詰經 | 一卷 | 大谷大學 |
| 137 | 維摩詰經卷第四 | 一卷 | 大谷大學 |
| 138 | 維摩詰經卷第四 | 一卷 | 大谷大學 |
| 139 | 維摩詰經卷第四 | 一卷 | 大谷大學 |
| 140 | 維摩詰經卷第四 | 一卷 | 大谷大學 |
| 141 | 無量壽經上卷（神瑞寫經） | 一卷 | 大谷大學 |
| 142 | 西夏文不明論典 | 一卷 | 大谷大學 |
| 143 | 賢愚經 | 一卷 | 大谷大學 |
| 144 | 賢愚因緣經第二 | 一卷 | 大谷大學 |
| 145 | 賢愚因緣經第二 | 一卷 | 大谷大學 |
| 146 | 享賢菩薩說證明經 | 一卷 | 大谷大學 |
| 147 | 箸尼心 | 一卷 | 大谷大學 |
| 148 | 遺教經 | 一卷 | 大谷大學 |
| 149 | 遺教經 | 一卷 | 大谷大學 |
| 150 | 遺教經 | 一卷 | 大谷大學 |
| 151 | 印沙佛 | 一卷 | 大谷大學 |

续表

| 序号 | 题名 | 卷数 | 收藏机构 |
|---|---|---|---|
| 152 | 雜寶藏經 | 一卷 | 大谷大學 |
| 153 | 雜寶藏經卷第十 | 一卷 | 大谷大學 |
| 154 | 雜寶藏經卷第十 | 一卷 | 大谷大學 |
| 155 | 周隆海買地券 | 一卷 | 大谷大學 |
| 156 | 諸經要抄 | 一卷 | 大谷大學 |
| 157 | 諸經要抄 | 一卷 | 大谷大學 |
| 158 | 諸經要抄 | 一卷 | 大谷大學 |
| 159 | 諸律行事要集 | 一卷 | 大谷大學 |
| 160 | 『大般泥洹經』卷第四 | 一卷 | 龍谷大學 |
| 161 | 『金光明最勝王經』卷第五 | 一卷 | 龍谷大學 |
| 162 | 『妙法蓮華經』卷第六 | 一卷 | 龍谷大學 |
| 163 | 『妙法蓮華經』如來神力品 | 一卷 | 龍谷大學 |
| 164 | 『無量壽觀經讚述』 | 一卷 | 龍谷大學 |
| 165 | 『無量壽經』卷上圖 | 一卷 | 龍谷大學 |
| 166 | アンペラ文書群 | 一卷 | 龍谷大學 |
| 167 | ウイグル文「天地八陽神呪經」 | 一卷 | 龍谷大學 |
| 168 | ウイグル文大乘無量壽經 | 一枚 | 龍谷大學 |
| 169 | ウイグル文天地八陽呪經 | 一卷 | 龍谷大學 |
| 170 | ウイグル文天文八陽神呪經 | 一卷 | 龍谷大學 |
| 171 | サンスクリット白傘蓋陀羅尼經 | 二枚 | 龍谷大學 |
| 172 | ソグド文法王經 | 三枚 | 龍谷大學 |
| 173 | チベット文「無量壽宗要經」 | 一卷 | 龍谷大學 |
| 174 | チベット字サンスクリット法身偈 | 二枚 | 龍谷大學 |
| 175 | トカラ語文書 | 一卷 | 龍谷大學 |
| 176 | トルファン・クチャ出土古寫經類 | 一卷 | 龍谷大學 |
| 177 | ホータン文ザンバスタの書 | 一枚 | 龍谷大學 |
| 178 | ホータン語佛典斷片(表)(裏) | 一卷 | 龍谷大學 |
| 179 | ミイラ履物 | 一卷 | 龍谷大學 |
| 180 | 北館文書 | 一卷 | 龍谷大學 |
| 181 | 本草集註第一敍錄 | 一卷 | 龍谷大學 |
| 182 | 比丘含注戒本・本草集註 | 一卷 | 龍谷大學 |
| 183 | 東晉 西域長史李柏文書 | 二通 | 龍谷大學 |
| 184 | 東晉・李柏尺牘稿 | 一卷 | 龍谷大學 |
| 185 | 董文徹牒文 | 一卷 | 龍谷大學 |

续表

| 序号 | 题名 | 卷数 | 收藏机构 |
|---|---|---|---|
| 186 | 唐代摺佛 三種（敦煌出土） | 一卷 | 龍谷大學 |
| 187 | 敦煌古經 | 一卷 | 龍谷大學 |
| 188 | 敦煌古寫經 | 一卷 | 龍谷大學 |
| 189 | 敦煌古寫經 | 一卷 | 龍谷大學 |
| 190 | 法華經如來神力品斷片 | 一紙 | 龍谷大學 |
| 191 | 法華經如來神力品斷片 | 一卷 | 龍谷大學 |
| 192 | 佛說阿彌陀經 | 一卷 | 龍谷大學 |
| 193 | 佛說要行捨身經 | 一卷 | 龍谷大學 |
| 194 | 佛說齋法清淨經 | 一卷 | 龍谷大學 |
| 195 | 給田文書 | 一卷 | 龍谷大學 |
| 196 | 給田文書 | 一卷 | 龍谷大學 |
| 197 | 給田文書 | 一卷 | 龍谷大學 |
| 198 | 古トルコ語マニ經文書 | 一枚 | 龍谷大學 |
| 199 | 古文書 | 一卷 | 龍谷大學 |
| 200 | 古語經典 | 一卷 | 龍谷大學 |
| 201 | 漢文古文書類 | 一卷 | 龍谷大學 |
| 202 | 天地八陽神呪經（回鶻文） | 一卷 | 龍谷大學 |
| 203 | 繪入ウイグル文ズダーナ本生話 | 二片 | 龍谷大學 |
| 204 | 繪入りウイグル文 | 一卷 | 龍谷大學 |
| 205 | 金剛明最勝王經卷第五 | 一卷 | 龍谷大學 |
| 206 | 覩貨羅文佛寺出納古文書（庫車出土） | 一紙 | 龍谷大學 |
| 207 | 李柏尺牘稿 | 一卷 | 龍谷大學 |
| 208 | 李柏尺牘稿 | 二通 | 龍谷大學 |
| 209 | 李柏尺牘稿 | 一卷 | 龍谷大學 |
| 210 | 李柏尺牘稿 | 一卷 | 龍谷大學 |
| 211 | 李柏尺牘稿（重文） | 一卷 | 龍谷大學 |
| 212 | 李柏尺牘稿（重要文化財） | 一卷 | 龍谷大學 |
| 213 | 連珠花文紙畫 | 一卷 | 龍谷大學 |
| 214 | 李柏文書（一）（樓蘭出土） | 一卷 | 龍谷大學 |
| 215 | 李柏文書（二）（樓蘭出土） | 一卷 | 龍谷大學 |
| 216 | 李柏文書（三）（樓蘭出土） | 一卷 | 龍谷大學 |
| 217 | 妙法蓮華經如來神力本 | 一卷 | 龍谷大學 |
| 218 | 妙法蓮華經卷第六 | 一卷 | 龍谷大學 |
| 219 | 妙法蓮華經如來神力品斷片 | 一卷 | 龍谷大學 |

续表

| 序号 | 题名 | 卷数 | 收藏机构 |
|---|---|---|---|
| 220 | 菩薩懺悔文 | 一卷 | 龍谷大學 |
| 221 | 缺田文書 | 一卷 | 龍谷大學 |
| 222 | 缺田文書 | 一卷 | 龍谷大學 |
| 223 | 人集録於十二部經修多羅内驗出對根起行法 | 一卷 | 龍谷大學 |
| 224 | 四部律及論要抄 | 一卷 | 龍谷大學 |
| 225 | 四分律冊繁補闕行事鈔卷上 | 一卷 | 龍谷大學 |
| 226 | 宿泊所文書（A） | 一卷 | 龍谷大學 |
| 227 | 宿泊所文書（B） | 一卷 | 龍谷大學 |
| 228 | 唐代文書（トウルハン出土） | 一卷 | 龍谷大學 |
| 229 | 逃戶文書 | 一卷 | 龍谷大學 |
| 230 | 逃戶文書（表） | 一卷 | 龍谷大學 |
| 231 | 逃戶文書（裏） | 一卷 | 龍谷大學 |
| 232 | 天寶二年交河郡市估案斷片 | 一卷 | 龍谷大學 |
| 233 | 退田文書 | 一卷 | 龍谷大學 |
| 234 | 退田文書 | 一卷 | 龍谷大學 |
| 235 | 無量壽觀經纘述 | 一卷 | 龍谷大學 |
| 236 | 無量壽歡經纘述 | 一卷 | 龍谷大學 |
| 237 | 無量壽經卷上 | 一卷 | 龍谷大學 |
| 238 | 無量壽經卷上 | 一卷 | 龍谷大學 |
| 239 | 無量壽宗要經 | 一卷 | 龍谷大學 |
| 240 | 無量壽宗要經（西藏文） | 二卷 | 龍谷大學 |
| 241 | 西夏文六祖壇經 | 一枚 | 龍谷大學 |
| 242 | 胡語經典殘簡（西域出土） | 一卷 | 龍谷大學 |
| 243 | 西域古文書・董文徹牒狀斷片 | 一卷 | 龍谷大學 |
| 244 | 西域古文書・給田文書斷片 | 一卷 | 龍谷大學 |
| 245 | 西域古文書・請紙文書 | 一卷 | 龍谷大學 |
| 246 | 西域胡語文獻 | 一卷 | 龍谷大學 |
| 247 | 悉達太子修道因緣 | 一卷 | 龍谷大學 |
| 248 | 寫經生歷試策 | 一卷 | 龍谷大學 |
| 249 | 印沙佛 | 一卷 | 龍谷大學 |
| 250 | 印沙佛 | 一幅 | 龍谷大學 |
| 251 | 用紙請求文書（A） | 一卷 | 龍谷大學 |
| 252 | 用紙請求文書（B） | 一卷 | 龍谷大學 |
| 253 | 讚阿彌陀佛偈 | 一卷 | 龍谷大學 |

续表

| 序号 | 题名 | 卷数 | 收藏机构 |
|---|---|---|---|
| 254 | 張懷寂告身 | 一卷 | 龍谷大學 |
| 255 | 紙の天蓋樣 | 一卷 | 龍谷大學 |
| 256 | 注維摩經 | 一卷 | 龍谷大學 |
| 257 | トルファン アスターナ 開元4年（714）紙本墨書 | 一卷 | 東京國立博物館 |
| 258 | 本唐上元二年寫大般若經卷一百十（敦煌出土） | 一卷 | 東京國立博物館 |
| 259 | 本武后時代寫論部斷片（敦煌出土） | 三紙 | 東京國立博物館 |
| 260 | 本武后時代寫論部斷片（敦煌出土） | 三紙 | 東京國立博物館 |
| 261 | 本西藏文前同經（敦煌出土） | 一卷 | 東京國立博物館 |
| 262 | 本西藏文前同經（敦煌出土） | 一卷 | 東京國立博物館 |
| 263 | 六朝時代寫摩訶僧祇比丘尼戒本（敦煌出土） | 一卷 | 東京國立博物館 |
| 264 | 六朝時代寫摩訶僧祇比丘尼戒本（敦煌出土） | 一卷 | 東京國立博物館 |
| 265 | 六朝寫本大般涅槃經卷第八（敦煌出土） | 一卷 | 東京國立博物館 |
| 266 | 六朝寫本大般涅槃經卷第八（敦煌出土） | 一卷 | 東京國立博物館 |
| 267 | 唐上元二年寫大般若經卷一百十（敦煌出土） | 一卷 | 東京國立博物館 |
| 268 | 唐寫本金剛經（敦煌出土） | 一卷 | 東京國立博物館 |
| 269 | 唐寫本金剛經（敦煌出土） | 一卷 | 東京國立博物館 |
| 270 | 唐寫本妙法蓮華經卷第二（敦煌出土） | 一卷 | 東京國立博物館 |
| 271 | 唐寫本妙法蓮華經卷第二（敦煌出土） | 一卷 | 東京國立博物館 |
| 272 | 唐寫本維摩經卷中（敦煌出土） | 一卷 | 東京國立博物館 |
| 273 | 唐寫本維摩經卷中（敦煌出土） | 一卷 | 東京國立博物館 |
| 274 | 五代寫本大乘無量壽宗要經（敦煌出土） | 一卷 | 東京國立博物館 |
| 275 | 五代寫本大乘無量壽宗要經（敦煌出土） | 一卷 | 東京國立博物館 |
| 276 | 押印經紙（敦煌出土） | 一卷 | 東京國立博物館 |
| 277 | 押印經紙（敦煌出土） | 一卷 | 東京國立博物館 |
| 278 | 戶籍文書 | 一卷 | 東京國立博物館 |
| 279 | 劉子殘卷 | 一卷 | 東京國立博物館 |
| 280 | 劉子殘卷 | 一卷 | 東京國立博物館 |
| 281 | 劉子殘卷 | 一卷 | 東京國立博物館 |
| 282 | 樹下人物圖紙背 戶籍帖・部分 | 一卷 | 東京國立博物館 |
| 283 | 大光義品第十一殘卷 | 一卷 | 京都國立博物館 |
| 284 | 大光義品第十一殘卷 | 一卷 | 京都國立博物館 |
| 285 | 大品經卷第二十八 | 一卷 | 京都國立博物館 |
| 286 | 法華經・大智度論斷简 | 一卷 | 京都國立博物館 |
| 287 | 摩訶般若波羅密優波提舍般若波羅密第二十七 | 一卷 | 京都國立博物館 |

续表

| 序号 | 题名 | 卷数 | 收藏机构 |
|---|---|---|---|
| 288 | 太上業報因緣經（敦煌出土） | 一卷 | 京都國立博物館 |
| 289 | 太上業報因緣經（敦煌出土） | 一卷 | 京都國立博物館 |
| 290 | 太上業報因緣經卷第八 | 一卷 | 京都國立博物館 |
| 291 | 西域法寶遺韻 | 一卷 | 國立國會圖書館 |
| 292 | 不知名佛經 | 一卷 | 國立國會圖書館 |
| 293 | 藏文寫經 | 一卷 | 國立國會圖書館 |
| 294 | 藏文寫經 | 一卷 | 國立國會圖書館 |
| 295 | 藏文寫經 | 一卷 | 國立國會圖書館 |
| 296 | 大般涅槃經卷第十八梵行品第八之四 | 一卷 | 國立國會圖書館 |
| 297 | 大般涅槃經高貴德王菩薩品之二 二十二（首行） | 一卷 | 國立國會圖書館 |
| 298 | 大般涅槃經卷第十一（首題） | 一卷 | 國立國會圖書館 |
| 299 | 大般涅槃經卷第十二（尾題） | 一卷 | 國立國會圖書館 |
| 300 | 大般涅槃經卷第十五（尾題） | 一卷 | 國立國會圖書館 |
| 301 | 大般若波羅蜜多經卷第一百七十四（首題） | 一卷 | 國立國會圖書館 |
| 302 | 大般若波羅蜜多經卷第二百一十四（首題） | 一卷 | 國立國會圖書館 |
| 303 | 大般若波羅蜜多經卷第三百五十一（首題） | 一卷 | 國立國會圖書館 |
| 304 | 大般若波羅蜜多經卷第五百九十三（首題） | 一卷 | 國立國會圖書館 |
| 305 | 大般若波羅蜜多經 | 一卷 | 國立國會圖書館 |
| 306 | 大乘無量壽經 | 一卷 | 國立國會圖書館 |
| 307 | 大乘顯識經卷上（首題） | 一卷 | 國立國會圖書館 |
| 308 | 大方便佛報恩經卷第一（尾題） | 一卷 | 國立國會圖書館 |
| 309 | 大方便佛報恩經卷第二（尾題） | 一卷 | 國立國會圖書館 |
| 310 | 大佛頂如來密因修正了義諸菩薩萬行首楞嚴經第九（首題） | 一卷 | 國立國會圖書館 |
| 311 | 大智度經 | 一卷 | 國立國會圖書館 |
| 312 | 道教叢書殘卷（正面），願文文範（背面） | 一卷 | 國立國會圖書館 |
| 313 | 道經 | 一卷 | 國立國會圖書館 |
| 314 | 佛頂尊勝陀羅尼神咒（首題） | 一卷 | 國立國會圖書館 |
| 315 | 佛經戒律二種（擬） | 一卷 | 國立國會圖書館 |
| 316 | 佛經疏釋（草書） | 一卷 | 國立國會圖書館 |
| 317 | 佛名經 | 一卷 | 國立國會圖書館 |
| 318 | 佛名經 | 一卷 | 國立國會圖書館 |
| 319 | 佛名經 | 一卷 | 國立國會圖書館 |
| 320 | 佛名經斷片 | 一卷 | 國立國會圖書館 |

续表

| 序号 | 题名 | 卷数 | 收藏机构 |
|---|---|---|---|
| 321 | 佛說大辯邪正經 | 一卷 | 國立國會圖書館 |
| 322 | 佛說灌頂章句拔除過罪生死得度經 | 一卷 | 國立國會圖書館 |
| 323 | 佛說無量壽宗要經 | 一卷 | 國立國會圖書館 |
| 324 | 佛說尊勝陀羅尼經咒大（首題） | 一卷 | 國立國會圖書館 |
| 325 | 金剛般若波羅蜜經 | 一卷 | 國立國會圖書館 |
| 326 | 金剛般若波羅蜜經 | 一卷 | 國立國會圖書館 |
| 327 | 金光明最勝王經卷第九 | 一卷 | 國立國會圖書館 |
| 328 | 金錄晨夜十方懺（首題） | 一卷 | 國立國會圖書館 |
| 329 | 淨名經關中釋抄卷上（首題） | 一卷 | 國立國會圖書館 |
| 330 | 妙法蓮華經卷第二（尾題） | 一卷 | 國立國會圖書館 |
| 331 | 妙法蓮華經卷第六（尾題） | 一卷 | 國立國會圖書館 |
| 332 | 妙法蓮華經譬喻品第三 | 一卷 | 國立國會圖書館 |
| 333 | 妙法蓮華經譬喻品第三 卷二（首題） | 一卷 | 國立國會圖書館 |
| 334 | 妙法蓮華授記品第六 | 一卷 | 國立國會圖書館 |
| 335 | 首羅比丘經 | 一卷 | 國立國會圖書館 |
| 336 | 四分戒本（首題） | 一卷 | 國立國會圖書館 |
| 337 | 阿箸曇箸婆沙卷 | 一卷 | 書道博物館 |
| 338 | 般若波羅蜜經 | 一卷 | 書道博物館 |
| 339 | 抱樸子內編卷第一殘卷 | 一卷 | 書道博物館 |
| 340 | 抱樸子內編卷第一殘卷 | 一卷 | 書道博物館 |
| 341 | 春秋左氏傳殘卷 | 一卷 | 書道博物館 |
| 342 | 春秋左氏傳殘卷 | 一卷 | 書道博物館 |
| 343 | 法華經玄贊 | 一卷 | 書道博物館 |
| 344 | 法華經玄贊義訣 | 一卷 | 書道博物館 |
| 345 | 法句譬喻經卷第三殘卷 | 一卷 | 書道博物館 |
| 346 | 法句譬喻經卷第三殘卷（敦煌出土） | 一卷 | 書道博物館 |
| 347 | 甘露元年寫・譬喻經（寫經） | 一卷 | 書道博物館 |
| 348 | 老女人經（寫經） | 一卷 | 書道博物館 |
| 349 | 論語 | 一卷 | 書道博物館 |
| 350 | 論語 | 一卷 | 書道博物館 |
| 351 | 論語 | 一卷 | 書道博物館 |
| 352 | 彌勒上生經 | 一卷 | 書道博物館 |
| 353 | 摩訶般若波羅密經卷第十四殘卷（敦煌出土） | 一卷 | 書道博物館 |
| 354 | 摩訶般若波羅蜜經卷第十四殘卷 | 一卷 | 書道博物館 |

续表

| 序号 | 题名 | 卷数 | 收藏机构 |
|---|---|---|---|
| 355 | 南華眞經卷第七 | 一卷 | 書道博物館 |
| 356 | 菩薩藏經第一殘卷 | 一卷 | 書道博物館 |
| 357 | 菩薩藏經第一殘卷（吐魯番出土） | 一卷 | 書道博物館 |
| 358 | 三國志（吳志第二十殘卷） | 一卷 | 書道博物館 |
| 359 | 三國志（吳志第二十殘卷） | 一卷 | 書道博物館 |
| 360 | 三國志（吳志第十二殘卷） | 一卷 | 書道博物館 |
| 361 | 搜神記 | 一卷 | 書道博物館 |
| 362 | 搜神記 | 一卷 | 書道博物館 |
| 363 | 搜神記 | 一卷 | 書道博物館 |
| 364 | 隋代書寫・摩訶般若波羅蜜經卷十 | 一卷 | 書道博物館 |
| 365 | 藥師瑠璃光如來本願功德經 | 一卷 | 書道博物館 |
| 366 | 莊子（天運篇第十四、知北遊篇第廿二） | 二卷 | 書道博物館 |
| 367 | 莊子天運篇第十四，知北遊篇第二十二 | 二卷 | 書道博物館 |
| 368 | 六守捉狀 | 一卷 | 有鄰館 |
| 369 | 案為長行馬兩疋患死帳欠准式事 | 一卷 | 有鄰館 |
| 370 | 白畫三塔 | 一卷 | 有鄰館 |
| 371 | 殘類書 | 一卷 | 有鄰館 |
| 372 | 殘片一 | 一卷 | 有鄰館 |
| 373 | 殘片二 | 一卷 | 有鄰館 |
| 374 | 殘帳四行 | 一卷 | 有鄰館 |
| 375 | 長行馬文書 | 一卷 | 有鄰館 |
| 376 | 長行馬文書 | 一卷 | 有鄰館 |
| 377 | 大中四年十月令狐進達牒 | 一卷 | 有鄰館 |
| 378 | 都司牒陰副使銜 | 一卷 | 有鄰館 |
| 379 | 敦煌發見の勸善文 | 一卷 | 有鄰館 |
| 380 | 佛頂尊勝陀羅（原題） | 一卷 | 有鄰館 |
| 381 | 歌贊（十五願・不知名・五更轉） | 一卷 | 有鄰館 |
| 382 | 瀚海軍經略大使牒馬軍行客石抱玉 | 一卷 | 有鄰館 |
| 383 | 華嚴經卷第三十七 | 一卷 | 有鄰館 |
| 384 | 記功狀（注殊功第一等） | 一卷 | 有鄰館 |
| 385 | 戒律 | 一卷 | 有鄰館 |
| 386 | 借貸往來信劄 | 一卷 | 有鄰館 |
| 387 | 開元八年四月二十王日典楊牒狀 | 一卷 | 有鄰館 |
| 388 | 開元二年三娘狀 | 一卷 | 有鄰館 |

续表

| 序号 | 题名 | 卷数 | 收藏机构 |
| --- | --- | --- | --- |
| 389 | 開元九年長行坊狀 | 一卷 | 有鄰館 |
| 390 | 開元七年八月某押官都督狀 | 一卷 | 有鄰館 |
| 391 | 開元七年三月二十八日酸棗成狀 | 一卷 | 有鄰館 |
| 392 | 開元七年三月群頭趙元爽狀 | 一卷 | 有鄰館 |
| 393 | 開元十六年金滿縣上孔目司牒 | 一卷 | 有鄰館 |
| 394 | 開元十六年九月牒 | 一卷 | 有鄰館 |
| 395 | 開元十年三月二日牒 | 一卷 | 有鄰館 |
| 396 | 開元十年三月西州收馬所狀 | 一卷 | 有鄰館 |
| 397 | 開元十年三月一日牒 | 一卷 | 有鄰館 |
| 398 | 開元十年西州收馬所狀 | 一卷 | 有鄰館 |
| 399 | 刻本文殊師利菩薩像 | 一卷 | 有鄰館 |
| 400 | 輪台縣計帳 | 一卷 | 有鄰館 |
| 401 | 妙法蓮花經常不輕菩薩品第二十 | 一卷 | 有鄰館 |
| 402 | 妙法蓮花經隨喜功德品第十八 | 一卷 | 有鄰館 |
| 403 | 某年三月史允通牒及批語 | 一卷 | 有鄰館 |
| 404 | 某年五月長行馬文書 | 一卷 | 有鄰館 |
| 405 | 判文（長行馬添乏押官王諫狀稱送使回因病……） | 一卷 | 有鄰館 |
| 406 | 判文（分明肉錢並皮分付……） | 一卷 | 有鄰館 |
| 407 | 判狀（開元八年三月十九日西州為西州長行馬致死事） | 一卷 | 有鄰館 |
| 408 | 破曆 | 一卷 | 有鄰館 |
| 409 | 菩薩一軀（白描稿） | 一卷 | 有鄰館 |
| 410 | 乾甯四年百姓張德政牒 | 一卷 | 有鄰館 |
| 411 | 勸善經一卷 | 一卷 | 有鄰館 |
| 412 | 三月牒狀 | 一卷 | 有鄰館 |
| 413 | 聲聞唱道文（原題） | 一卷 | 有鄰館 |
| 414 | 石堡守捉狀 | 一卷 | 有鄰館 |
| 415 | 式叉摩那尼六法文（尾題） | 一卷 | 有鄰館 |
| 416 | 收馬所狀 | 一卷 | 有鄰館 |
| 417 | 受八關齋戒文一卷（原題） | 一卷 | 有鄰館 |
| 418 | 書信（季秋漸冷，惟都督公……） | 一卷 | 有鄰館 |
| 419 | 書信（闊覿累旬……） | 一卷 | 有鄰館 |
| 420 | 書信（孟冬已寒，伏惟／三郎尊體動止萬福，師表驅役丁……） | 一卷 | 有鄰館 |
| 421 | 書信（凝寒，惟十三郎……） | 一卷 | 有鄰館 |

续表

| 序号 | 题名 | 卷数 | 收藏机构 |
| --- | --- | --- | --- |
| 422 | 書儀（與四海平懷貼） | 一卷 | 有隣館 |
| 423 | 書劄（殘類書・文德元年旌節官帖） | 一卷 | 有隣館 |
| 424 | 四月二十日判憑 | 一卷 | 有隣館 |
| 425 | 五月二十一張季劄疏 | 一卷 | 有隣館 |
| 426 | 戌年入破曆 | 一卷 | 有隣館 |
| 427 | 文書（西域出土） | 一卷 | 有隣館 |
| 428 | 西州收馬所狀 | 一卷 | 有隣館 |
| 429 | 燕子賦 | 一卷 | 有隣館 |
| 430 | 占卜書 | 一卷 | 有隣館 |
| 431 | 轉呈酸棗戍死長行馬兩疋事 | 一卷 | 有隣館 |
| 432 | 般若波羅蜜多心經注 | 一軸 | 天理圖書館 |
| 433 | 般若波羅蜜多心經注 | 一卷 | 天理圖書館 |
| 434 | 般若波羅蜜多心經注 | 一卷 | 天理圖書館 |
| 435 | 大方等大集經賢護菩薩所問經卷第二 | 一軸 | 天理圖書館 |
| 436 | 大方等大集月藏經 | 一卷 | 天理圖書館 |
| 437 | 大智度論 | 一卷 | 天理圖書館 |
| 438 | 敦煌遺片 | 八枚 | 天理圖書館 |
| 439 | 敦煌遺片 | 一卷 | 天理圖書館 |
| 440 | 敦煌遺片 | 一卷 | 天理圖書館 |
| 441 | 法門名義集殘經 | 一軸 | 天理圖書館 |
| 442 | 佛說天皇梵摩經卷第七 | 一軸 | 天理圖書館 |
| 443 | 古冊殘葉 | 一卷 | 天理圖書館 |
| 444 | 古寫經 | 一卷 | 天理圖書館 |
| 445 | 景龍三年張君義告身 | 一軸 | 天理圖書館 |
| 446 | 景龍三年張君義告身 | 一軸 | 天理圖書館 |
| 447 | 景龍三年張君義公驗 | 一卷 | 天理圖書館 |
| 448 | 論語集解 | 一卷 | 天理圖書館 |
| 449 | 論語集解 | 一卷 | 天理圖書館 |
| 450 | 論語集解斷簡 | 一卷 | 天理圖書館 |
| 451 | 石室遺珠 | 一帖 | 天理圖書館 |
| 452 | 石室遺珠 | 一卷 | 天理圖書館 |
| 453 | 四鎮經略使公驗 | 一卷 | 天理圖書館 |
| 454 | 維摩詰經 | 一卷 | 天理圖書館 |
| 455 | 維摩詰經卷下 | 一軸 | 天理圖書館 |

续表

| 序号 | 题名 | 卷数 | 收藏机构 |
| --- | --- | --- | --- |
| 456 | 西夏回鶻文書斷簡 | 十八枚 | 天理圖書館 |
| 457 | 西夏文經斷簡 | 一册 | 天理圖書館 |
| 458 | 大般涅梁經卷第二十四 | 一卷 | 唐招提寺 |
| 459 | 大般涅槃經卷第三十七（尾題） | 一卷 | 唐招提寺 |
| 460 | 大般若波羅蜜多經卷第五百一十一（尾題） | 一卷 | 唐招提寺 |
| 461 | 大智度經論第八十三 | 一卷 | 唐招提寺 |
| 462 | 佛說阿彌陀經（尾題） | 一卷 | 唐招提寺 |
| 463 | 佛說八陽神咒經（尾題） | 一卷 | 唐招提寺 |
| 464 | 佛說大乘無量壽經 | 一卷 | 唐招提寺 |
| 465 | 佛說佛名經 | 一卷 | 唐招提寺 |
| 466 | 佛說無量壽宗要經 | 一卷 | 唐招提寺 |
| 467 | 觀世音經（尾題） | 一卷 | 唐招提寺 |
| 468 | 觀世音經一卷（尾題） | 一卷 | 唐招提寺 |
| 469 | 戒本含注一卷（首題） | 一卷 | 唐招提寺 |
| 470 | 金剛般若波羅蜜經卷（尾題） | 一卷 | 唐招提寺 |
| 471 | 妙法蓮花經見寶塔品第十一 | 一卷 | 唐招提寺 |
| 472 | 妙法蓮華經卷第一（尾題） | 一卷 | 唐招提寺 |
| 473 | 妙法蓮華經卷第二（尾題） | 一卷 | 唐招提寺 |
| 474 | 妙法蓮華經卷第五（尾題） | 一卷 | 唐招提寺 |
| 475 | 妙法蓮華經卷第五（尾題） | 一卷 | 唐招提寺 |
| 476 | 妙法蓮華經卷第五（尾題） | 一卷 | 唐招提寺 |
| 477 | 妙法蓮華經卷第六（尾題） | 一卷 | 唐招提寺 |
| 478 | 妙法蓮華經卷第七（尾題） | 一卷 | 唐招提寺 |
| 479 | 妙法蓮華經卷第七（尾題） | 一卷 | 唐招提寺 |
| 480 | 妙法蓮華經卷第七（尾題） | 一卷 | 唐招提寺 |
| 481 | 妙法蓮華經卷第八（尾題） | 一卷 | 唐招提寺 |
| 482 | 思益梵天所問經 | 一卷 | 唐招提寺 |
| 483 | 維摩詰經香積佛品第十卷下 | 一卷 | 唐招提寺 |
| 484 | 瑜伽論卷第四十四、四十五分門記（首題） | 一卷 | 唐招提寺 |
| 485 | 瑜伽師地論卷第九（首題） | 一卷 | 唐招提寺 |
| 486 | 中阿含經卷第九、第十（首題） | 一卷 | 唐招提寺 |
| 487 | 附法傳殘卷 | 一卷 | 法隆寺 |
| 488 | 附法傳殘卷（敦煌出土） | 一卷 | 法隆寺 |
| 489 | 附法傳殘卷（重要文化財） | 一卷 | 法隆寺 |

续表

| 序号 | 题名 | 卷数 | 收藏机构 |
|---|---|---|---|
| 490 | 歷代法寶記殘卷（重要文化財） | 一卷 | 東京古典會 |
| 491 | 八陽神呪經斷卷 | 一卷 | 東京古典會 |
| 492 | 北魏古寫經斷簡 | 一幅 | 東京古典會 |
| 493 | 懺悔滅罪金光明經傳・大唐中興三藏聖教序・金光明經最勝王經 | 三卷 | 東京古典會 |
| 494 | 大般涅槃經 | 一卷 | 東京古典會 |
| 495 | 大般涅槃經 | 一卷 | 東京古典會 |
| 496 | 大般涅槃經殘卷 | 一卷 | 東京古典會 |
| 497 | 大般涅槃經第十一 | 一卷 | 東京古典會 |
| 498 | 大般若波羅蜜多經 | 一卷 | 東京古典會 |
| 499 | 大般若波羅蜜多經 | 一卷 | 東京古典會 |
| 500 | 大般若波羅蜜多經 | 一卷 | 東京古典會 |
| 501 | 大般若波羅蜜多經卷第六十七 | 一卷 | 東京古典會 |
| 502 | 大般若波羅蜜多經卷第五百二十三 | 一卷 | 東京古典會 |
| 503 | 大方等大集經陀羅尼 自在王菩薩品卷第一 | 一卷 | 東京古典會 |
| 504 | 大方等大集經陀羅尼 自在王菩薩品卷第一 | 一卷 | 東京古典會 |
| 505 | 大佛頂萬行首楞嚴經 | 一卷 | 東京古典會 |
| 506 | 大通方廣經中卷 | 一卷 | 東京古典會 |
| 507 | 梵文經文（敦煌出土） | 一帖 | 東京古典會 |
| 508 | 金光明最勝王經（敦煌出土） | 一卷 | 東京古典會 |
| 509 | 經斷簡五種（敦煌出土） | 一卷 | 東京古典會 |
| 510 | 敦煌斷簡 | 一卷 | 東京古典會 |
| 511 | 敦煌仏名經斷卷 | 一卷 | 東京古典會 |
| 512 | 敦煌古寫經 | 二枚 | 東京古典會 |
| 513 | 敦煌寫經斷簡 | 一卷 | 東京古典會 |
| 514 | 古寫經（敦煌出土） | 一卷 | 東京古典會 |
| 515 | 法華玄贊斷簡 | 一卷 | 東京古典會 |
| 516 | 佛名經 | 一卷 | 東京古典會 |
| 517 | 佛名經斷簡 | 一枚 | 東京古典會 |
| 518 | 佛說天皇梵摩經 | 一卷 | 東京古典會 |
| 519 | 觀世音經 | 一卷 | 東京古典會 |
| 520 | 吉光片羽帖 | 一帖 | 東京古典會 |
| 521 | 揭諦禮及觀音禮文 | 一卷 | 東京古典會 |
| 522 | 解百生怨家陀羅尼經 | 一卷 | 東京古典會 |

续表

| 序号 | 题名 | 卷数 | 收藏机构 |
|---|---|---|---|
| 523 | 金剛般若波羅蜜經 | 一卷 | 東京古典會 |
| 524 | 金光明最勝王經 | 一枚 | 東京古典會 |
| 525 | 六朝時代古寫經斷簡 | 一幅 | 東京古典會 |
| 526 | 律（殘卷 附注本） | 一卷 | 東京古典會 |
| 527 | 妙法蓮華經 | 一卷 | 東京古典會 |
| 528 | 妙法蓮華經 | 一卷 | 東京古典會 |
| 529 | 妙法蓮華經 | 一卷 | 東京古典會 |
| 530 | 妙法蓮華經 | 一卷 | 東京古典會 |
| 531 | 妙法蓮華經卷第二斷卷 | 一卷 | 東京古典會 |
| 532 | 妙法蓮華經卷第三 | 一卷 | 東京古典會 |
| 533 | 摩訶般若波羅蜜經 | 一卷 | 東京古典會 |
| 534 | 摩訶般若經殘卷 | 一卷 | 東京古典會 |
| 535 | 入楞伽經・問如來無常品第十・佛性品第十一 | 二卷 | 東京古典會 |
| 536 | 勝天王般若波羅蜜經法界品第三 | 一卷 | 東京古典會 |
| 537 | 失名經 | 一卷 | 東京古典會 |
| 538 | 首楞嚴經 | 一卷 | 東京古典會 |
| 539 | 唐人佛經卷斷卷 | 一卷 | 東京古典會 |
| 540 | 西域都督府北館廚牒 | 一卷 | 東京古典會 |
| 541 | 古寫經斷卷（佚名） | 一卷 | 東京古典會 |
| 542 | 正法華第八嘆法師品第十八 | 一卷 | 東京古典會 |
| 543 | 草書大乘起信廣釋卷第五殘卷（敦煌本） | 一卷 | 日本民藝館 |
| 544 | 大般涅槃經抄錄自卷第十一至卷第十八（敦煌本） | 一卷 | 日本民藝館 |
| 545 | 大般涅槃經卷第三殘卷（隋石元妃願經）（敦煌本） | 一卷 | 日本民藝館 |
| 546 | 大智度論卷第八大光義品第十一殘卷（敦煌本） | 一卷 | 日本民藝館 |
| 547 | 大智度論卷第六十二殘卷 | 一卷 | 日本民藝館 |
| 548 | 佛說佛名經卷第五（敦煌本） | 一卷 | 日本民藝館 |
| 549 | 佛說觀世音三昧經 | 一卷 | 日本民藝館 |
| 550 | 佛說月燈三昧經殘卷（隋文帝皇后願經）（敦煌本） | 一卷 | 日本民藝館 |
| 551 | 摩訶般若波羅蜜經卷第世五（敦煌本） | 一卷 | 日本民藝館 |
| 552 | 篅尼母經卷第一 | 一卷 | 日本民藝館 |
| 553 | 大般涅槃經卷第十二（首題） | 一卷 | 東京大學東洋文化研究所 |
| 554 | 大般涅槃經卷第二十四 | 一卷 | 東京大學東洋文化研究所 |

续表

| 序号 | 题名 | 卷数 | 收藏机构 |
| --- | --- | --- | --- |
| 555 | 大般若波羅蜜經卷第一百（首題） | 一卷 | 東京大學東洋文化研究所 |
| 556 | 大乘無量壽經（首題） | 一卷 | 東京大學東洋文化研究所 |
| 557 | 楞伽經卷第四（尾題） | 一卷 | 東京大學東洋文化研究所 |
| 558 | 妙法蓮華經卷第四 | 一卷 | 東京大學東洋文化研究所 |
| 559 | 妙法蓮華經卷第五 | 一卷 | 東京大學東洋文化研究所 |
| 560 | 妙法蓮華經卷第七（尾題） | 一卷 | 東京大學東洋文化研究所 |
| 561 | 摩訶般若波羅蜜經卷第四（尾題） | 一卷 | 東京大學東洋文化研究所 |
| 562 | 四部律並論要用鈔 | 一卷 | 東京大學東洋文化研究所 |
| 563 | 四分律刪補隨機羯磨卷下（尾題） | 一卷 | 東京大學東洋文化研究所 |
| 564 | 「正法華」方等經（敦煌出土） | 一卷 | 三井文庫 |
| 565 | 經具足品第八十一 摩訶般若波羅蜜經第廿八 | | 三井文庫 |
| 566 | 般若波羅蜜小品經卷第六 | 一卷 | 三井文庫 |
| 567 | 般若波羅蜜小品經卷第六 | 一卷 | 三井文庫 |
| 568 | 不思議品第六 | 一卷 | 三井文庫 |
| 569 | 懺悔滅罪金光明傳 | 一卷 | 三井文庫 |
| 570 | 成唯識論卷第七 | 一卷 | 三井文庫 |
| 571 | 大般涅槃經闍維分卷 | 一卷 | 三井文庫 |
| 572 | 大般涅槃經返葉品之二卷三十四 | 一卷 | 三井文庫 |
| 573 | 大般涅槃經闍維分卷（上橋陳如品之末） | 一卷 | 三井文庫 |
| 574 | 大般涅槃經（光明遍照高貴德王菩薩品二十三） | 一卷 | 三井文庫 |
| 575 | 大般涅槃經迦葉菩薩品 | 一卷 | 三井文庫 |
| 576 | 大般涅槃經迦葉菩薩品餘之五 三十七 | 一卷 | 三井文庫 |
| 577 | 大般涅槃經卷第五 | 一卷 | 三井文庫 |
| 578 | 大般涅槃經卷第七 | | |
| 579 | 大般涅槃經卷第十 | 一卷 | 三井文庫 |
| 580 | 大般涅槃經卷第十一 | 一卷 | 三井文庫 |
| 581 | 大般涅槃經卷第十一 | | |
| 582 | 大般涅槃經卷第十一 | 一卷 | 三井文庫 |

续表

| 序号 | 题名 | 卷数 | 收藏机构 |
| --- | --- | --- | --- |
| 583 | 大般涅槃經卷第十一 | 一卷 | 三井文庫 |
| 584 | 大般涅槃經卷第十四 | 一卷 | 三井文庫 |
| 585 | 大般涅槃經卷第十八 | 一卷 | 三井文庫 |
| 586 | 大般涅槃經卷第十九 | 一卷 | 三井文庫 |
| 587 | 大般涅槃經卷第十九 | 一卷 | 三井文庫 |
| 588 | 大般涅槃經卷第十九 | 一卷 | 三井文庫 |
| 589 | 大般涅槃經卷第廿九 | 一卷 | 三井文庫 |
| 590 | 大般涅槃經卷第三十一 | 一卷 | 三井文庫 |
| 591 | 大般涅槃經卷第三十一 | 一卷 | 三井文庫 |
| 592 | 大般涅槃經卷第三十一 | 一卷 | 三井文庫 |
| 593 | 大般涅槃經卷第三十四 | 一卷 | 三井文庫 |
| 594 | 大般涅槃經卷第三十九 | 一卷 | 三井文庫 |
| 595 | 大般涅槃經如來性品四十七 | 一卷 | 三井文庫 |
| 596 | 大般涅槃經師子吼菩薩品之五十一 | 一卷 | 三井文庫 |
| 597 | 大般涅槃經現病品第六卷十一 | 一卷 | 三井文庫 |
| 598 | 大般若波羅蜜多經卷第九十五 | 一卷 | 三井文庫 |
| 599 | 大般若波羅蜜多經卷第一百 | 一卷 | 三井文庫 |
| 600 | 大般若波羅蜜多經卷第一百八十二 | 一卷 | 三井文庫 |
| 601 | 大般若波羅蜜多經卷第二百四 | 一卷 | 三井文庫 |
| 602 | 大般若波羅蜜多經卷第二百五十二 | 一卷 | 三井文庫 |
| 603 | 大般若波羅蜜多經卷第二百五十四 | 一卷 | 三井文庫 |
| 604 | 大般若波羅蜜多經卷第二百九十五 | 一卷 | 三井文庫 |
| 605 | 大般若波羅蜜多經卷第三百七十四 | 一卷 | 三井文庫 |
| 606 | 大般若波羅蜜多經卷第四百 | 一卷 | 三井文庫 |
| 607 | 大般若波羅蜜多經卷第四百一十一 | 一卷 | 三井文庫 |
| 608 | 大般若波羅蜜多經卷第四百二十九 | 一卷 | 三井文庫 |
| 609 | 大般若波羅蜜多經卷第四百九十二 | 一卷 | 三井文庫 |
| 610 | 大般若波羅蜜多經卷第五百六十二 | 一卷 | 三井文庫 |
| 611 | 大乘蜜嚴經阿賴邪微密品第八 | 一卷 | 三井文庫 |
| 612 | 大乘蜜嚴經卷下 | 一卷 | 三井文庫 |
| 613 | 大乘入楞伽經卷第五 | 一卷 | 三井文庫 |
| 614 | 大乘入楞伽經無常品第五卷餘五 | 一卷 | 三井文庫 |
| 615 | 大乘義章局第一 | 一卷 | 三井文庫 |
| 616 | 大方便（佛）報恩經慈品第七報恩經卷第五 | 一卷 | 三井文庫 |

续表

| 序号 | 题名 | 卷数 | 收藏机构 |
|---|---|---|---|
| 617 | 大方等大集經卷第廿九（月藏分中本事品第四、月藏分中第一義端品第五） | 一卷 | 三井文庫 |
| 618 | 大方等大集賢護分思惟品第一 | 一卷 | 三井文庫 |
| 619 | 大方廣佛華嚴經十地品廿六之三卷卅六 新譯 | 一卷 | 三井文庫 |
| 620 | 大智論第四品釋論 卷第卅八 | 一卷 | 三井文庫 |
| 621 | 法華玄贊 | 一卷 | 三井文庫 |
| 622 | 佛頂尊勝陀羅尼經 | 一卷 | 三井文庫 |
| 623 | 佛說阿彌陀經 | 一卷 | 三井文庫 |
| 624 | 佛說佛名經卷第十五 | 一卷 | 三井文庫 |
| 625 | 佛說灌頂章句拔除過罪生死得度經 | 一卷 | 三井文庫 |
| 626 | 佛說魔逆經 | 一卷 | 三井文庫 |
| 627 | 佛說未曾有經卷上 | 一卷 | 三井文庫 |
| 628 | 佛為心王菩薩說投陀經卷上（五陰山空寺惠辨釋師注） | 一卷 | 三井文庫 |
| 629 | 佛為心王菩薩說投照經一卷 | 一卷 | 三井文庫 |
| 630 | 合部金光明經 | 一卷 | 三井文庫 |
| 631 | 華嚴經卷第廿四 | 一卷 | 三井文庫 |
| 632 | 華嚴經卷第四十六 | 一卷 | 三井文庫 |
| 633 | 華嚴經卷第四十六 | 一卷 | 三井文庫 |
| 634 | 羯磨文 | 一卷 | 三井文庫 |
| 635 | 金剛般若波羅蜜經 | 一卷 | 三井文庫 |
| 636 | 金剛般若波羅蜜經 | 一卷 | 三井文庫 |
| 637 | 金剛般若波羅蜜經注 | 一卷 | 三井文庫 |
| 638 | 金光明經第四 | 一卷 | 三井文庫 |
| 639 | 金光明經卷第一 | 一卷 | 三井文庫 |
| 640 | 金光明最勝王經 | 一卷 | 三井文庫 |
| 641 | 金光明最勝王經大辯才天女品之餘八 | 一卷 | 三井文庫 |
| 642 | 金光明最勝王經卷第四 | 一卷 | 三井文庫 |
| 643 | 金光明最勝王經卷第五 | 一卷 | 三井文庫 |
| 644 | 金光明最勝王經顯空性品第九 | 一卷 | 三井文庫 |
| 645 | 金輪三昧陀羅尼神咒 | 一卷 | 三井文庫 |
| 646 | 淨名經集解關中疏卷第二 | 一卷 | 三井文庫 |
| 647 | 妙法蓮華經方便品第二 | 一卷 | 三井文庫 |
| 648 | 妙法蓮華經方便品第二 | 一卷 | 三井文庫 |
| 649 | 妙法蓮華經卷第一 | 一卷 | 三井文庫 |

续表

| 序号 | 题名 | 卷数 | 收藏机构 |
| --- | --- | --- | --- |
| 650 | 妙法蓮華經卷第二 | 一卷 | 三井文庫 |
| 651 | 妙法蓮華經卷第三 | 一卷 | 三井文庫 |
| 652 | 妙法蓮華經卷第三 | 一卷 | 三井文庫 |
| 653 | 妙法蓮華經卷第四 | 一卷 | 三井文庫 |
| 654 | 妙法蓮華經從地湧出品第十五 | 一卷 | 三井文庫 |
| 655 | 妙法蓮華經分別功德品第十七 | 一卷 | 三井文庫 |
| 656 | 妙法蓮華經觀世音菩薩普門品第二十五 | 一卷 | 三井文庫 |
| 657 | 妙法蓮華經化城喻品第七 | 一卷 | 三井文庫 |
| 658 | 妙法蓮華經化城喻品第七 | 一卷 | 三井文庫 |
| 659 | 妙法蓮華經化城喻品第七 | 一卷 | 三井文庫 |
| 660 | 妙法蓮華經卷第四 | 一卷 | 三井文庫 |
| 661 | 妙法蓮華經卷第五 | 一卷 | 三井文庫 |
| 662 | 妙法蓮華經卷第七 | 一卷 | 三井文庫 |
| 663 | 妙法蓮華經卷第七 | 一卷 | 三井文庫 |
| 664 | 妙法蓮華經卷第七 | 一卷 | 三井文庫 |
| 665 | 妙法蓮華經卷第八 | 一卷 | 三井文庫 |
| 666 | 妙法蓮華經妙莊嚴王本事品第廿七 | 一卷 | 三井文庫 |
| 667 | 妙法蓮華經普賢菩薩勸發品第二十八 | 一卷 | 三井文庫 |
| 668 | 妙法蓮華經普賢菩薩勸發品第廿八 | 一卷 | 三井文庫 |
| 669 | 妙法蓮華經如來壽量品第十六 | 一卷 | 三井文庫 |
| 670 | 妙法蓮華經授記品第六 | 一卷 | 三井文庫 |
| 671 | 妙法蓮華經授記品第六 | 一卷 | 三井文庫 |
| 672 | 妙法蓮華經授記品第六 | 一卷 | 三井文庫 |
| 673 | 妙法蓮華經陀羅尼品第二十六 | 一卷 | 三井文庫 |
| 674 | 妙法蓮華經信解品第四 | 一卷 | 三井文庫 |
| 675 | 摩訶般若波羅蜜經等品第五 | 一卷 | 三井文庫 |
| 676 | 摩訶般若波羅蜜經卷第十九 | 一卷 | 三井文庫 |
| 677 | 摩訶般若波羅蜜經卷第十九冊三 | 一卷 | 三井文庫 |
| 678 | 摩訶般若波羅蜜經散華品第廿八 | 一卷 | 三井文庫 |
| 679 | 摩訶般若波羅蜜塔品第三 小品經卷第二 | 一卷 | 三井文庫 |
| 680 | 入楞伽經卷第七 | 一卷 | 三井文庫 |
| 681 | 僧伽吒經卷第四 | 一卷 | 三井文庫 |
| 682 | 勝天王般若波羅蜜經卷第三 | 一卷 | 三井文庫 |
| 683 | 勝天王般若波羅蜜經法性品第五三 | 一卷 | 三井文庫 |

续表

| 序号 | 题名 | 卷数 | 收藏机构 |
|---|---|---|---|
| 684 | 四分律刪補隨機羯磨卷下 | 一卷 | 三井文庫 |
| 685 | 四分律刪繁補缺行事鈔卷第五下卷上 | 一卷 | 三井文庫 |
| 686 | 維摩詰經集解關中疏卷第二 | 一卷 | 三井文庫 |
| 687 | 維摩詰經卷第二 | 一卷 | 三井文庫 |
| 688 | 維摩詰經卷中 | 一卷 | 三井文庫 |
| 689 | 維摩詰經卷下 | 一卷 | 三井文庫 |
| 690 | 維摩詰經卷下 | 一卷 | 三井文庫 |
| 691 | 維摩詰經香積品第十 | 一卷 | 三井文庫 |
| 692 | 文殊師利問疾品第五 | 一卷 | 三井文庫 |
| 693 | 無量詩大乘經 | 一卷 | 三井文庫 |
| 694 | 無量詩大乘經 | 一卷 | 三井文庫 |
| 695 | 賢護菩薩所問經卷第一 | 一卷 | 三井文庫 |
| 696 | 藥師經一卷 | 一卷 | 三井文庫 |
| 697 | 藥師琉璃光如來本願功德經 | 一卷 | 三井文庫 |
| 698 | 瑜伽師地論 | 一卷 | 三井文庫 |
| 699 | 雜寶藏經 | 一卷 | 三井文庫 |
| 700 | 政法華方等經如來現壽品第十 | 一卷 | 三井文庫 |
| 701 | 大方等大集經卷第二（敦煌經） | 一卷 | 清和會館 |
| 702 | 妙法蓮華經卷第四（敦煌經） | 一卷 | 清和會館 |
| 703 | 大乘起信論斷卷 | 一卷 | 杏雨書屋 |
| 704 | 佛說灌頂度星招魂斷絕復連經 | 一卷 | 杏雨書屋 |
| 705 | 七佛解誓文 | 一卷 | 杏雨書屋 |
| 706 | 鄭註論語殘簡 | 一片 | 杏雨書屋 |
| 707 | 呪魅經 | 一卷 | 杏雨書屋 |
| 708 | 光讚般若經卷九 | 一卷 | 顯道會館 |
| 709 | 歷代法寶記（敦煌出） | 一軸 | 青山會館 |
| 710 | 神會錄（敦煌出） | 一軸 | 青山會館 |
| 711 | 十王經一卷 | 一卷 | 久保惣記念美術館 |
| 712 | （國寶）歷代法寶記 | 一卷 | 積翠軒文庫 |
| 713 | （國寶）神會荷澤語錄 | 一卷 | 積翠軒文庫 |
| 714 | 達摩絕觀論 | 一卷 | 積翠軒文庫 |
| 715 | 敦煌墩煌出古寫經斷簡集 | 一卷 | 積翠軒文庫 |
| 716 | 敦煌出古寫經斷簡帖 | 一卷 | 積翠軒文庫 |
| 717 | 金剛般若波羅蜜經 | 一卷 | 積翠軒文庫 |

续表

| 序号 | 题名 | 卷数 | 收藏机构 |
| --- | --- | --- | --- |
| 718 | 維摩詰經下卷 | 一卷 | 積翠軒文庫 |
| 719 | 不知名佛典 | 一卷 | 大東急記念文庫 |
| 720 | 不知名佛經疏釋 | 一卷 | 大東急記念文庫 |
| 721 | 藏文寫經 | 一卷 | 大東急記念文庫 |
| 722 | 大般涅槃經迦葉菩薩品之六 | 一卷 | 大東急記念文庫 |
| 723 | 大般涅槃經卷第四 | 一卷 | 大東急記念文庫 |
| 724 | 大般涅槃經卷第七（尾題） | 一卷 | 大東急記念文庫 |
| 725 | 大般涅槃經卷第十八 | 一卷 | 大東急記念文庫 |
| 726 | 大般涅槃經卷第廿七 | 一卷 | 大東急記念文庫 |
| 727 | 大般涅槃經卷第廿九（尾題） | 一卷 | 大東急記念文庫 |
| 728 | 大般涅槃經卷第三十二 | 一卷 | 大東急記念文庫 |
| 729 | 大般若波羅蜜多經卷第十六 | 一卷 | 大東急記念文庫 |
| 730 | 大般若波羅蜜多最勝天王會卷第五 | 一卷 | 大東急記念文庫 |
| 731 | 大佛頂如來密因修正了義諸菩薩萬行首楞嚴經（首題） | 一卷 | 大東急記念文庫 |
| 732 | 大佛頂如來密因修證了義諸菩薩萬行首楞嚴經八（首題） | 一卷 | 大東急記念文庫 |
| 733 | 大佛頂萬行首楞嚴經卷第八 | 一卷 | 大東急記念文庫 |
| 734 | 大集經卷第五（尾題） | 一卷 | 大東急記念文庫 |
| 735 | 法蓮華經卷第七 | 一軸 | 大東急記念文庫 |
| 736 | 佛說佛名經卷第四（首題） | 一卷 | 大東急記念文庫 |
| 737 | 灌頂經第一 | 一卷 | 大東急記念文庫 |
| 738 | 金剛般若波羅蜜經 | 一卷 | 大東急記念文庫 |
| 739 | 金剛般若波羅蜜經（尾題） | 一卷 | 大東急記念文庫 |
| 740 | 金光明經 | 一卷 | 大東急記念文庫 |
| 741 | 金光明經鬼神品 | 一卷 | 大東急記念文庫 |
| 742 | 妙法蓮華經方便品第二（首行） | 一卷 | 大東急記念文庫 |
| 743 | 妙法蓮華經見寶塔品第十一 | 一卷 | 大東急記念文庫 |
| 744 | 妙法蓮華經卷第七（尾題） | 一卷 | 大東急記念文庫 |
| 745 | 妙法蓮華經信解品第四 | 一卷 | 大東急記念文庫 |
| 746 | 摩訶般若波羅蜜經卷第三 | 一卷 | 大東急記念文庫 |
| 747 | 普賢菩薩說證明經 | 一卷 | 大東急記念文庫 |
| 748 | 碎片 | 一卷 | 大東急記念文庫 |
| 749 | 維摩詰經 | 一卷 | 大東急記念文庫 |
| 750 | 維摩詰經卷中 | 一卷 | 大東急記念文庫 |
| 751 | 維摩潔經卷下（尾題） | 一卷 | 大東急記念文庫 |

续表

| 序号 | 题名 | 卷数 | 收藏机构 |
|---|---|---|---|
| 752 | 藥師琉璃光如來本願功德經 | 一卷 | 大東急記念文庫 |
| 753 | 瑜伽師地論卷第一 | 一卷 | 大東急記念文庫 |
| 754 | 道行般若經（寫經） | 一卷 | 大谷探檢隊將來品 |
| 755 | 賢劫千佛名 | 一卷 | 東洋文庫 |

### 表2 日本现存敦煌文献资料（按收藏者分类）

| 序号 | 题名 | 卷数 | 收藏者 |
|---|---|---|---|
| 1 | 西涼・十誦比丘戒本 | 一卷 | 濱田德海 |
| 2 | 唐・妙法蓮華經卷第二 | 一卷 | 濱田德海 |
| 3 | 神會語錄（殘卷） | 一卷 | 濱田德海 |
| 4 | 絕觀論 | 一卷 | 濱田德海 |
| 5 | 歷代法寶記（殘卷） | 一卷 | 濱田德海 |
| 6 | 絕觀論 | 一卷 | 濱田德海 |
| 7 | 神會語錄（殘卷）（敦煌出土） | 一卷 | 濱田德海 |
| 8 | 絕觀論（敦煌出土） | 一卷 | 濱田德海 |
| 9 | 歷代法寶記（殘卷）（敦煌出土） | 一卷 | 濱田德海 |
| 10 | 維摩經弟子品及菩薩品（斷簡） | 一卷 | 長曾我部木人 |
| 11 | 十王經 | 一卷 | 長尾欽彌 |
| 12 | 敦煌寫經六朝ヨリ五代マテ | 七卷 | 富岡謙藏 |
| 13 | 隨願往生經 | 一卷 | 富岡謙藏 |
| 14 | 無量壽宗要經（三部） | 三卷 | 富岡謙藏 |
| 15 | 藥師如來本願經 | 一卷 | 富岡謙藏 |
| 16 | 無量大慈教經 | 一卷 | 富岡謙藏 |
| 17 | 一神論 | 一卷 | 富岡益太郎 |
| 18 | 勝天般若經述德品卷第十（追加） | 一卷 | 各畑應順 |
| 19 | 大般若經卷十六 | 一卷 | 江藤濤雄 |
| 20 | 律部斷簡 | 一卷 | 井川定慶 |
| 21 | 大智度經論卷第八十三 | 一卷 | 林平藏 |
| 22 | 大般涅槃經第十六（殘卷） | 一卷 | 鈴木武代 |
| 23 | 大般涅槃經第十六（殘卷）（敦煌出土） | 一卷 | 鈴木武代 |
| 24 | 北魏・大般涅槃經卷第十六 | 一卷 | 鈴木信太郎 |
| 25 | 經卷不明（斷簡） | 一卷 | 日下無倫 |
| 26 | 敦煌發堀唐人書寫草書法華經玄贊第七卷（原寸、第一回） | 一卷 | 日野勉 |

续表

| 序号 | 题名 | 卷数 | 收藏者 |
|---|---|---|---|
| 27 | 三國志吳志第十二（殘卷） | 一卷 | 上野淳一 |
| 28 | 三國志吳志第十二（殘卷） | 一卷 | 上野淳一 |
| 29 | 三國志吳志第十二（殘卷） | 一卷 | 上野淳一 |
| 30 | 文選辨明論 | 一卷 | 上野淳一 |
| 31 | 文選辨明論 | 一卷 | 上野淳一 |
| 32 | 大乘密嚴經（卷首ニ聖教序アリ敦煌出土） | 一卷 | 上野理一 |
| 33 | 入楞伽經（敦煌出土） | 一卷 | 上野理一 |
| 34 | 大光義品第十一 | 一卷 | 守屋孝藏 |
| 35 | 大方等大集經第十九 | 一卷 | 守屋孝藏 |
| 36 | 大乘起論廣釋品第九 | 一卷 | 守屋孝藏 |
| 37 | 佛名經卷第五（敦煌出土） | 一卷 | 守屋孝藏 |
| 38 | 唐・太上業報因緣經卷第八 | 一卷 | 守屋孝藏 |
| 39 | 大般涅槃經卷第八（敦煌出土寫經） | 一卷 | 松本文三郎 |
| 40 | 大般涅槃經卷第八 | 一卷 | 松本文三郎 |
| 41 | 摩訶僧祇比丘尼戒本 | 一卷 | 松本文三郎 |
| 42 | 論部斷片 | 三卷 | 松本文三郎 |
| 43 | 大般若經卷第一百一十 | 一卷 | 松本文三郎 |
| 44 | 大般若經卷第一百一十 | 一卷 | 松本文三郎 |
| 45 | 西藏文乘無量壽宗要經 | 一卷 | 松本文三郎 |
| 46 | 押印經紙 | 一卷 | 松本文三郎 |
| 47 | 大般涅槃經卷第八 | 一卷 | 松本文三郎 |
| 48 | 大般涅槃經卷第八 | 三紙 | 松本文三郎 |
| 49 | 大乘無量壽宗要經 | 一卷 | 松本文三郎 |
| 50 | 無量壽宗要經 | 一卷三 | 松本文三郎 |
| 51 | 論部斷簡 | 一卷 | 松本文三郎 |
| 52 | 北涼・優婆塞戒卷第七 | 一卷 | 松本正子 |
| 53 | 佛名經 | 一卷 | 藤井善助 |
| 54 | 草書經（殘卷） | 一卷 | 藤井善助 |
| 55 | 長慶三年天皇梵摩經卷 | 一卷 | 藤井善助 |
| 56 | 大品般若經卷十二（殘卷） | 一卷 | 禿氏祐祥 |
| 57 | 徵心行路難（殘卷） | 一卷 | 禿氏祐祥 |
| 58 | 唐代摺佛三種 | 一卷 | 禿氏祐祥 |
| 59 | 摩訶般若波羅蜜經幻大聽法品第二十七（斷簡） | 一卷 | 禿氏祐祥 |
| 60 | 賢劫千佛名經卷下（斷簡） | 一葉四 | 禿氏祐祥 |

续表

| 序号 | 题名 | 卷数 | 收藏者 |
| --- | --- | --- | --- |
| 61 | 享賢菩薩發願文 | 三葉 | 禿氏祐祥 |
| 62 | 馬頭羅刹懺悔文 | 卷子本二紙 | 禿氏祐祥 |
| 63 | 摩訶般若波羅蜜經 | 卷子本殘缺 | 禿氏祐祥 |
| 64 | 徵心行路難 | 卷子本一卷 | 禿氏祐祥 |
| 65 | 西天竺國菩提達摩禪師觀門法大乘法論 | 一帖六十八紙 | 禿氏祐祥 |
| 66 | 佛名經 | 卷子本三紙 | 禿氏祐祥 |
| 67 | 西魏·菩薩瓔珞本業經卷下 | 一卷 | 小川廣巳 |
| 68 | 法華經卷第六（殘卷） | 一卷 | 小川廣巳 |
| 69 | 律序卷上 | 一卷 | 小川廣巳 |
| 70 | 成實論第十二（殘卷） | 一卷 | 小川廣巳 |
| 71 | 菩薩瓔珞本業經卷下（殘卷） | 一卷 | 小川廣巳 |
| 72 | 菩薩瓔珞本業經卷下 | 一卷 | 小川睦之輔 |
| 73 | 妙法蓮華經卷第七 | 一卷 | 小川睦之輔 |
| 74 | 妙法蓮華經卷第六 | 一卷 | 小川睦之輔 |
| 75 | 成實論卷第十二 | 一卷 | 小川睦之輔 |
| 76 | 律序卷上 | 一卷 | 小川睦之輔 |
| 77 | 法華經卷第六（敦煌出土） | 一卷 | 小川爲次郎 |
| 78 | 法華經卷第六（殘卷） | 一卷 | 小川雅人 |
| 79 | 律序［卷上（殘卷）敦煌出土］ | 一卷 | 小川雅人 |
| 80 | 成實論卷第十二（殘卷）（敦煌出土） | 一卷 | 小川雅人 |
| 81 | 菩薩瓔珞本業經（敦煌出土） | 一卷 | 小川雅人 |
| 82 | 佛說老母經 | 一卷 | 中村不折 |
| 83 | 譬諭經 | 一卷 | 中村不折 |
| 84 | 薩婆多毘尼毘婆沙 | 一卷 | 中村不折 |
| 85 | 法華經方便品 | 一卷 | 中村不折 |
| 86 | 佛說菩薩藏經第一 | 一卷 | 中村不折 |
| 87 | 摩訶般若波羅蜜經卷第十四 | 一卷 | 中村不折 |
| 88 | 律藏初分卷十四 | 一卷 | 中村不折 |
| 89 | 仁王般若實相論 | 一卷 | 中村不折 |
| 90 | 維摩經疏 | 一卷 | 中村不折 |
| 91 | 梵網經心地品第十 | 一卷 | 中村不折 |
| 92 | 僧伽宬經第二 | 一卷 | 中村不折 |
| 93 | 妙法蓮華經玄讚第四函 | 一卷 | 中村不折 |
| 94 | 大般涅槃經卷第八 | 一卷 | 中村不折 |

续表

| 序号 | 题名 | 卷数 | 收藏者 |
| --- | --- | --- | --- |
| 95 | 大般涅槃經卷十五 | 一卷 | 中村不折 |
| 96 | 佛說觀音享賢經 | 一卷 | 中村不折 |
| 97 | 唐人書寫草書法華經玄贊第四卷（原寸、第一回 敦煌出土） | 一卷 | 中村不折 |
| 98 | 唐人書寫草書法華經疏第八卷（原寸、第一回 敦煌出土） | 一卷 | 中村不折 |
| 99 | 唐人書寫法華經玄贊義決（原寸、第一回 敦煌出土） | 一卷 | 中村不折 |
| 100 | 唐人書寫法華經玄贊第四卷（第二回 敦煌出土） | 一卷 | 中村不折 |
| 101 | 龍沙開寶 | 一卷 | 中村不折 |
| 102 | 晉·摩訶般若波羅密經（原寸） | 一卷 | 中村不折 |
| 103 | 齊·佛說勸享賢經（原寸） | 一卷 | 中村不折 |
| 104 | 北魏·大般涅槃經十五（原寸） | 一卷 | 中村不折 |
| 105 | 北魏·護身命經（原寸） | 一卷 | 中村不折 |
| 106 | 西魏·妙法蓮華經卷第四（原寸） | 一卷 | 中村不折 |
| 107 | 唐·法華經享門品（原寸） | 一卷 | 中村不折 |
| 108 | 不明 | 一卷 | 中村不折 |
| 109 | 大般若經卷第一百九十八 | 一卷 | 舟橋水哉 |
| 110 | 大般若經卷第一百九十八 | 一卷 | 舟橋水哉 |
| 111 | 大般若波羅蜜多經卷第一百九十八 | 一卷 | 舟橋水哉 |

## 二、大谷光瑞探险队——敦煌文献被掠至日本始末

大谷光瑞（1876—1948）是日本佛教净土真宗西本愿寺第 22 世法主。他自幼攻读汉文典籍，通晓中国历史。20 岁时，大谷光瑞与贞明皇后的姐姐结婚，跻身皇族之列。1900 年，他前往英国伦敦留学，研究中亚历史、地理和古代佛教。随后他被推选为英国皇家地理学会会员，获得最新的中亚地区的资料和研究成果。经过一年多的筹备后，1902 年，大谷光瑞凭借个人力量组织开始了第一次中亚考察。

大谷探险队即指 1902—1914 年活动于中亚、北亚、南亚犍陀罗、印度、尼泊尔、斯里兰卡、东南亚以及中国等地的探险队。他们分别于 1902—1904 年、1908—1909 年、1910—1914 年三次深入考察中国新疆、甘肃、西藏等地。他们不择手段窃取的古文书，收藏在龙谷大学的就有 7733 件。其中汉文文书 1380 件，回鹘文文书 973 件，梵、藏、西夏、蒙古文文书 425 件，汉文与古代少数民族文字合璧文书 530 件，此外还有佉卢文、和阗文、焉耆文、龟兹文等文书、木简多件。他们用各种手段从我国攫取的还有大量古

代木简、壁画、雕像、丝织品以及其他各种文物。

大谷光瑞亲自参与的只有1902年第一次探险，随后便回国赴任西本愿寺法主一职。第二次和第三次探险由橘瑞超、吉川小一郎、野村荣三郎等完成。大谷探险队缺乏专业的研究和报告，连掠夺回国的收藏品都没有进行详细的记录，只有队员少许的日记能够参考。这种探险行为，对当地文物及文化造成了极大的破坏，也不利于后来考古的研究。

大谷探险队真正到达敦煌，是在第三次中亚探险的时候。第二次探险结束后，橘瑞超跟随大谷游览欧洲，见到了斯坦因、伯希和、斯文·赫定等世界著名探险家，他向大谷光瑞提出再次进行中亚探险的建议。1910年8月，橘瑞超从伦敦出发，经圣彼得堡、西伯利亚进入中国新疆，到达塔城，经乌鲁木齐、吐鲁番再次进入楼兰遗址进行盗掘活动；然后从且末出发，向北横穿塔克拉玛干沙漠，到达库车考察；经喀什、和田进入藏北，最后自东向西横穿西藏高原抵达敦煌。橘瑞超在新疆考察期间，中国处于辛亥革命时期，南疆局势混乱。长时间没有得到橘瑞超联系的大谷光瑞派吉川小一郎前往中亚。吉川小一郎经上海、汉口、兰州，于1911年10月2日到达敦煌。他在等待橘瑞超期间，拍摄了敦煌千佛洞的部分洞窟，同时从王道士及当地人那里收购了大量敦煌文书。1912年1月25日，两人会合，又向王道士收购了一批经卷。随后吉川小一郎留在吐鲁番继续考察，橘瑞超则返回了日本。吉川小一郎于1914年7月回到日本，至此，大谷探险队第三次中亚探险结束。

大谷探险队考察回国后，将窃取的大批珍贵文物陆续运回日本。大谷斥巨资在神户六甲山建造了别墅"二乐庄"，用于存放"大谷收集品"，部分寄存在了京都帝室博物馆（今京都国立博物馆）。

1914年5月，大谷光瑞因财政赤字问题辞任西本愿寺法主。开始了以中国为中心、长达三年的海外漂泊，二乐庄被迫关闭。1916年1月，大谷将二乐庄连同一部分收集品出售给了日立公司，日立公司后将收集品转赠给了时任日本殖民地朝鲜总督的寺内正毅，寺内将这批文物移藏到朝鲜总督府博物馆（今韩国国立中央博物馆）。

1915年大谷带着剩下的文物移居中国旅顺，并将收集品寄存在关东都督府满蒙物产馆，后于1929年被大谷卖给改名后的关东厅博物馆（后成为旅顺博物馆）。后又有一部分被运回日本，收藏于京都的西本愿寺（后藏于龙谷大学），还有些散于民间。根据旅顺博物馆保存的账本记录，大谷收集品有6566件，当中包括大量的汉文佛经残片、文书残片，其他语种的佛经残片和文书残片，佛教版画断片、佛画断片、佛教雕像等佛教艺术品，以及陶塑、泥塑等艺术品。其中，有敦煌经卷620卷藏于旅顺博物馆，在1954年移交北京图书馆。大谷文书和文物的具体数量，至今也没有准确的统计数字，大部分藏于日本京都国立博物馆（后转藏东京国立博物馆）、龙谷大学图书馆、中国旅顺博物馆、北京图书馆、韩国国立中央博物馆，以及日本各地美术馆、民间收藏家等处。

## 三、京都大学敦煌研究年报与敦煌文献

运用KHcoder软件，笔者完成了对京都大学2007—2023年的《敦煌写本研究年报》文章标题的处理，处理结果如图1和图2所示：

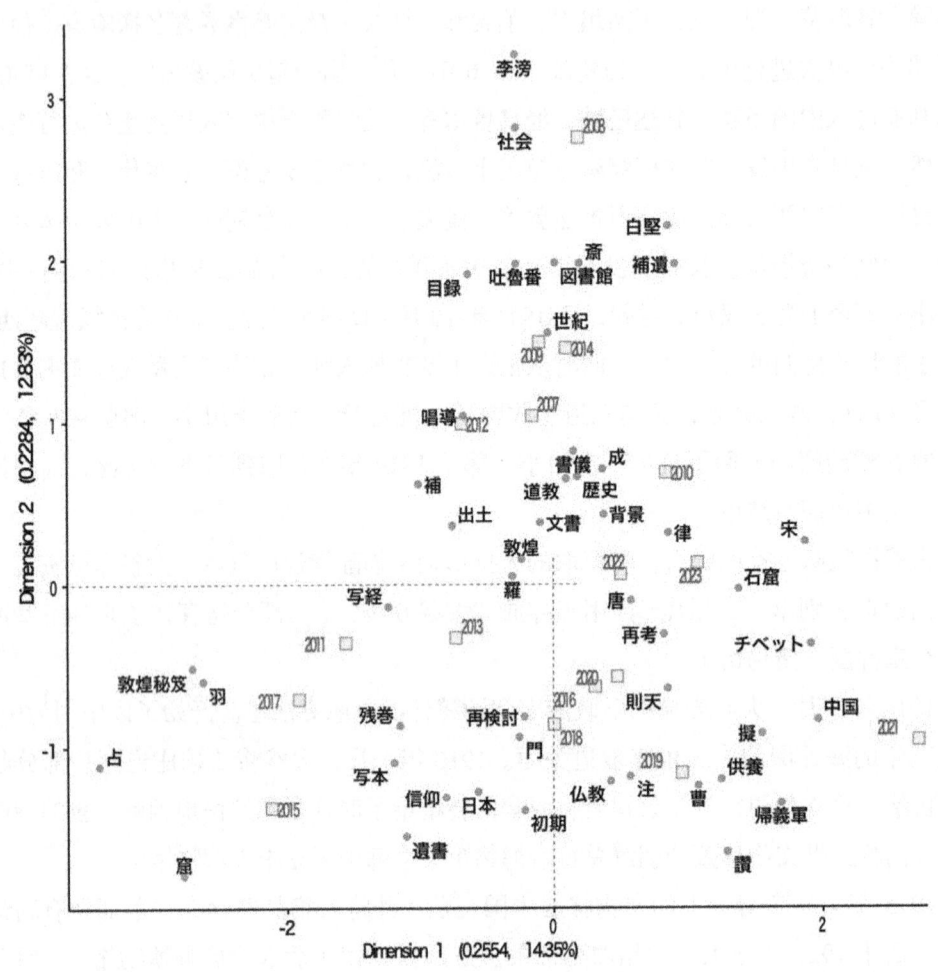

图1 按照年份分布的日语题目关键词

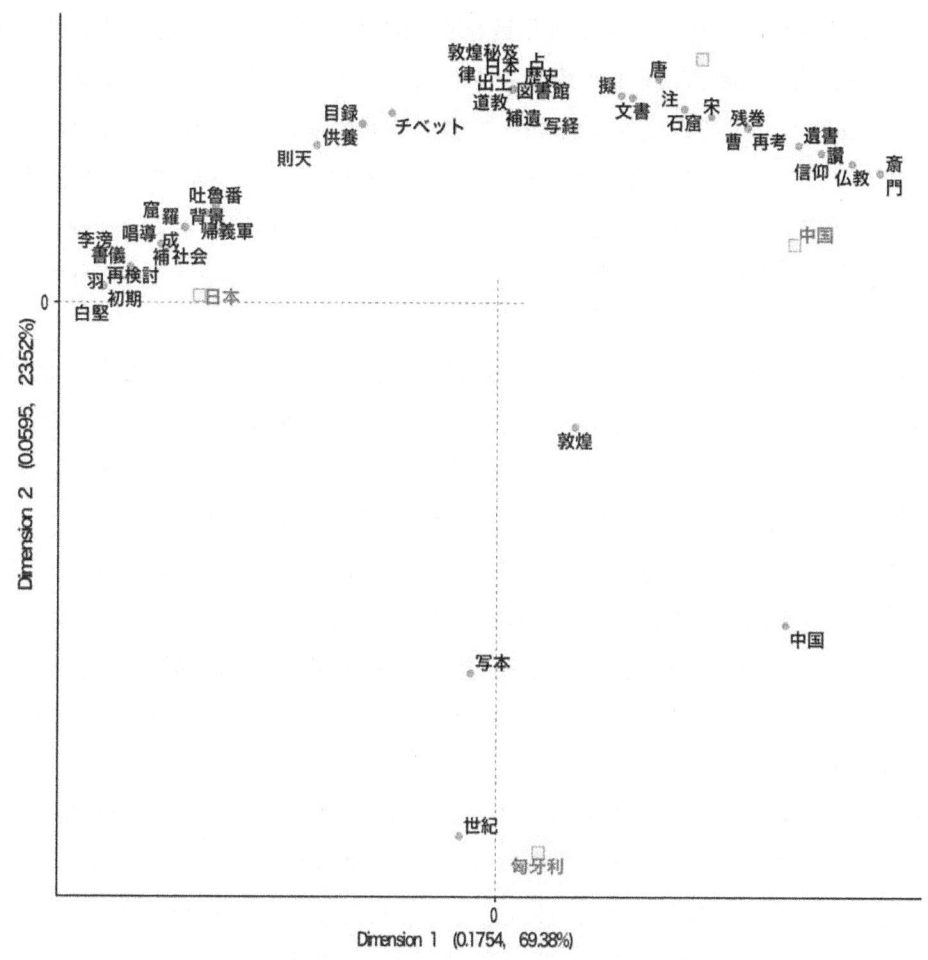

图 2　按照作者国籍分布的日语题目关键词

关于京都大学《敦煌写本研究年报》，有 200 多篇文章，以下主要从标题入手，选择以重点篇目关注内容的方式对其进行一个概述。

从图 1 可以看出，有关唐代的研究从京都大学《敦煌写本研究年报》的创刊号开始就受到关注，但从 2020 年开始，京都大学《敦煌写本研究年报》开始更加关注中国的朝代和地区。如 2020 年共 9 篇，有《則天武后と阿育王——儀鳳年間の舍利頒布と『大雲經疏』をめぐって》《〈（擬）刺史書儀〉〈封門狀回書〉與〈五杉練若新學備用〉〈大狀頭書〉之比較研究——〈唐宋時代の門狀——使用範圍の擴大と細分化〉補遺》《唐宋之際敦煌社邑的寫經活動》共 3 篇与朝代有关；2021 年的《敦煌寫本研究年報》中，共有 7 篇，其中有 1 篇与朝代有关，《大狀の諸相——唐末から宋における私信としての展開》；2022 年共 9 篇，其中有 2 篇与朝代有关，《幸存者偏差與唐代避諱觀察——唐代避諱複雜性表現之一種》与《唐五代敦煌における正月の燃燈儀禮》；

2021年研究成果中有2篇，为《歸義軍政權初期におけるチベット語公印の使用とその背景——Pelliot tibétain 1171の檢討を中心に》与《〈十大弟子讚〉的藏漢對照本及藏譯本》；2023年中有3篇有关中国和中国文字的研究成果，《野村榮三郎と福井瑞華の内陸アジア・河西域の調査計畫（1909-1910）の消滅とその波紋——清國新疆省の檔案（官文書）にみえる野村と福井の「轉發護照」》《PT1249藏文音寫四分律抄斷片》《中國國家圖書館所藏の敦煌出土チベット語文書について（一）——敦煌藏漢對音資料補遺》。

从图2可以看出，中日敦煌学者都关注道教，中国学者更加关注佛教。日本学者关于道教研究成果有《"見之悲傷、念之在心"——道教の唱導をめぐって》《道教の俗講に見られる劇場空間》等，中国学者关于佛教研究成果有《吐鲁番出土的唐代唯識學文獻小考》《從聖武天皇〈雜集〉的整理研究兼論其與敦煌文獻之關涉》等。

从图2还可以看出，日本学者倾向于研究李滂和白坚，而中国学者很少涉足，如《李滂と白堅—李盛鐸舊藏敦煌寫本日本流入の背景—》《李滂と白堅（補遺）》等。究其原因，清朝大臣李盛铎旧藏的敦煌文书经由白坚的介绍，被李滂转让给羽田亨，成了日本珍贵的研究史料，这些史料应是日本学者对敦煌学研究的重要基础，所以受到了日本学者的高度关注。

归义军这一主题同样受到日本学者的关注，如《歸義軍政權初期におけるチベット語公印の使用とその背景——Pelliot tibétain 1171の檢討を中心に》等。归义军是唐玄宗时期到宋仁宗景祐三年（1036），沙洲地方的政权武装，敦煌藏经洞出土的敦煌文献大多属于归义军时代，敦煌石窟中也保存了这一时期的艺术作品。日本学者应是认为其作为重要的研究史料，拥有特别的研究意义，才着手研究。

京都大学《敦煌写本研究年报》中所覆盖的中日两国学者的研究特点肯定远远不止这些，相信在之后的研究中一定会有更加值得关注的特点出现，届时对两国关于敦煌研究的特征将更加明显。

## 四、东亚文化的交涉与敦煌文献的研究

《国际敦煌学研究文库（日本卷）》共二十二卷，收录了日本学者的研究成果，研究内容包括敦煌残简、唐代律令、法华经、壁画等内容。《国际敦煌学研究文库（日本卷）》内的文献非常细致，但是均为日文影印本，而且内容并未按照主题编排，有一定的阅读难度，也无法即时进行对比，于是笔者只能摘录部分内容，与《敦煌莫高窟》中的中文论文进行对比，观察中日两国学者对同一主题的观点有何不同。

对于每一个主题，《国际敦煌学研究文库（日本卷）》内都有不同的研究角度的论

文，如本田义英《法華經の根本的研究に関する種々の資料》与《西域出土梵本法华经方便品的断简》的研究角度不同，前者是一个概统的论述，后者从一个很细致的角度出发，在一个相对狭窄的领域进行研究。

《敦煌莫高窟》中有一篇名为《敦煌壁画中的法华经变初探》的研究，从法华经的形象、在艺术上的最初表现、法华经变的历代沿革、不同时代的法华经变数量等几个角度对其进行论述。文章通过叙述"法华经通过大量的形象譬喻宣传了许多简易的成佛途径和佛法无边威力；法华信仰在艺术上最初的表现有造寺、造图、造台、造龛、造像等；隋代的法华经变属于草创阶段，各方面都显得很不成熟，法华经变发展到盛唐时期达到鼎盛，中唐以后，经五代至宋是法华经变继续发展，逐步走向衰落至消失的时期；中唐法华经变的共同特点是各品都有了大体固定的部位；五代、宋时期的法华经变数量很多，内容上也增加了一些新的经品"等内容，讲述了法华经变的发展。

与中国学者论文不同的地方在于，《法華經の根本的研究に関する種々の資料》为多种法华经的文献的整体介绍和概述，还包含了作者对于不同译本的评论。作者在文章中说道："余の考ふる所を以てすれば大体上二種の立場があるやうに思ふ、その一つは宗学の立場であり、その二は批評の立場である。"① 与中国学者研究的角度完全不同，从一个更加笼统的角度对法华经相关资料做了一个整体的概述，并没有牵涉到历代沿革。

另外，净土宗的研究也体现出两国的文化交涉。《国际敦煌学研究文库（日本卷）》有关净土宗的研究共有三篇，分别是泷精一所作《中亚发掘品与我国净土宗美术的起源》，矢吹庆辉所作《关于敦煌净土宗研究资料》和《关于敦煌出赞阿弥陀佛偈及略论安乐净土义》，虽均为日本学者所著，但依然可以窥探净土宗为媒介，中日宗教文化方面的互动传播。因"净土"一词本属佛教专有名词，所以易联想到"净土宗"下属佛门宗教，直到现在也有许多宗教研究者未能完全分清其中关系，误认为净土宗是佛教下属派别，其实隶属佛教宗派的是为"净土宗"。而次第上，最早先有了"净土法门"，再由诸宗对其进行论释是为"净土宗"，最后才有宗祖开立"净土宗"。一言以蔽之，"净土宗"实则是教人得生净土的方法，参考コトバンク可作「仏教でとくに清浄な仏の国に往生するよう努めることを説く教え」的解释。目前可考日本最初接触净土宗的时期，需追溯到飞鸟时代。其过程中，首先是以净土变相为题材的中国的净土宗美术作品陆续问世，在泷精一所作《中亚发掘品与我国净土宗美术的起源》中，也记叙了有关这一阶段历程，在这里不做过多赘述。值得一提的是，由中央亚细亚的古刹发掘而获得的研究资料，同时也在亚洲艺术史研究上起到巨大推动作用。此后阿弥陀佛信仰在日本皇

---

① 译文："依我所思，大致上有两种立场，其一是宗学立场，其二是批评立场。"

室和贵族阶层中萌芽,隋炀帝大业四年(608,日本推古天皇十六年)日本遣隋学问僧志贺惠隐,随遣隋使小野妹子使舶入隋,随后带回大量净土经典,并屡次在宫中读诵净土宗的根本经典,即《净土五经一论》中《无量寿经》版本。到了8世纪中叶,以净土三部经为主的净土经典典籍已基本由学问僧传入日本,极大地促进了净土宗信仰的普及与典籍研究的发展。奈良时代中期后,受唐代佛教影响,阿弥陀佛和净土变相的发展传播更盛,净土信仰已在贵族社会中占据了中心地位。可以说这一时期日本皇帝和贵族阶层流行的净土信仰的引进方式,基本上都承袭了佛教引进时期的一般倾向。天平宝字四年(760),光明皇太后(藤原光明子)崩御后,淳仁天皇曾命诸国国分寺经制阿弥陀净土画像,抄写《称赞净土佛摄受经》(该经中称扬赞叹了阿弥陀佛极乐净土不可思议的功德庄严),后为其建阿弥陀净土院,并命诸国国分寺造佛像供养。这既体现了光明皇太后生前的信仰,也反映了日本皇族和贵族吸收净土宗初期的主要特征,即祈求现世安稳和祈祷死者冥福。

## 结语

综上所述,笔者站在东亚文化交涉学的角度,从四个方面考察了日本敦煌文献与中日敦煌学研究的联系。敦煌出土的古典文献,时间跨越5个世纪,体量庞大,形式丰富,涉及宗教、文学、艺术、民俗、历史、地理、科技、语言学等领域,甚至囊括密教禅宗、哲学、史籍地志等稀缺文献。其纸质优良,记述完备,对中国乃至世界的学术研究都具有重大的意义。而日本敦煌学的研究,自20世纪以来得到长足发展,研究中日两国敦煌学的交涉,不仅有助于促进当前文化交涉学的发展,而且有利于研究敦煌文化遗产所形成的中日文化现象,促进敦煌学向一个跨地域、国家、领域的整体形态发展。日本现存的这些敦煌文献,是那些所谓的日本探险家从中国掠夺的,我们期待这些流失海外的文物早日回家。

# 翻译、语言与话语的交错

# 旅游景点公示语汉日翻译研究

北京第二外国语学院日语学院　林　曌[①]　余晨晞[②]

[摘要]近20年来，中国的公示语研究呈上升趋势，公示语研究领域多集中于"地方公示语研究""旅游休闲""城市公示语""公示语翻译"等，而"公示语翻译"研究多以汉英语对为主，汉日语对比例较小。所以，以旅游景点公示语的汉日翻译为研究对象，通过实地调查收集资料，梳理这些公示语的功能分类，然后以赖斯的文本类型理论为依托，分析旅游景点公示语的语言风格，探讨"指示类""警示类""强制类""解说类""推广类"公示语的汉日翻译方法和策略。

[关键词]旅游景点公示语，翻译研究，汉译日

## 引言

近年来，中国的公示语研究呈逐年上升趋势。2002年至2010年9年间，公示语翻译研究相关的文章共527篇[③]；2011年至2020年10年间，公示语翻译研究相关的文章有2355篇。从2008年开始，（公示语翻译研究相关）论文发表总数突破100篇，2013年高达314篇[④]。从公示语翻译的研究专题来看，近20年来主要集中于"地方公示语研究""旅游休闲""城市公示语""公示语翻译"等，关于旅游公示语翻译的研究明显多于其他领域。从研究的语对来看，"绝大多数都集中在英译问题上，汉译日、韩、俄等语言的研究在整体比例中极小"[⑤]。在中国知网上以"景点公示语"为关键词搜索全文，

---

① 林曌：北京第二外国语学院日语学院副教授，研究方向为中日语言对比、翻译理论与实践。
② 余晨晞：北京第二外国语学院2022级日语MTI研究生，研究方向为汉日口笔译。
③ 邹彦群，满颖，孟艳梅. 公示语翻译研究十年综述［J］. 上海翻译，2011（4）：27-30.
④ 叶慧君，胡连影. 2011—2020年中国公示语翻译研究综述［J］. 上海翻译，2021（5）：29-30.
⑤ 同上。

共有成果 1120 篇；而进一步搜索"汉日翻译"，成果仅为 127 篇[①]。可见，旅游公示语翻译是公示语翻译中热度较高的研究专题，但汉日语对的旅游公示语翻译研究的数量还不是很多。所以，本文将以国内知名旅游景点的汉日语对公示语为研究对象，分析探讨旅游景点公示语（指示类、警示类、解说类等）的汉日翻译方法和策略。

## 一、旅游景点公示语的功能分类

宫伟（2016）指出"公示语是指在公共场所面向公众展示的、具有特殊的交际功能以及信息提供、指示警示等功能的语言。"[②] 吕和发（2017）修订了原先提出的定义，指出公示语是"公开和面对公众，告示、指示、提示、显示、警示、标示、解释与其生活、生产、生命、生态、生业休戚相关的语言及非语言信息；是以平面媒体为主的公共信息传播中的一种即时、即刻、即景、即事，规约性与非规约性，静态的被动的信息服务形态[③]"。熊仁芳（2018）提出公示语是"在公共场所向公众展示的、具有一定的交际功能或能实现某种交际目的的文字信息"[④]。可见，公示语的展示对象为公众，是具备交际功能的信息服务形态，其功能包括但不限于指示、警示、提示、解释等。不同的交际功能、交际目的使得公示语的语言表述呈现不同特色，在探讨公示语翻译时，很有必要根据其不同的功能、各异的语言表述特色进行逐一分析。

北竹和单爱民（2002）[⑤]认为公示语有四种应用功能：指示性、提示性、限制性和强制性。牛新生（2008）[⑥]指出公示语有六种语言功能：指示功能、提示功能、警示功能、告示功能、劝导功能、宣传功能。吕和发（2017）进一步将公示语的功能进行了扩充，指出其具有十二种功能：指示性、提示性、限制性、禁止性、警示性、强制性、信息性、解说性、教育性、管理性、推广性、公益性。熊仁芳（2018）按公示语的示意功能将其分为七类：指示类、提示类、限制类、强制类、解说类、教育类、宣传类。参考先行研究并结合旅游景点公示语的实际展示情况，本文将旅游景点公示语的功能分为九类，其详细规定和典型用例见表 1。

---

[①] 搜索时间为 2023 年 7 月 3 日。
[②] 宫伟.公示语日译策略研究——基于日语及日本文化特色[J].日语学习与研究，2016（5）：104-111.
[③] 吕和发.Chinglish 之火可以燎原？——谈"新常态"语境下的公示语翻译研究[J].上海翻译，2017（4）：80-87+94.
[④] 熊仁芳.公示语汉日翻译错误分析与翻译策略探究[J].日语学习与研究，2018，199（6）：10-19.
[⑤] 北竹，单爱民.谈英语公示用语的语言特点与汉英翻译[J].北京第二外国语学院学报，2002（5）：76-79.
[⑥] 牛新生.公示语文本类型与翻译探析[J].外语教学，2008（3）：89-92.

表 1　旅游景点公示语的功能分类①

| 序号 | 公示语功能分类 | 定义 | 用例 |
| --- | --- | --- | --- |
| 1 | 指示类 | 指示服务内容，提供信息服务 | "游客中心"、"售票处"、"地铁"、"公交车车站"、景点名称 |
| 2 | 提示类 | 起提示作用，无特指意义 | "此门不通" |
| 3 | 限制类 | 对公众行为提出限制，约束、要求 | "游客止步" |
| 4 | 警示性 | 警示公众不要进行某些可能威胁人身安全的行为 | "当心落水""小心地滑" |
| 5 | 强制类 | 要求公众必须或禁止采取的行动 | "严禁烟火""禁止游泳""请勿攀爬" |
| 6 | 解说类 | 对人文或自然景观的解说 | 景点介绍 |
| 7 | 教育类 | 让公众了解认识某信息并有教育功能 | 对野生动物习性的介绍 |
| 8 | 推广类 | 倡导、引导公众采取某些行为 | "一点一滴节约资源，一言一行保护环境" |
| 9 | 管理类 | 让公众知晓旅游景点的某些具体管理规定 | "停车场管理管理规定" |

## 二、旅游景点公示语的文本类型和语言风格

赖斯的文本功能理论借鉴了德国心理学家、语言学家卡尔·布勒对语言功能的三分法——信息功能、表情功能、感染功能，在其1971年、2000年的论著中将这三种功能与相应的语言特点、文本类型、交际情景联系起来，并指出，信息型文本的语言特点是"逻辑的"，翻译目的旨在"传递原文指称的内容"，翻译时要使用"简朴的语言，按要求做到简洁明了"；表情型文本的语言特点是"美学的"，翻译目的旨在"表现原文的美学形式"，翻译时需要"仿效，忠实原文"；感染型文本的语言特点是"对话的"，翻译目的旨在"引起预期回应"，翻译时需要"编译，等效"②。本文将以赖斯的文本功能理论为指引，结合旅游景点公示语的实际情况对其功能和语言风格进行分析。

旅游景点公示语根据其功能类型不同，具备了不同的文本类型特点以及语言风格。通过实地调查国内几处旅游景点，笔者搜集到的汉日双语公示语共有指示类、警示类、强制类、解说类、推广类、管理类六种。

---

① 熊仁芳.公示语汉日翻译错误分析与翻译策略探究［J］.日语学习与研究，2018，199（6）：10-19.
② 芒迪（Munday,J）.翻译学导论：理论与应用：第3版［M］.李德凤，译.北京：外语教学与研究出版社，2014：107.

## （一）指示类公示语

图 1　武汉东湖风景点指示类公示语[①]

| 原文 | 日语译文 |
| --- | --- |
| 梨园小门 | 梨園小門 |
| 停车场 | 駐車場 |
| 梨园大门 | 梨園大門 |
| 东湖绿道游客中心 | 東湖緑道観光客センター |
| 东湖游船落霞水榭码头 | 東湖遊覧船夕焼け亭埠頭 |

图 1 为武汉东湖风景点指示牌。"梨园小门""梨园大门""东湖游船落霞水榭码头"为游客提示旅游景点信息；"东湖绿道游客中心"为游客指引游客中心的位置；"停车场"为游客指示停车场路线。这些公示语均为公众以及游客提供信息服务，为指示类公示语。它们表现事物与事实，语言简洁、指示明晰，属于"信息型文本"。

## （二）警示类公示语

图 2　武汉东湖风景点警示类公示语

---

[①] 本文图片如无特殊说明，均为本文笔者拍摄。

| 原文 | 日语译文 |
|---|---|
| 水深危险<br>当心落水 | 水が深くて危ないから<br>水に落ちないように |

图 2 为武汉东湖风景点警示类公示语。该公示语位于湖边，提示"水深危险 当心落水"，警示公众不要进行某些可能威胁人身安全的行为。公示语由两组四字格短语组成，用"××危险"提示具有危险性的情况和事物；用"当心××"提示有可能发生的危险行为。这类公示语用语简洁明了，言简意赅，警示语气明显，属于"信息型文本"。

### （三）强制类公示语

图 3 武汉东湖风景点强制类公示语

| 原文 | 日语译文 |
|---|---|
| 禁止垂钓 | 魚釣り禁止 |
| 禁止游泳 | 水泳禁止 |

图 3 为武汉东湖风景点强制类公示语。位于湖边的该公示语采用"禁止垂钓""禁止游泳"等"禁止××"的命令型表达方式，严格禁止公众进行相关活动。这类公示语用语多使用四字格表达，简洁明了，语气强烈，属于"信息型文本"。

### （四）解说类公示语

图 4 武汉东湖风景点解说类公示语（鲁迅广场简介）

| 原文 | 日语译文 |
|---|---|
| 鲁迅广场 | 魯迅広場 |
| 　　鲁迅（原名：周樟寿后改周树人）(1881年9月25日—1936年10月19日)，浙江绍兴人（祖籍河南省正阳县），我国著名的文学家、思想家和革命家，是中国现代文学的奠基人之一，鲁迅精神被称为中华民族魂，该广场为纪念鲁迅先生所建。 | 　　魯迅（本名は周樟寿で、後は周樹人と変更）(1881年9月25日—1936年10月19日)は、浙江紹興の出身（原籍は河南省正陽県）で、中国で有名な作家、思想家、革命家で、中国近代文学の創始者の一人である。魯迅精神は、中華民族の魂と呼ばれ、当広場は魯迅氏を記念するために造られたものである。 |

　　图4为武汉东湖风景点解说类公示语。这段解说采用客观的第三人称视角，首先对鲁迅的生平进行简要介绍；其次说明鲁迅是"我国著名的文学家、思想家和革命家"，以及在中国现代文学历史中的地位"是中国现代文学的奠基人之一"；再次，介绍人们对他的评价"鲁迅精神被称为中华民族魂"；最后，说明广场建造的缘由"为纪念鲁迅先生所建"。整个介绍逻辑清晰、用语简练、语言平实，是典型的"信息型文本"。

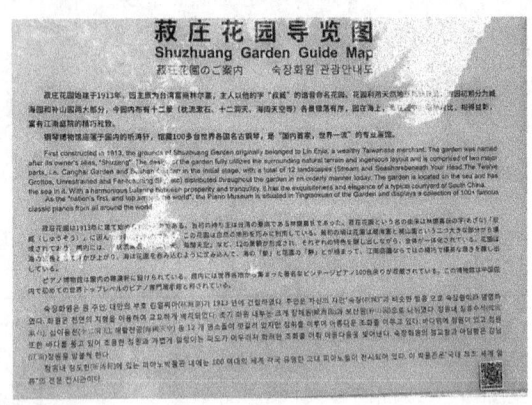

**图5　福建厦门菽庄花园解说类公示语（菽庄花园导览图）**

| 原文 | 日语译文 |
|---|---|
| 菽庄花园导览图 | 菽莊花園のご案内 |
| 　　菽庄花园始建于1913年，园主原为台湾富商林尔嘉，主人以他的字"叔臧"的谐音命名花园。花园利用天然地形巧妙布局，建园初期分为藏海园和补山园两大部分，今园内布有十二景（枕流漱石、十二洞天、海阔天空等）各景错落有序，园在海上，海在园中，动静对比，相得益彰，富有江南庭院的精巧雅致。<br>　　钢琴博物馆坐落于园内的听涛轩，馆藏100多台世界各国名古钢琴，是"国内首家，世界一流"的专业展馆。 | 　　菽莊花園は1913年に建て始められたものである。当初の持ち主は台湾の豪商である林爾嘉氏であった。菽莊花園という名の由来は林爾嘉氏の字（あざな）「叔臧（しゅうぞう）」に因んで命名されたものである。この花園は自然の地形を巧みに利用している。最初の頃は花園は蔵海園と補山園という二つ大きな部分から構成されており、園内には、「枕流漱石、十二洞天、海闊天空」など、12の景観が形成され、それぞれの特色を醸し出しながら、全体が一体化されている。花園は海の延長として浮かび上がり、海は花園を呑み込むように沈み込んで、海の「動」と花園の「静」とが相まって、江南庭園ならではの精巧で優美な趣きを醸し出している。<br>　　ピアノ博物館は園内の聴濤軒に設けられている。館内には世界各地から集まった著名なビンテージピアノ100台余りが収蔵されている。この博物館は中国国内で初めての世界トップレベルのピアノ専門展示館と称されている。 |

图 5 为福建厦门菽庄花园导览图，为解说类公示语。两段解说词均采用客观的第三人称视角。第一段在开篇先介绍建造年代、园名由来；中间，对花园的布局特色"利用天然地形巧妙布局"和知名景点简要说明；段尾，使用四字格表达"错落有序，园在海上，海在园中，动静对比，相得益彰"对花园的造园特色详细叙述，并在段末用"富有江南庭院的精巧雅致"总结。第二段简要说明园内知名景点"钢琴博物馆"，用"馆藏100多台"等说明藏品多外，还在段尾表明博物馆的藏品价值和人文价值。

整个介绍逻辑清晰、层次分明、用语简练、善用四字格表达，颇具文学性。不仅用不到 200 字的篇幅讲述了菽庄花园的历史、造园特色、人文价值，而且通过富有文采的四字格表达加深了读者对花园的印象，激发了游客的游览兴致。

方梦之（2008）在谈及旅游文本的特征时指出，其"信息量大又不失文学性、艺术性、宣传性和广告性"[①]，可见，包含景点介绍在内的旅游文本并不能整齐划一地归为"信息型文本"，由于其在"传递信息"的同时兼具"文学性、艺术性、宣传性和广告性"，所以有些景点介绍是兼具了"信息型文本"和"感染型文本"特征的"混合型文本"，其语言功能至少涵盖"表现事物与事实"和"感染文本接受者"两方面，语言特色包括但不限于"逻辑的""对话的"两类特征。

也就是说，旅游景点解说类公示语的文本类型需要根据其介绍对象以及文本内容进行逐一判断。图 4 中解说类公示语鲁迅广场就是比较典型的"信息型文本"，而图 5 中解说类公示语菽庄花园则是"混合型文本"，兼具了"信息型文本"和"感染型文本"的特征。"信息型"解说类公示语的语言平实、用语简练、逻辑清晰；"混合型"解说类公示语的语言简练、逻辑清晰，多通过四字格、引经据典、富有文采的表达激发游客的旅游兴趣。

（五）推广类公示语

图 6　武汉东湖风景点推广类公示语

---

① 方梦之.英汉汉英应用翻译教程［M］.上海：上海外语教育出版社，2008：6.

| 原文 | 日语译文 |
| --- | --- |
| 旅游美时美刻<br>文明随时随地 | 旅行は楽しく、<br>文明を伴にしましょう |

图 6 为武汉东湖风景点推广类公示语。通过"旅游美时美刻 文明随时随地"等标语、口号，提升游客文明意识，引导和促进文明旅游行为，营造文明和谐、安全有序的旅游环境。这种推广类公示语的目的为"号召、促进、引导"游客文明旅游、采取相应行动，所以具备了"感染型文本"的特征——重在"引起行为反应"，旨在感染或者说服阅读者并使其采取某种行动。

标语是"用简短文字写出的有宣传鼓动作用的口号"，其短小精悍，具有宣传、教育功能，具有艺术性、大众性、深刻性和趣味性的特点[①]。刘凤玲（1999）指出，标语的语言特点有三：第一，简明性，即语言简洁凝练，明晰；第二，音乐性，即看来醒目，读来顺口；第三，鼓动性，即必须具有较强的鼓动性和震撼力。[②]

对于标语的语句特点，王向华（2008）归纳为四点：引人注目，便于记忆；醒目清晰，警示于人；语言洗练，言简意赅；句法独到，铿锵有力。[③]总的说来，旅游景点标语的语言特点可以归纳为三点：简明性，语言简洁凝练，醒目清晰；音乐性，看来醒目，读来顺口，便于记忆；鼓动性，句法独到，铿锵有力，有较强的鼓动性和震撼力。

图 6 的公示语"旅游美时美刻 文明随时随地"中采用对偶的修辞手法，"美时美刻"对"随时随地"。"美时美刻"从语义上不仅有旅游的美好瞬间、美好时光、美好回忆之意，而且它与"每时每刻"谐音，让人感受到"旅游每时每刻的美好时光"之意。"随时随地"为"不论何时何地"之意。这则公示语字数相等、结构相同、意义对称，言简意赅，醒目凝练，读来顺口，铿锵有力。

### （六）管理类公示语

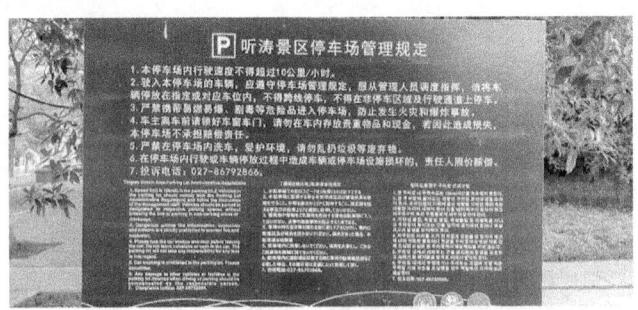

图 7 武汉东湖风景点管理类公示语

---

① 欧阳利锋，吴伟雄．论译者的创造性思维——以标语的英译为例［J］．中国科技翻译，2013（8）：28-31．
② 刘凤玲．标语、口号语言刍议［J］．修辞学习，1999（1）：27-28．
③ 王向华．标语的特点及英汉互译［J］．潍坊学院学报，2008（1）：49-51．

| 原文 | 日语译文 |
|---|---|
| 听涛景点停车场管理规定 | 「濤聞き観光地」駐車場管理規定 |
| 1. 本停车场内行驶速度不得超过10公里/小时。 | 1. 本駐車場での走行スピードは1時間10キロ以下とする。 |
| 2. 驶入本停车场的车辆，应遵守停车场管理规定，服从管理人员调度指挥，请将车辆停放在指定或对应车位内，不得跨线停车，不得在非停车区域及行驶通道上停车。 | 2. 本駐車場に駐車する車は本管理規定及び管理係員の管理を守ること。車両を指定のエリアに駐車すること。規定線を超える事及び非駐車エリアと通路に駐車してはいけない。 |
| 3. 严禁携带易燃易爆、剧毒等危险品进入停车场，防止发生火灾和爆炸事故。 | 3. 爆発物や毒物など危険物を所持する場合は駐車場に入ってはいけない、火事や爆発事故を防止するためである。 |
| 4. 车主离车前请锁好车窗车门，请勿在车内存放贵重物品和现金，若因此造成损失，本停车场不承担赔偿责任。 | 4. 車両の持ち主は車を離れる前に窓とドアをロックし、車内に貴重品及び現金を置かないでください。損失があった場合、本駐車場は賠償責。 |
| 5. 严禁在停车场内洗车，爱护环境，请勿乱扔垃圾等废弃物。 | 5. 駐車場内に洗車しないでください。環境を大事にし、ごみなど廃棄物を無闇に捨てないでください。 |
| 6. 在停车场内行驶或车辆停放过程中造成车辆或停车场设施损坏的，责任人照价赔偿。 | 6. 駐車場内に運転或は駐車する時に車両や駐車場設備などを壊した場合、その責任者は定価によって賠償して頂く。 |
| 7. 投诉电话：027-86792866。 | 7. 苦情電話：027-86792866。 |

图7是武汉东湖风景点管理类公示语，为听涛景点停车场管理规定，属于"信息型文本"。这则规定用7条对停车场的使用原则进行了说明。第1条、第2条管理规定用3个用语严肃、正式场合的书面语"不得××"，即"不得超过10公里/小时""不得跨线停车""不得在非停车区域及行驶通道上停车"对停车场使用者的行为进行规约。第3条、第5条采用了命令型表达方式"严禁××"，即"严禁携带易燃易爆、剧毒等危险品""严禁在停车场内洗车"；第4条、第5条使用了禁止进行某行为的表达方式"请勿××"，即"请勿在车内存放贵重物品和现金""请勿乱扔垃圾等废弃物"对停车时不当行为进行提示。第6条对损坏设施由责任人照价赔偿的条款进行的叙述。第7条为投诉电话。从整体上来说，这则停车场管理规定用语简略、表述清晰，多采用"严禁××""不得××""请勿××"等语气严肃的命令型表达方式对严格禁止甚至违反公共安全的行为进行规约、提醒和警示，并要求停车场使用者严格遵守、执行。

旅游景点汉日双语公示语的文本类型并不是单一的，"指示类""警示类""强制类""管理类"公示语多属于"信息型文本"；"解说类"公示语中既有偏向于"信息型文本"的景点介绍，也有属于"混合型文本"，兼具"信息型文本"和"感染型文本"特征的景点介绍；"推广类"公示语多偏向"感染型文本"。指示类公示语用语简洁、指示明晰；警示类公示语言简意赅，警示语气明显；强制类公示语多使用四字格表达，简洁明了，语气强烈；解说类公示语多采用第三人称视角进行叙述，逻辑清晰、用语简练、语言平实，有的会引经据典，颇具文学性；管理类公示语用语简略、表述清晰，多采用"严禁××""不得××""请勿××"等语气严肃的命令型表达方式。

## 三、旅游景点公示语的翻译方法和策略

### （一）"指示类""警示类""强制类"公示语的翻译

旅游景点的"指示类""警示类""强制类""管理类"公示语多属于"信息型文本"，其翻译的目的在于"传递原文指称的内容"，所以翻译时需要"简朴的语言，按要求做到简洁明了"①。翻译这类公示语多采用直译法、移植法、"直译法＋意译法＋移植法"等方法。

图 8　武汉东湖风景点指示类公示语

| 原文 | 日语译文 |
| --- | --- |
| 东湖海洋乐园 | 東湖海洋楽園 |
| 碧潭观鱼 | 青淵観魚 |
| 长天楼 | 長天楼 |
| 卫生间 | トイレ |
| 东湖游船落霞水榭码头 | 東湖遊覧船夕焼け亭埠頭 |
| 鲁迅广场 | 魯迅広場 |
| 行吟阁 | 行吟閣 |

图 8 中的"长天楼""行吟阁""东湖海洋乐园"等为景点名称，这些名称颇具中国文化特色，如"长天楼"，游人在此楼中凭窗远眺，能欣赏到碧波万顷，欲接蓝天的美

---

① 芒迪（Munday, J）.翻译学导论：理论与应用［M］.3 版.李德凤, 译.北京：外语教学与研究出版社，2014：107.

景，大有"秋水共长天一色"之感慨，故以此得名。"行吟阁"阁名取自《楚辞·渔父》中"屈原既放，游于江潭，行吟泽畔"之句。为了达到准确传递原文内容的目的，在翻译时采用了移植法，将"长天楼"译为"長天楼"；"行吟阁"译为"行吟閣"；"东湖海洋乐园"译为"東湖海洋楽園"。"碧潭观鱼"则采用直译法，将"碧潭"直译为"青淵"，"观鱼"译为日语同形词"観魚"。同样，"卫生间""鲁迅广场"也采用直译法分别译为"トイレ""魯迅広場"。"东湖游船落霞水榭码头"中，专有名词"东湖"采用移植法，译为"東湖"；"游船""码头"采用直译法分别译为"遊覧船""埠頭"。"落霞水榭"中，"落霞"取唐王勃《滕王阁序》"落霞与孤鹜齐飞"句意命名，"水榭"是中国古代建于水边的观景建筑，一种临水的供游憩的房屋楼阁。"落霞"用直译法译为"夕焼け"，而"水榭"是"（公園などの）水に臨んだあずまや"之意，无直接对应的合适译文，故而意译为"あずまや"，"落霞水榭"整体意译为"夕焼け亭"。

从图8可知，汉语的景点名称有些极富中国文化色彩，或是引经据典，或是来自名人姓名，或是来自中国古典建筑样式。汉日翻译时，需要以准确传递原文信息为根本原则，灵活使用直译法、移植法、"直译法＋意译法＋移植法"等翻译方法，用语简洁，为游客准确、快捷地提供信息服务，实现指示类公示语的提示功能。

图9　武汉东湖风景点警示类、强制类公示语

| 原文 | 日语译文 |
| --- | --- |
| 禁止垂钓 | 魚釣り禁止 |
| 禁止游泳 | 水泳禁止 |
| 当心落水 | 水に落ちないように |
| 小心地滑 | 滑りに注意 |

汉语警示类公示语多用四字表达，常用"当心××""小心××"等表达向游客

明确、快速提示风险，语气强烈。翻译时可以采用"……ようにしてください""……（に）注意してください"等表达直接翻译。为了让公示语简洁明了，符合日语警示类公示语的表达习惯，可以省略句尾的助动词。例如，"当心落水"一般可以译为"水に落ちないようにしてください"。作为公示语时，可以省略句尾的"してください"，译为"水に落ちないように"。此外，为了让游客一目了然，达到公示语的警示目的，还可以译为"危険！！湖に落ちないように"。

同样，"小心地滑"可以省略句尾助动词"してください"，译为"滑りに注意"。如果要让公示语言简意赅，还可以译为"足元注意"。当然，如果是商业服务场所，为了让警示类公示语语气礼貌、温和，易于为公众接受，还可以使用日语敬语表达形式，译为"滑りやすくなっております。足元にご注意ください"或"滑りやすいので、足元にご注意ください"。

汉语强制类公示语多使用四字格表达，简洁明了，语气强烈。翻译时也需要在传递文字意义的基础上让译文简洁明了，语气强烈。所以，"禁止××"可以译为"……禁止"，将"禁止垂钓"直译为"魚釣り禁止"；"禁止游泳"直译为"水泳禁止"。

总的来说，在准确传递原文意义的基础上，为了再现汉语公示语的语言风格，在翻译警示类、强制类公示语时，可以采用"直译法＋省略助动词"等方法进行翻译。

### （二）"解说类"公示语的翻译

旅游景点的解说类公示语有的属于"信息型文本"，有的属于"混合型文本"，兼具"信息型文本""感染型文本"的特点。在翻译时，不仅要"传递原文指称的内容"，使用"简朴的语言，按要求做到简洁明了"，有些还需要感染读者[①]。这类公示语多采用直译法、移植法、"加译法＋移植法"、"移植法＋文内注"、省略法或调整语序等翻译方法。

图10　福州三坊七巷解说类公示语

---

① 芒迪（Munday, J）.翻译学导论：理论与应用［M］.3 版.李德凤，译.北京：外语教学与研究出版社，2014：107.

翻译、语言与话语的交错

| 原文 | 日语译文 |
|---|---|
| 水榭戏台 | 水榭戯台 |
| 　　建于明万历间，建筑总面积2368平方米。原是郑姓住宅、清道光年间，为孙翼谋家族所有。花厅的最大特色是建有水榭戏台，面积30平方米，福州地区仅存此一处。2006年被公布为全国重点文物保护单位。<br>　　孙翼谋，字砚诒，号谷庭，咸丰二年（1852年）进士，历官安徽宁国和安庆知府、两淮盐运司、浙江按察使、湖南布政使，很受左宗棠器重。其在院为官20年，多行善政。收藏丰富、藏书印有『看云馆藏书』。 | 　　明の万暦年間に建てられ、延べ建築面積二三六八平方メートル。元は鄭氏一族の住宅でしたが、清の道光年間、孫翼謀家の所有物件となった。水中に建てられた三十平方メートルある芝居の舞台水榭戯台は花庁（客間）の最も大きい特徴。福州地域で現存するこのような戯台はここだけです。二〇〇六年に全国重点文物保護単位と指定されました。<br>　　孫翼謀、字は硯詒、号は谷庭。咸豊二年（一八五二年）の進士で、安徽寧國、安慶知府、両淮塩運司、浙江按察使を歴任し、左宗棠から重用され、湖南布政使にまで昇進。安徽省で二十年間勤務し、善政を多く施しました。一生読書が好きで、蔵書が多く、蔵書には「看雲館蔵書」の印が捺されています。|

　　图10是福州三坊七巷水榭戏台介绍，简述了水榭戏台的建造年代、历史沿革、建筑特色、文物价值、孙翼谋生平等信息。语言简洁，要点突出，条理清晰。

　　"明万历""清道光年""咸丰"为与历史年代相关的文化负载词，译文采用直译法，分别译为"明の万暦""清の道光""咸豊"；"进士"为"中国古代科举制度中，通过最后一级中央政府朝廷考试者"，直接翻译为"進士"；"安徽宁国和安庆知府""两淮盐运司""浙江按察使""湖南布政使"为清代官职，均为文化负载词，翻译时采用"移植法"，分别译为"安徽寧國、安慶知府""両淮塩運司""浙江按察使""湖南布政使"。"全国重点文物保护单位"是和文物基本相关的文化负载词；"看云馆藏书"是和藏书文化相关的文化负载词，译文均采用"移植法"，分别译为"全国重点文物保護単位""看雲館蔵書"。

　　"水榭戏台"是一座建于民居中的水上戏台，用于福州园林中的水上戏剧演出。译文采用"加译法＋移植法"的方式，将之译为"水中に建てられた……芝居の舞台水榭戯台"，不仅保留了文化负载词"水榭戏台"的原汁原味，还通过简要解释其园林建筑样式"水中に建てられた"、用途"芝居の舞台"，让游客一目了然，使得译文通俗易懂。"花厅"是旧式住宅中大厅以外的客厅，译文采用"移植法＋文内注"的方法，将之译为"花庁（客間）"，让译文清晰、易懂。

　　译文还采用了省略法，如"明の万暦年間に建てられ、延べ建築面積二三六八平方メートル""水中に建てられた三十平方メートルある芝居の舞台水榭戯台は花庁（客間）の最も大きい特徴"都省略了文尾助动词，用名词结句（体言止め），使得译文精练简洁、增强余韵，让人深刻印象。

　　"花厅的最大特色是建有水榭戏台，面积30平方米，福州地区仅存此一处"的译文采用分译法，将之译为两个句子。同时，还调整语序，将"面积30平方米"作为定语放置于"水榭戏台"之前，译为"水中に建てられた三十平方メートルある芝居の舞台水榭戏台"。

总的来说，在准确传递原文意义的基础上，为了再现解说类公示语的语言风格，让译文清晰易懂，一目了然，富有文采，达到服务游客需求的功用，在翻译解说类公示语时，可以灵活采用直译法、移植法、"加译法＋移植法"、"移植法＋文内注"、省略法等方法进行翻译。

### （三）"推广类"公示语的翻译

旅游景点推广类公示语旨在"号召、促进、引导"游客文明旅游、采取相应行动，是"感染型文本"。这类公示语简洁凝练，醒目清晰，读来顺口，便于记忆，富有文采，常会使用对偶、谐音等修辞手法。翻译时不仅要忠实传递原文信息，还需要让译文具备"感染力"，达到吸引游客注意、感染游客的目的。

图 11　武汉东湖风景点推广类公示语

| 原文 | 日语译文 |
| --- | --- |
| 保护生态环境<br>倡导文明新风 | 生態環境を保護し、文明の新風を讃えましょう |

图 12　武汉东湖风景点推广类公示语

| 原文 | 日语译文 |
| --- | --- |
| 文明旅游一小步<br>美丽和谐一大步 | 文明に旅し、調和と美生活に近づけましょう |

图 11 和图 12 为武汉东湖风景点推广类公示语。"保护生态环境　倡导文明新风"和"文明旅游一小步　美丽和谐一大步"都是六字标语。图 11 的"保护""倡导"用简洁醒目的表达呼吁游客；"生态环境""文明新风"为行动的内容。译文采用直译法，译为"生態環境を保護し、文明の新風を讃えましょう"。其中，"文明の新風"略不自然，让日本游客不知何意，建议译为"文明的な新たな風"，整个译为"自然環境を保護し、文明的な新たな風を広めよう"。图 12 的"一小步""一大步"是对偶表达，整个公示语醒目清晰，读来顺口，便于记忆。译文没有直接翻译"一小步""一大步"，而是采用了意译法。"文明旅游"直译为"文明に旅し"；"美丽和谐"意译为"調和と美生活"。这句还可以直接翻译为"文明的な旅行は小さな一歩であり、美しさと調和は大きな一歩となる"。

总的说来，推广类公示语在翻译时可以采用直译法和意译法，在准确传递原文意义的基础上，起到"号召、促进、引导"游客文明旅游、采取相应行动的目的。

## 结语

通过梳理旅游景点公示语的功能分类，以赖斯的文本类型理论为依托分析旅游景点公示语的语言风格，本文对"指示类""警示类""强制类""解说类""推广类"公示语的汉日翻译方法和策略进行了初步探讨。

旅游景点的"指示类""警示类""强制类""管理类"公示语多属于"信息型文本"，"指示类"公示语多采用直译法、移植法、"直译法 + 意译法 + 移植法"等翻译方法。翻译警示类、强制类公示语时，可以采用"直译法 + 省略助动词"等方法进行翻译，在准确传递原文意义的基础上，再现汉语公示语的语言风格。

旅游景点的解说类公示语既有"信息型文本"，也有兼具"信息型文本""感染型文本"特点的"混合型文本"，在翻译时，多采用直译法、移植法、"加译法 + 移植法""移植法 + 文内注"、省略法或调整语序等翻译方法。旅游景点推广类公示语是"感染型文本"，旨在"号召、促进、引导"游客文明旅游、采取相应行动。翻译时多采用直译法、意译法进行灵活翻译，让译文不仅能准确传递信息，而且能感染阅读者、服务阅读者需求。

# 含有性别意义的指人后缀的汉日对比研究

## ——以新词为中心

北京第二外国语学院日语学院　胡文骄[①]　李　莉[②]

[摘要] 以 2000 年至 2021 年汉日两语新词中含有性别意义的指人后缀及其造词为研究对象，分析了汉日两语新词中含有性别意义的指人后缀的异同，并借此探究了中日两国社会文化的差异。研究发现，在来源上，汉语含有性别意义的指人后缀有"男""女""婊""媛"，日语含有性别意义的指人后缀有「男」「メン」「女」「ガール」「ギャル」，日语指人后缀的来源更加丰富。在数量上，汉语共有造词 216 例，日语共有造词 136 例，汉语的后缀少，但造词能力更强。并且，汉日两语都是表示女性的指人后缀及造词数量更多，体现了中日两国对女性的关注。在语义上，汉日两语的指人后缀都体现了两国年轻人在婚恋关系中对恋爱对象外貌及性格的重视。此外，中国年轻人还对另一半的财产、家世较为重视，而日本尚未看到这样的倾向。另外，在与女性相关的新词中，汉语的新词体现了中国社会对女性具有偏见的一面，而日语的新词则更多体现了女性对于时尚及新兴事物的追求。

[关键词] 性别，人，新词，后缀，中日对比

## 引言

近年来，汉日两语新词中都出现了许多含有性别意义的指人后缀及造词，例如，汉语中有"凤凰男""拜金女""绿茶婊""佛媛"等，日语中有「チャラ男」「イケメン」「干物女」「森ガール」「鯖ギャル」等。这些含有性别意义的指人后缀造词能力不

---

[①] 胡文骄：北京第二外国语学院日语学院硕士研究生，研究方向为日语语言学。
[②] 李莉：通讯作者，北京第二外国语学院日语学院副教授，研究方向为日语语言学。

同，语义特征也各具特色，其造词也丰富了中日两国人民的语言内涵。鉴于此，本文以 2000 年至 2021 年汉日两语新词中含有性别意义的指人后缀及其造词为研究对象，从来源、数量和语义的角度分析汉日两语新词中含有性别意义的指人后缀的异同，并借此探究这些造词所反映出的中日两国社会文化方面的差异，加深对中日两国社会文化的理解，促进中日跨文化交际的顺利进行。

# 一、研究方法

## （一）语料出处与收集方法

本文的研究对象是汉日两语新词中含有性别意义的指人后缀及其造词。关于新词，本文参考米川（1989）[①] 对新词作出如下规定：在时间上，以 2000 年至 2021 年作为新词的时间范围；在新词的构成与语义上，只要在新词形、新语义、新用法三个方面有一个方面成立便视为新词。

基于上述界定，本文以中日两国的纸质新词词典、网络新词词典、年度新词与流行语、语料库以及网络主流媒体为来源进行了语料的收集，具体如表 1 所示。

表 1　汉日两语含有性别意义指人新词的语料来源

| 种类 | 汉语 | 日语 |
| --- | --- | --- |
| 纸质新词词典 | 《新词语大词典》（1978—2018） | 『平成の新語・流行語辞典』 |
| | 《汉语新词语》（2006—2020） | 『みんなで国語辞典 2 あふれる新語』 |
| 网络新词词典 | 小鸡词典 | 『若者言葉辞典～あなたはわかりますか？』 |
| | 知识贝壳 | 『日本語俗語辞書』 |
| 年度新词与流行语 | "咬文嚼字"十大流行语（2008—2021） | 「新語・流行語大賞」（2000—2021） |
| 语料库 | BCC 语料库 | 筑波ウェブコーパス |
| 网络主流媒体 | "微博""百度贴吧"等网络社交媒体 | twitter、instagram 等网络社交媒体 |

此外，限于篇幅，本文不将以下的后缀及造词作为研究对象：

①本文仅对汉日两语中含有性别意义的一字指人后缀进行考察，排除诸如汉语"男生""女生"，日语「男子」「女子」这样的二字指人后缀及其造词。

②仅在影视作品、文艺作品中出现的造词。例如汉语"跑男""超女"，日语『電

---

① 米川明彦.新語と流行語［M］.東京：南雲堂，1989.

波女と青春男』等。

③在语料库以及百度、日本雅虎等搜索引擎中出现次数小于 5 次的新词。

### (二) 语料收集概述

按照上面所述的语料收集方法，本文收集到的语料如表 2 所示。

表 2 汉日两语含有性别意义的指人后缀及其造词

| 指人后缀的种类 | 汉语后缀及其造词数量 | | 日语后缀及其造词数量 | |
| --- | --- | --- | --- | --- |
| | 指人后缀 | 合计 | 指人后缀 | 合计 |
| 表示男性的指人后缀 | "男"（92） | 92 | 「男」（47）<br>「メン」（11） | 58 |
| 表示女性的指人后缀 | "女"（61）<br>"婊"（39）<br>"媛"（24） | 124 | 「女」（37）<br>「ガール」（32）<br>「ギャル」（9） | 78 |
| 合计 | | 216 | | 136 |

如表 2 所示，汉语共有 4 个含有性别意义的指人后缀，分别为 "男" "女" "婊" "媛"，共计 216 例造词；日语共有 5 个含有性别意义的指人后缀，分别为「男」「メン」「女」「ガール」「ギャル」，共计 136 例造词。在汉日两语新词中含有性别意义的指人后缀中，汉语的指人后缀少，但造词能力更强。

具体来看，在汉语中，表示男性的指人后缀只有 "男"，造词数量为 92 例；表示女性的指人后缀共有 "女" "婊" "媛" 三个，造词数量分别为 61 例、39 例、24 例，其中 "女" 的造词数量最多，造词能力最强。在日语中，表示男性的指人后缀共有「男」「メン」两个，造词数量分别为 47 例、11 例，其中「男」的造词数量更多，造词能力更强；表示女性的指人后缀共有「女」「ガール」「ギャル」三个，其造词数量分别为 37 例、32 例、9 例，其中「女」的造词数量最多，造词能力最强。

综上所述，在表示男性的指人后缀方面，汉语中的指人后缀只有 "男"，共有造词 92 例；日语中的指人后缀共两个，分别为「男」「メン」，共有造词 58 例。在表示女性的指人后缀方面，汉语中有 "女" "婊" "媛"，共有造词 124 例，日语中有「女」「ガール」「ギャル」，共有造词 78 例。可以看出，汉语的指人后缀造词能力更强。另外值得注意的是，汉日两语都是表示女性的指人后缀及造词数量比男性的指人后缀及造词数量多，在一定程度上体现了中日两国社会对女性的关注程度更高。

## 二、分析与考察

### （一）分析方法

本部分将对汉日两语新词中含有性别意义的指人后缀及其造词进行分析，明确其语义特征和造词倾向。

为了探究含有性别意义的指人新词的语义特征，本文将汉日两语的新词语义分为"外貌、姿态""性格、品质""行为方式""喜好、讲究""职业、身份"和"其他"六类。其中，"外貌、姿态"指人的相貌、身形、打扮等；"性格、品质"指人的性格、人品、对待事物的态度与思考方法以及由此表现出的品质；"行为方式"指人在日常生活中的习惯性行为或生活方式；"喜好、讲究"指人的爱好以及在某些具体方面的追求；"职业、身份"指人具体的职业以及所处的社会阶层与年代、地区；"其他"指来源于具体的社会现象、社会热点事件的指人词汇。

### （二）汉语含有性别意义的指人后缀

如上分析，汉语新词中含有性别意义的指人后缀共有4个，分别为"男""女""婊""媛"。其中，表示男性的后缀只有"男"；表示女性的后缀有3个，分别为"女""婊""媛"。而且，"~婊""~媛"含有对女性的歧视以及侮辱性意义。汉语造词根据其语义特征可分类如下。

在造词数量上，表示男性的指人后缀"男"共有92例造词，在汉语具有性别意义的指人后缀中造词力最强。表示女性的指人后缀中，"女"的造词有61例，数量最多；"婊""媛"的造词数量分别为39例、24例，与"女"相比，造词能力相对较弱。

在这4个指人后缀中，"婊"和"媛"的语义相对特殊也较单一，因此先对"婊"和"媛"的造词及其语义进行分析；而"男""女"的造词呈现出一定的对称性，接下来将"男""女"的造词放在一起分析。

表3 "男""女""婊""媛"的造词的语义分类

| 造词的语义分类 | "男"的造词 | "女"的造词 | "婊"的造词 | "媛"的造词 |
| --- | --- | --- | --- | --- |
| 外貌、姿态 | 型男 虾男<br>丑橘男 女子男<br>妖精男 | 熟女 油腻女<br>森女 绅女 | — | — |
| 性格、品质 | 暖男 心机男<br>直男 点心男 | 柠檬女<br>海王女<br>面包女 | — | — |

续表

| 造词的语义分类 | "男"的造词 | "女"的造词 | "婊"的造词 | "媛"的造词 |
|---|---|---|---|---|
| 行为方式 | 便当男　水壶男 | 囧女　标签女 | 绿茶婊　圣母婊<br>心机婊　学婊<br>汉子婊　柠檬婊<br>拜金婊 | 佛媛　道媛　病媛<br>幼儿媛　拼媛媛 |
| 喜好、讲究 | 宅男　腐男<br>乙男　孔雀男 | 腐女　梦女<br>同人女<br>梦女 | 媚黑婊<br>拍屏婊 | — |
| 职业、身份 | 草根男　土豪男<br>IT男　理科男 | 翡翠女 | 微商婊　坐台婊 | — |
| 其他 | 戳车男 | 敲锣女 | — | 程序媛 |
| 合计 | 92 | 61 | 39 | 24 |

由表3可知，"～婊"和"～媛"虽然都主要表示人的行为方式，但在语义上各具特点，且与"～女"的语义差异明显。"婊"常用来表示为了自身利益隐藏本性，表里不一，行事具有欺骗性的人。例如，在人前装出单纯可怜的姿态、掩藏自己的本性与目的与人交往的"绿茶婊"；无视客观事实、毫无原则地原谅一切错误反而伤害了他人的"圣母婊"；主张自己的学习很差，或者装作从不学习却暗地狠下功夫并取得优异成绩的"学婊"等。当然，"～婊"并非只能用来表示女性，少数情况下也可以用来指男性。"～媛"常用来表示通过某些不当方式获得关注的女性。例如，衣着性感前往寺庙礼佛，并在社交平台分享照片从而引发争议的"佛媛"；衣着性感暴露去幼儿园接孩子的"幼儿媛"等。此外，也有像"程序媛"这样不具有消极含义，只为和男性工作者进行区分的类似爱称的用法。

与"～婊"和"～媛"不同的是，"～男"和"～女"的造词主要集中在表示人的"外貌、姿态""性格、品质""喜好、讲究""职业、身份"等方面，语义丰富多样，主要从婚恋的角度对异性进行评价。

在表示人的"外貌、姿态"的造词中，"～男"既有描述男性时尚帅气的长相和身材的"型男""虾男"，也有描述外形普通身材偏胖的"油腻男"，还有表示衣着打扮艳丽甚至有些女性化的"妖精男""女子男"等造词。与此相对，"～女"的造词中，既有散发着30~50岁成熟女性魅力的"熟女"，也有外表清纯的"山楂女"，还有体形偏胖、对男性不具魅力的"油腻女"等词。这些造词大多是从婚恋的角度对异性外貌的评价，表现了男女双方在外貌上对另一半的期望。另外，从身着自然风服饰的"森女"以及打扮偏中性的"绅女"等造词，也能看出"女"有许多展现女性丰富多样的魅力的造词。

在表示人的"性格、品质"的造词中，"～男"虽然也有像温柔体贴的"暖男"、诚实勤奋的"顺溜男"这样受女性喜爱的男性的造词，但更多是关于在婚恋关系中不受女性欢迎的男性的造词,例如,有交往对象但缺乏体贴之心的"直男",喜欢打小算盘、患得患失的"心机男",以及外表光鲜但内心脆弱的"草莓男"等。此外还有像欺骗女性感情的"渣男",男女关系混乱的"海王男"等,表示在交往中态度随便、行为恶劣的造词。"女"的造词则体现了女性对于自身婚恋关系的思考,例如,放弃恋爱、认为很多事情都很麻烦而得过且过的"干物女",收入可观、精明强干、为等真爱而单身的"单贵女"("单身贵族女")等。此外,还有"拜金女""面包女"等造词体现了女性对男性经济实力的重视。

在表示人的"行为方式"的造词中,"男"和"女"都有表示生活习惯和消费方式的造词。例如,上班自己带饭的"便当男",喜欢在东西便宜时大量囤货的"囤女",喜爱购买奢侈品的"标签女"等。

在表示人的"喜好、讲究"的造词中,"男"和"女"都有表示喜爱新兴事物的造词。例如,有着女性喜好的"乙男",喜爱动漫同人作品的"同人女"等。

在表示人的"职业、身份"的造词中,"男"的造词多为由经济实力进行划分的各个阶层的男性。例如,有家境普通、经济实力较弱的"草根男",家底殷实的"土豪男"等。"女"的造词则远离了传统意义上依赖男性柔弱的女性形象,展现了当下女性自立自强追求自我成长的倾向。例如,有在学业、工作、家境、外貌上都很突出并且自立自强、追求高品质生活的"翡翠女"等。

在表示"其他"的造词中,"男"和"女"都有表示具体事件核心人物的造词。例如,由于对违章停车不满,用刀戳破10多辆私家车车胎的"戳车男"等。

综上所述,在汉语含有性别意义的指人后缀中,"婊"和"媛"的语义较为单一。"婊"主要表现人们对表里不一、行事具有欺诈性的人的讽刺,且常用于表现女性。"媛"主要体现了人们对通过不当方式成为网络名人的女性的嘲讽。"男""女"在语义上相互对应,并且语义丰富,都主要从婚恋角度对异性进行评价,体现了男女对于理想婚恋对象的向往。

### (三)日语含有性别意义的指人后缀

日语新词中含有性别意义的指人后缀共有5个,分别为「男」「メン」「女」「ガール」「ギャル」,其造词的具体语义分类如表4所示。

日语中表示男性的指人后缀有2个,分别为「男」「メン」;表示女性的后缀有3个,分别为「女」「ガール」「ギャル」。在下面的分析中,我们先来看表示男性的后缀「男」和「メン」在语义和造词倾向上有何不同,再看表示女性的「女」「ガール」「ギャル」在语义和造词倾向上有何不同。

表4 「男」「メン」「女」「ガール」「ギャル」的造词的语义分类

| 造词的语义分类 | 「男」的造词 | 「メン」的造词 | 「女」的造词 | 「ガール」的造词 | 「ギャル」的造词 |
|---|---|---|---|---|---|
| 外貌、姿态 | イケ男<br>キラ男<br>ギャル男<br>痛男 | イケメン<br>キモメン<br>オネメン<br>痛メン | 熟女<br>美魔女 | 森ガール | 鯖ギャル<br>ママギャル |
| 性格、品质 | ヤギ男<br>オシオ男<br>クズ男<br>俺様男<br>モテ男<br>晴れ男 | カリメン | 狩女<br>ピューマ女<br>喪女<br>干物女<br>晴れ女<br>スル女 | — | — |
| 喜好、讲究 | 歴男<br>貯め男<br>肌男 | イヌメン | 歴女<br>鉄女<br>妄女<br>馬女 | 山ガール<br>御朱印ガール<br>タピガール<br>鬼滅ガール | オラギャル<br>バンギャル |
| 行为方式 | ペラ男<br>ぶり男 | イクメン | 僕女 | 家ガール<br>自炊ガール | 汚ギャル |
| 职业、身份 | 地理男 | ケアメン | 理女<br>農女<br>昭女<br>平女 | 動ガール<br>スタバガール<br>平成ガール<br>令和ガール | ノギャル<br>ウギャル |
| 其他 | アディ男 | — | — | — | — |
| 合计 | 47 | 11 | 37 | 32 | 9 |

由表4可知，从数量上来看，表示男性的指人后缀中，「男」有47例造词，「メン」有11例造词，「男」的造词能力更强。

从语义来看，在表示人的"外貌、姿态"的造词中，「～男」通常指长相帅气、受女性欢迎的男性。例如，表示帅哥的「イケ男」，外表俊秀、看起来闪闪发光的「キラ男」等。「～男」也可以指打扮女性化或者夸张另类的男性。例如，皮肤晒得黝黑、身着紧身服饰、看起来像日本辣妹一样的「ギャル男」，衣着打扮十分夸张、令人无法接受的「痛男」等。从表示帅气男性的「イケメン」和样貌丑陋的「キモメン」等造词来看，「メン」也能表示不同样貌的男性。和「男」不同的是，「メン」还可以表示衣着打扮颠覆常识的男性。例如，样貌帅气的男大姐「オネメン」等。

在表示人的"性格、品质"的造词中，「男」表示在恋爱关系中受女性喜爱或讨厌的各种男性。例如，对于自己拥有盲目自信的「オシオ男」，像山羊一样温顺、拥有温柔性格的「ヤギ男」等。「～男」还可以表示对待婚恋关系或者恋爱对象有大男子主义、态度居高临下的男性。例如，经常出轨的「クズ男」、大男子主义的「俺様男」等。此外，「男」也可以用来表示拥有奇特的性质、体质的男性。例如，容易受到女性喜爱，

非常受欢迎的「モテ男」，一旦决定了目的地、天气就一定会放晴的「晴れ男」等。而「メン」几乎没有表示性格、性质的造词。

在表示人的"行为方式"的造词中，「～男」通常表示因为自己的习惯性行为而给别人带来困扰的男性。例如，完全不顾及周围环境、一直大声喧哗的「ペラ男」，行为方式矫揉造作的「ぶり男」等。「メン」除了积极参加育儿的「イクメン」之外，再无其他造词。

在表示人的"喜好、讲究"的造词中，「～男」表示在学术、运动等领域有所喜好的男性。例如有喜爱历史的「歴男」等。另外，「～男」也可以表示拥有某些特殊的兴趣的男性。例如，通过攒钱而获得快乐的「貯め男」、喜爱健身的「肌男」等。而「メン」除了喜欢狗的「イヌメン」之外，没有其他造词。

在表示人的"职业、身份"的造词中，「男」和「メン」表示职业和身份的造词都很少。具体来说，「男」只有教授地理的「地理男」，「メン」只有表示男性医护人员的「ケアメン」。

表示女性的后缀共有「女」「ガール」「ギャル」3个，造词数量分别为37例、32例、9例，「女」的造词能力更强。

从语义来看，在表示人的"外貌、姿态"的造词中，「女」的造词体现了在交往过程中男性对于女性的外貌方面的期待。例如，仿佛被施加了魔法一般美丽的中年女性「美魔女」，具有成熟风韵的女性或者打扮成熟的「熟女」等。与「～女」不同，「～ガール」体现了女性具有个性的时尚与审美意识。例如，穿着有如走出森林的自然风格的「森ガール」等。而「ギャル」则常用来表示妆容与衣着比较夸张艳丽、引人注目的女性。例如，穿着带有亮片的服饰、使用带有亮片化妆品、外表看起来闪闪发光的年轻女性「鯖ギャル」，穿厚底凉鞋上烫棕色卷发的「ママギャル」等。

在表示人的"性格、品质"的造词中，只有「女」拥有造词，「ガール」「ギャル」没有这方面的造词，不表示人的性质和性格。具体来说，「～女」主要用来表示在恋爱中喜欢占据主导地位，并且对恋爱持有积极态度的女性。例如，有仿佛狩猎一般、积极寻找恋爱对象的「狩女」，总和比自己年纪小的男性交往的成熟女性「ピューマ女」等。另外，「女」也可以表示在性格方面比较消极、不讨喜的女性，例如，性格阴暗、不受欢迎的「喪女」等。「～女」还可以表示拥有奇特性质、体质的女性，比如，有在男女交往过程中女性魅力不断增加的「スル女」，可以改变目的地天气的「晴れ女」「雨女」等。

在表示人的"喜好、讲究"的造词中，「～女」常表示对女性通常不会感兴趣的事物有所喜好的女性。例如，非常喜爱历史、对历史了如指掌的「歴女」，喜欢铁道以及相关制品的「鉄女」，以及喜欢赛马的「馬女」等。而「ガール」则表示对当下社会中

的流行事物以及行为有所喜好的女性。例如，喜爱珍珠奶茶以及人气动漫作品《鬼灭之刃》的「タピガール」「鬼滅ガール」，在神社或者寺院搜集面向游客的纪念印章的「御朱印ガール」等。「ギャル」则表示喜爱引人注目的时尚风格的女性。例如有喜爱视觉系服饰的「オラギャル」「バンギャル」等。

在表示人的"行为方式"的造词中，「～女」常表示拥有个性的行为习惯的女性，例如有在日常生活中使用男性第一人称「僕」来自称的「僕女」等。「～ガール」则表示以新兴生活方式度过日常生活的女性，例如，在休息日不外出、选择宅家悠闲度日的「家ガール」，总是与别人煲电话粥的「ツナガール」等。而「ギャル」在表示行为方式上造词较少，仅有表示由于不良的生活习惯导致身上脏兮兮的「汚ギャル」一个造词。

在表示人的"职业、身份"的造词中，「～女」常表示从事女性一般不倾向选择和的职业、专业的女性。例如，女性农业从业者「農女」，理科专业的「理女」等。「女」还可以用来表示不同出生年代的女性，如平成年代出生的「平女」等。「～ガール」则常表示从事新兴职业的女性。例如，网络专职博主「動ガール」，在星巴克工作的「スタバガール」等。另外，「～ガール」也能用来表示不同出生年代的女性，如令和年代出生的「令和ガール」等。而「ギャル」与职业相关的造词较少，只有从事农业、渔业相关工作的「ノギャル」「ウギャル」。

综上所述，日语含有性别意义的指人后缀中，表示男性的指人后缀有「男」和「メン」，「男」的造词能力更强，语义更加丰富。从造词来看，「男」和「メン」在语义上的区别主要集中在外貌和姿态上。「男」和「メン」都可以用来表示男性的样貌，但「～メン」还可以表示衣着打扮颠覆常识的男性。表示女性的后缀有「女」「ガール」「ギャル」，「女」的语义最丰富，三者语义各有不同。在"外貌、姿态"上，「～女」表现了在男女交往中男性对女性外表的期待，「～ガール」表现了女性个性洋溢的时尚，「～ギャル」表现了女性衣着大胆、引人注目的审美；在"行为方式"上，「女」表示行为个性独特的女性，「～ガール」表示享受新兴生活方式的女性，「～ギャル」几乎没有这样的用法；在"喜好、讲究"上，「～女」表示对女性通常不会感兴趣的事物有所喜好的女性，「ガール」指对当时流行的事物、行为有所喜爱的女性，「～ギャル」指对夸张大胆的时尚风格有所青睐的女性；在"职业、身份"上，「～女」表示从事女性一般不倾向选择和的职业、专业的女性，「～ガール」表示从事新兴职业的女性，「ギャル」几乎没有此类用法。只有「女」有能表示"性格、品质"的用法。

### （四）汉日含有性别意义指人后缀的异同

在指人后缀的来源上，汉语中的指人后缀全部来源于汉字。日语中除了「男」「女」

这样源于汉字的指人后缀以外，还有「メン」「ガール」「ギャル」这样来源于外来语的指人后缀，日语的指人后缀的来源更加丰富多样。

在指人后缀的数量上，汉语共有指人后缀4个，分别为"男""女""婊""媛"，共计216例造词；日语共有指人后缀5个，分别为「男」「メン」「女」「ガール」「ギャル」，共计136例造词。汉语的后缀少，但造词能力强。在表示男性的指人后缀中，汉语只有"男"，共有造词92例；日语有「男」「メン」，共有造词58例。汉语表示男性的指人后缀数量更少，造词能力更强。在表示女性的指人后缀中，汉语有"女""婊""媛"，共有造词124例；日语有「女」「ガール」「ギャル」，共有造词78例，汉语的指人后缀造词能力更强。并且，汉日两语都是表示女性的指人后缀及造词数量更多，体现了中日两国社会对女性的关注。

在指人后缀的语义上，汉字两语新词中包含性别意义的指人后缀都涉及年轻人有关恋爱与婚姻的思考，但也各有不同。具体来说，从汉语"潮女""暖男"，日语「イケメン」「ヤギ男」等造词来看，中日两国的年轻人都对恋爱对象的外貌及性格较为重视。在汉语中，"草根男""拜金女"等造词，体现了中国年轻人在婚恋关系中对另一半的财产、家世的注重，而日语尚未看到这样的倾向。另外，在与女性相关的新词中，汉语的"绿茶婊""佛媛"等造词，体现了中国社会对女性具有偏见的一面。而日语中的「山ガール」「鯖ギャル」等造词，则更多体现了女性对于时尚以及新兴事物的追求。

## 结语

本文以2000年至2021年汉日两语新词中含有性别意义的指人后缀及其造词为研究对象，从来源、数量、语义的角度分析了汉日两语新词中含有性别意义的指人后缀的异同。

总之，汉日两语新词中含有性别意义的指人后缀主要描述了中日两国年轻人对于恋爱和婚姻的关注思考，同时，展现了两国年轻人丰富的日常生活和爱好，加深了我们对中日两国语言生活和社会文化的了解。由于篇幅有限，本文仅以汉日两语中含有性别意义的指人后缀为中心做了比较浅显的对比分析，很多问题还有待今后的进一步研究。

# 参考文献

[1] 太宰治. 太宰治全集（9）[M]. 東京：筑摩書房，1962.

[2] 杨小艳. 论阿德勒补偿理论对个体适应环境的指导意义[J]. 湖北大学成人教育学院学报，2006（03）：75-77.

[3] 田印红. 创造性自我与生活风格——论阿德勒的人格发展观[J]. 铜仁学院学报，2007，44（03）：65-66+108.

[4] 阿德勒. 阿德勒的智慧——阿德勒人格哲学解读[M]. 刘烨，曾纪军，译. 北京：中国电影出版社，2007.

[5] 余海超. 浅析阿德勒的个体心理学理论的基本内涵[J]. 吉林广播电视大学学报，2009，96（06）：46-48+72.

[6] 邹玉梅. 回归"中人"的智慧——从阿德勒的人格理论看大学生生涯教育[J]. 生涯发展教育研究，2012（01）：40-45.

[7] 王雨来，徐瑞. 阿德勒的人格教育观及当代教育价值[J]. 天津师范大学学报（基础教育版），2014，15（03）：15-19.

[8] 解礼业，刘洁. 从《人间失格》看大庭叶藏对人际关系的不信任感[J]. 日本问题究，2016，30（02）：56-62.

[9] 魏小娜，高岚. 试论阿德勒的"创造性自我"理论及其在主体性教育中的意义[J]. 教育导刊，2016（04）：13-16.

[10] 阿德勒. 自卑与超越[M]. 完整全译本. 曹晚红，译. 北京：中国友谊出版公司，2017.

[11] 太宰治. 人间失格[M]. 陆求实，译. 南京：江苏凤凰文艺出版社，2018.

[12] 苏中美. 精神生态视域下解读《人间失格》中现代人的精神病症[J]. 牡丹江大学学报，2019，28（04）：45-48.

[13] 金海. 太宰治《人间失格》中叶藏的人物形象解读[J]. 佳木斯大学社会科学学报，2022，40（06）：107-109.

[14] 宋文. 大谷探险队吐鲁番地区活动研究[D]. 兰州：兰州大学，2010.

[15] 汪莹. 大谷"探险队"与丝路文物[J]. 紫禁城，2021（08）：134-145.

［16］宋文.大谷光瑞与三次中亚探险［J］.内蒙古农业大学学报（社会科学版），2010（12）：360-361.

［17］郑炳林.高田时雄.国际敦煌学研究文库（日本卷8）［M］.兰州：甘肃教育出版社，2019：189-194.

［18］郑炳林.高田时雄.国际敦煌学研究文库（日本卷9）［M］.兰州：甘肃教育出版社，2019：149-156.

［19］郑炳林.高田时雄.国际敦煌学研究文库（日本卷10）［M］.兰州：甘肃教育出版社，2019：222-225.

［20］施萍婷.日本公私收藏敦煌遗书叙录（一）——三井文库所藏敦煌遗书［J］.敦煌研究，1993（02）：79-96.

［21］施萍婷.日本公私收藏敦煌遗书叙录（二）［J］.敦煌研究，1994（03）：90-107.

［22］施萍婷.日本公私收藏敦煌遗书叙录（三）［J］.敦煌研究，1995（04）：51-70.